« Le mode d'être artistique d'une œuvre peinte est celui qu'elle tient de l'artiste et de l'art auxquels elle doit d'exister.
Le mode d'être esthétique d'une peinture est celui qu'elle tient de l'expérience par laquelle et dans laquelle elle est appréhendée comme œuvre d'art ».

Étienne Gilson de l'Académie française
fondateur de la collection

le système des arts

histoire et hypothèse

dans la même collection

Jacques AUMONT, *Le montreur d'ombre*, 2012.

Éric ALLIEZ, avec la collaboration de Jean-Clet MARTIN, *L'œil-cerveau. Nouvelles histoires de la peinture moderne*, 2007.

Laure BLANC-BENON, *La question du réalisme en peinture. Approches contemporaines*, 2009.

Alain BONFAND, *Histoire de l'art et phénoménologie*. Recueil de textes 1984-2008, 2009.

– *Le cinéma d'Akira Kurosawa*, 2011.

– *Le cinéma saturé. Essai sur les relations de la peinture et des images en mouvement*, 2 e éd. revue et augmentée, Vrin, 2011.

Fabienne BRUGÈRE, *L'expérience de la beauté. Essai sur la banalisation du beau au XVIII e siècle*, 2006.

Noël CARROLL, *La philosophie des films*, avant-propos et traduction par É. Dufour, L. Jullier, J. Servois, Anna C. Zielinska, 2015.

Anne-Marie CHRISTIN, *Poétique du blanc. Vide et intervalle dans la civilisation de l'alphabet*, 2009.

Danielle COHEN-LEVINAS, *La voix au-delà du chant. Une fenêtre aux ombres*, 2006.

– *L'opéra et son double*, 2013.

Carl DAHLHAUS, *L'esthétique de la musique*, textes réunis et traduits sous la direction de J. Labia, introduction de J. Labia, postface de A. Soulez, 2015.

Giuseppe DI LIBERTI, *Le système des arts. Histoire et hypothèse*, traduit de l'italien par A. Henssien et P. Rougier, 2016.

Thomas DOMMANGE, *Instruments de résurrection. Étude philosophique de La Passion selon saint Matthieu de J.-S. Bach*, 2010.

Formalisme esthétique. Prague et Vienne au XIX e siècle, textes réunis et traduits sous la direction de C. Maigné, 2012.

Roman INGARDEN, *Esthétique et ontologie de l'œuvre d'art*. Choix de textes (1937-1969), présentation, traduction et notes de P. Limido-Heulot, 2011.

– *L'œuvre architecturale, 1945*, introduction, traduction et notes de P. Limido-Heulot, 2013.

G.E. LESSING, *Traités sur la fable*, précédés de la *Soixante-dixième lettre*,

suivis des *Fables*, édition bilingue, avant-propos de N. Rialland, postface de J.-Fr. Groulier, 2008.

K. LÜDEKING, *La philosophie analytique de l'art*, introduction et traduction par J.Fr. Groulier, 2013.

Jacques MORIZOT, *Goodman : modèles de la symbolisation. Avant la philosophie de l'art*, 2012.

Frédéric POUILLAUDE, *Le désœuvrement chorégraphique. Étude sur la notion d'œuvre en danse*, 2009.

Roger POUIVET, *L'ontologie de l'œuvre d'art*, 2010.

Patricia TOUBOUL, *Instruire par l'image. Fénelon et les arts du dessin*, 2012.

Patrick VAUDAY, *Histoire(s) de médium*, 2016.

Eugène VÉRON, *L'esthétique*, 2007.

Lambert WIESING, *La visibilité de l'image. Histoire et perspectives de l'esthétique formelle*, traduction par C. Maigné, 2014.

Clélia ZERNIK, *L'œil et l'objectif. Psychologie de la perception à l'épreuve du style cinématographique*, 2012.

essais d'art et de philosophie

Giuseppe Di Liberti

le système des arts

histoire et hypothèse

traduit de l'italien par Agathe Henssien et Pauline Rougier
édition revue et augmentée

ouvrage publié avec le concours
du Centre national du livre

Titre original :
Giuseppe Di Liberti, *Il sistema delle arti : storia e ipotesi*,
Milano-Udine, Mimesis, 2009.

directrice de collection :
Jacqueline Lichtenstein

6, place de la Sorbonne, Paris V^e^
ISSN 0249-7913
ISBN 978-2-7116-2668-7
www.vrin.fr

À mon père

remerciements

Je tiens avant tout à remercier Agathe Henssien et Pauline Rougier qui se sont proposées pour ce travail de traduction périlleux et qui ont contribué de manière décisive à préciser plusieurs passages du texte, en le rendant plus clair et homogène.
Par ailleurs je remercie sincèrement Madame Jacqueline Lichtenstein qui a généreusement accueilli ce volume dans sa collection.
Ce travail, dans sa première version, sous le titre de *Statuts du dissemblable. Pour un système des arts à l'époque contemporaine*, a été le fruit des recherches menées dans le cadre du doctorat en « Esthétique et Théorie des Arts » de l'Université de Palerme. Je remercie le professeur Luigi Russo qui en a été le directeur, et le professeur Paolo d'Angelo, codirecteur de ma thèse. Je remercie en outre Pierre dalla Vigna et les éditions *Mimesis* de Milan qui avaient accueilli la version italienne et qui ont gracieusement accordé les droits de traduction.
La version actuelle de ce travail se ressent profondément des dialogues avec des amis et des collègues qui m'ont permis de revenir sur certains points de cette recherche. Je remercie en particulier pour leur sincère disponibilité au dialogue et au partage les membres du groupe de recherche *Morphologies* dirigé par Danièle Cohn, qui depuis mon post-doctorat suit patiemment mon travail. Je remercie ma femme Annalisa, complice de mes enthousiasmes et de mes doutes et ma mère qui m'a toujours encouragé avec douceur à poursuivre mon parcours de recherche.

Mon père a toujours été mon premier interlocuteur, mon premier lecteur et mon guide dans la recherche comme dans la vie et il aurait été ravi de voir cette traduction. À sa mémoire je consacre ce livre et ma recherche à venir, car sans ses mots et son regard je n'aurais jamais pu être ce que je suis.

note des traductrices

Ce travail de traduction, à travers des échanges précieux avec son auteur, a permis d'opérer une révision du texte. En ce sens la traduction s'est inscrite dans la continuité de la réflexion philosophique qui a porté ce texte en opérant sa régénération à travers une lecture critique.

Les recherches bibliographiques minutieuses de l'auteur ont été également pour nous l'occasion d'une lecture attentive d'un certain nombre d'autres textes mentionnés dans l'ouvrage.

En ce qui concerne les citations d'œuvres dans le texte ou les notes nous avons indiqué le titre dans la traduction française adoptée le cas échéant, et dans le cas contraire le titre original suivi de sa traduction.

Lorsque des traductions françaises étaient disponibles nous avons retenu les traductions de référence les plus récentes plutôt que celles étudiées par l'auteur au moment de la rédaction du texte, pensant que le lecteur serait plus vraisemblablement confronté à celles-ci qu'aux précédentes. En cas d'écart notable et significatif pour les développements de l'auteur, nous avons repris la traduction consultée par l'auteur à l'origine. Nous nous sommes également permis de moderniser la graphie lorsque cela nous a semblé nécessaire.

Mme Clara Pacquet a gracieusement complété notre travail en révisant la traduction des citations en allemand. Toutes les autres traductions sont de notre fait, et ont été faites à partir des œuvres originales dans les éditions de référence, et lorsque l'ouvrage original était indisponible, à partir des citations de l'auteur.

Comment pourrait-on classer les verbes qui suivent : cataloguer, classer, classifier, découper, énumérer, grouper, hiérarchiser, lister, numéroter, ordonnancer, ordonner, ranger, regrouper, répartir ?
Ils sont ici rangés dans l'ordre alphabétique.
Ces verbes ne peuvent pas tous être synonymes ; pourquoi aurait-on besoin de quatorze mots pour décrire une même action ? Donc ils sont différents. Mais comment les différencier tous ? [1].

Mon problème, avec les classements, c'est qu'ils ne durent pas ; à peine ai-je fini de mettre de l'ordre que cet ordre est déjà caduc.
Comme tout le monde, je suppose, je suis pris parfois de frénésie de rangement ; l'abondance des choses à ranger, la quasi-impossibilité de les distribuer selon des critères vraiment satisfaisants font que je n'en viens jamais à bout, que je m'arrête à des rangements provisoires et flous, à peine plus efficaces que l'anarchie initiale.
Le résultat de tout cela aboutit à des catégories vraiment étrangères ; par exemple, une chemise pleine de papiers divers et sur laquelle est écrit "à classer" ; ou bien un tiroir étiqueté "urgent 1" et ne contenant rien (dans le tiroir "urgent 2" il y a quelques vieilles photographies, dans le tiroir "urgent 3" des cahiers neufs).
Bref, je me débrouille [2].

1. Georges Perec, *Penser/classer*, Paris, Hachette, 1985, p. 154-155.
2. *Ibid.*, p. 163-164.

introduction méthodologique

Le système des arts a représenté, de la moitié du dix-huitième siècle aux débuts du vingtième siècle, une des notions clefs de l'esthétique en tant que discipline philosophique. Sa place centrale était liée à sa propre visée à l'intérieur du système plus vaste de l'esthétique : définir l'objet de la discipline ou, au moins, un de ses objets principaux. Il devenait ainsi possible pour l'esthétique de parler d'art dans sa complexité, en trouvant dans l'unité systématique la possibilité même d'établir un discours homogène. Le lien étroit entre le système des arts et le système de l'esthétique, nés au même moment, est un effet de cette double nécessité : définir son propre objet et offrir les conditions de possibilité d'un discours sur les arts. Malgré ce rôle, le système des arts a été l'élément qui s'est ressenti le plus des changements du système de l'esthétique au vingtième siècle, au point de presque disparaître du débat. Alors que les changements du système de l'esthétique étaient provoqués en grande partie par les positions des arts, la première cible polémique ne pouvait être que le lieu théorique qui prétendait déterminer leur statut. Mais ce n'est pas la seule raison expliquant la disparition du système des arts, à tel point que des systèmes « implicites » ont continué à agir même dans les avant-gardes artistiques. L'histoire de l'art pourrait indiquer d'autres motifs valables pour rendre compte de cette disparition : la naissance de nouveaux arts et l'introduction de nouvelles technologies et de nouveaux dispositifs, la fragmentation des savoirs artistiques, la remise en question de certains des concepts sur lesquels les systèmes s'étaient fondés, le rôle endossé par la critique et les lieux de production, de distribution et d'exposition. Ces causes permettent de comprendre certains processus culturels autour de l'échec du système des arts ou (pour faire maintenant un jeu de mots dont je me garderai bien par la suite) l'échec de la notion de système des arts à l'intérieur du système de l'art conçu comme système historique de production et de distribution. Je crois qu'il est utile de chercher les raisons philosophiques de cet échec. Si un modèle théorique se révèle être inadéquat à son objet, la cause d'une telle inadéquation ne peut incomber entièrement à l'objet. Il faut alors identifier les motifs internes au système, les faiblesses structurelles en raison desquelles le système s'est écroulé. La crise du concept de système ne concerne pas seulement l'esthétique, mais toute la pensée philosophique du vingtième siècle : le système comme organisation d'une totalité semble être depuis plus d'un siècle une proposition inadéquate pour rendre compte de la complexité du réel. Au contraire, dans d'autres domaines de recherche, l'idée de système a joui d'un meilleur sort. Alors qu'une grande partie de la philosophie a considéré avec méfiance le concept de système, une grande partie de l'épistémologie, à partir des années quarante, a cherché dans l'élaboration d'un nouveau concept de système, qui avait peu sinon rien en commun avec le concept philosophique traditionnel, un outil pour affronter la complexité. Il ne s'agit pas d'une contradiction, mais plutôt d'une différence entre deux versions du concept. A l'idée de système philosophique statique, conçu comme organisation du savoir dans sa totalité, se substitue l'idée d'un système dynamique construit pour la compréhension d'objets particuliers.

Mais pour quelle raison devrions-nous repenser aujourd'hui le système des arts? Le besoin de cette recherche est bien exprimé par Jean-Marie Schaeffer, quand il déclare que « la supposée crise des arts est en effet avant tout une crise du discours de légitimation des arts, ce qui n'est pas du tout pareil » [1]. Cette observation mène à nombre de questions posées lors des dernières décennies. Depuis les avant-gardes historiques jusqu'à l'art conceptuel les arts avaient ôté à l'esthétique la fonction de les légitimer, néanmoins les artistes prenaient en charge eux-mêmes les élaborations théoriques visant à légitimer leurs propres œuvres. En d'autres termes, le système de l'esthétique (au sens large, la constellation conceptuelle qui constitue l'horizon de l'esthétique) était certes en crise, mais les artistes entretenaient souvent eux-mêmes le discours esthétique. Ce qui était critiqué dans la majeure partie des cas était plutôt le rôle du philosophe ou de

1. J.-M. Schaeffer, *L'Art de l'âge moderne. L'esthétique et la philosophie de l'art du XVIIIe siècle à nos jours*, Paris, Gallimard, 1992, p. 13.

l'esthéticien « de profession », alors que l'objet artistique revêtait une dimension philosophique toujours plus intrinsèque. Pensons par exemple à ce qu'écrivait Kandinsky dans un célèbre passage de *Du Spirituel dans l'art* :

> Ainsi les différents arts se mettent-ils lentement en chemin pour dire ce qu'ils peuvent le mieux dire et ce par les moyens que chacun d'eux possède exclusivement.
> Et, en dépit de cet isolement, ou grâce à lui, jamais les arts, en tant que tels, n'ont été aussi proches les uns des autres, ces temps derniers, qu'en ces dernière heures du Tournant spirituel [1].

Malgré le désir d'unité de Kandinsky, un des effets de ce processus a été la disparition de toute correspondance entre une production artistique riche et un discours qui l'embrasse dans sa totalité. Voilà alors le sens de l'affirmation de Schaeffer : la crise n'est pas dans les arts mais dans le discours. Un objet établit son identité propre à travers un discours. Tant qu'un discours ne s'organise pas, l'objet est simplement un *quelque chose*. Le discours se fonde à son tour sur un système, il a son propre lexique et des règles de fonctionnement. Le système, au sens large, est l'ordre même du discours, et cela vaut, quoique avec des différences évidentes et énormes, pour tout système, qu'il ait été construit par Batteux, ou organisé par la théorie générale des systèmes. Le besoin qui pousse à organiser un système est précisément celui du discours, c'est-à-dire le fait se doter d'un outil capable de découvrir les interactions et de reconnaître une globalité ou, en d'autres termes, de définir un territoire et les relations qui s'instaurent en son sein. Cependant la notion de système, développée à l'époque de Batteux et jusqu'à nos jours, ainsi que l'objet du discours ont profondément changé. Pour Batteux la nécessité n'était pas tant de reconnaître les arts en tant que tels (à cette fin suffisait la classification entre arts utiles et du plaisir qui marquent le début de sa réflexion), que de voir dans l'ensemble de ces pratiques un objet unique. Au milieu du dix-huitième siècle le problème n'était pas d'établir si un tableau était ou non un objet d'art, mais de comprendre les raisons d'un discours commun sur un tableau, une poésie ou un concert. En outre, en vertu du fait qu'un système ne naît jamais indépendamment d'autres systèmes (ce qui est aussi une caractéristique de la notion de système du dix-huitième siècle comme de l'époque contemporaine), ce n'est pas un hasard si la réflexion de Batteux émerge au même moment que l'esthétique de Baumgarten d'une part, et que les travaux de Condillac, Linné ou Maupertuis d'autre part.

1. W. Kandinsky, *Über das Geistige in der Kunst*, 1910 ; trad. fr. N. Debrand, B. du Crest, *Du spirituel dans l'art, et dans la peinture en particulier*, Paris, Folio-Gallimard, 1988, p. 97.

Le projet de Batteux ne peut être compris que lié à la naissance contemporaine d'un système de l'esthétique et d'une organisation globale du système du savoir, et c'est précisément dans ce cadre qu'il établit sa valeur spécifique. A l'époque contemporaine, à l'inverse, une réflexion sur le système fait face à une complexité toujours croissante et s'articule précisément sur cette complexité. Par conséquent les arts ne peuvent être considérés comme un ensemble stable, contrairement à la théorie de Batteux. On attribue, par exemple, à de nombreux objets une spécificité artistique selon le lieu où ils sont présentés afin de construire des théories qui légitiment cet état de fait [1]. Ou bien, à l'inverse, de nombreux objets et processus de notre quotidien, des objets banals, sont dotés d'une valeur artistique. L'effet de ce croisement entre le monde artistique et le monde réel rend l'identification de l'objet artistique bien plus complexe. La nécessité d'une réorganisation du discours sur les arts ayant été établie et le système étant considéré comme un outil potentiel pour la réaliser, notre travail ne consiste plus à inscrire dans un système des objets déjà déterminés. Tout au contraire, le système doit servir à identifier les arts et à évaluer les fonctions des objets singuliers.

Une voie qui pourrait être suivie pour ce système qui cesse d'être un « système *des* arts » (vu au sein d'une logique scientifique traditionnelle) pour devenir un « système *pour* les arts » (d'après la théorie générale des systèmes), est d'être, à part entière, un système d'idées. Deux raisons nous incitent à poursuivre la vérification de cette hypothèse. La première est que l'expérience d'un système des beaux-arts stable a été brève et que le noyau des pratiques considérées comme étant artistiques a toujours été très fluctuant. Au contraire, malgré cette fluctuation constante, les idées dont on s'est servi pour légitimer les arts constituent un ensemble bien plus stable. La seconde raison est que pour arriver à un système des arts à partir des objets et des pratiques, nous devrions, en toute rigueur, commencer par analyser le monde des objets dans sa totalité. Même en faisant cela, nous aurions besoin d'outils de sélection qui ne seraient autres que des idées, celles que les objets représentent et que nous utilisons pour

1. Nous faisons évidemment référence à la théorie institutionnelle de G. Dickie (voir G. Dickie, « Defining Art », *American Philosophical Quarterly*, vol. 6, n° 3, 1969, p. 253-256 et « Defining Art II », *in* M. Lipman (ed.), *Contemporary Aesthetics*, Boston, Allyn & Bacon Inc., 1973 ; trad. fr. « Définir l'art », dans G. Genette (éd.), *Esthétique et Poétique*, Paris, Points-Seuil, 1992). Le débat dans le cadre de la systémique autour de la notion de système peut être comparé (que ce soit en termes d'exigences ou des résultats) à celui qui s'est développé dans le cadre du structuralisme autour de la notion de structure. Un « système des concepts de système » est proposé par R. L. Ackoff, « Towards a System of Systems Concepts », *Management Science*, vol. 17, n° 11, *Theory Series*, 1971, p. 661-671.

distinguer certains objets. Un système contemporain doit donc être vu comme un programme de recherche, comme une hypothèse de travail, comme une *théorie* à partir de laquelle organiser le discours sur les arts.

Le système n'est pas la réponse à une question, mais la constitution d'un laboratoire pour répondre à des questions. C'est un environnement de recherche plus qu'une expérimentation achevée. Comme dans tout laboratoire, des tests pourront être faits sur les objets. Un test sur un objet est, avant tout, la vérification d'une théorie et d'une stratégie de recherche. L'effet de la vérification peut être soit l'amélioration des outils dont on se sert dans le laboratoire (augmenter la précision des idées, les libérer petit à petit de leur imprécision ou considérer l'imprécision comme une propriété ou une variable significative) soit l'introduction d'éléments nouveaux (de nouvelles idées), dont la nécessité découle de la vérification même. Un outil *incorpore* une théorie et l'expérimentation ne peut que mettre à l'épreuve la fonctionnalité de l'outil et la validité de la théorie qui le structure. Le système est un discours auquel de nouveaux termes peuvent s'ajouter (dans certaines limites) et dont, avec le temps, certaines parties meurent et d'autres survivent. Chacun des éléments, chaque idée est expliquée par une autre et articulée à celle-ci et cette interaction produit des changements considérables, soit par rapport à l'histoire dont chaque idée spécifique est porteuse, soit par rapport à ses développements au sein du système.

Le but principal de cette recherche est d'offrir une organisation possible au discours sur les arts contemporains, en cherchant à adopter, comme dans de nombreuses autres sciences humaines, une notion de système devenu un des paradigmes scientifiques majeurs de l'époque contemporaine. Pour cette raison, une grande partie de ce livre, constituée de plusieurs parcours historiques sur les modalités selon lesquelles les pratiques artistiques se sont organisées, doit être lue surtout comme une tentative de retracer les besoins qui ont poussé à élaborer un discours unitaire sur les arts, alors que le chapitre de conclusion se veut un exemple de système d'idées, une hypothèse qui suit le modèle que je voudrais maintenant synthétiser [1].

Compte-tenu de la référence constante à la théorie générale des systèmes, il me semble utile de présenter certains des concepts fondamentaux sur lesquels se

1. Goodman écrit : « Aucun système n'est indispensable ; aucun n'est plus vrai qu'un système alternatif. Et pourtant, le fait qu'il puisse y avoir un certain nombre de systèmes, tous aussi valables les uns que les autres, ne signifie pas qu'il est vain de construire un quelconque système particulier. » (N. Goodman, « Some Reflections on the Theory of Systems », *Second Inter-American Congress of Philosophy*, vol. 9, n° 3 de *Philosophy and Phenomenological Research*, 1949, p. 620-621).

fonde une telle approche, en gardant à l'esprit qu'il s'agit, dans la majeure partie des cas, de réflexions conçues dans le domaine des sciences de la vie, de la physique et des mathématiques et que leur application aux sciences humaines demande beaucoup de précautions.

De la fin de la Seconde guerre mondiale à nos jours, une certaine attitude systémique a alimenté et orienté profondément la recherche. On préfère parler d'une attitude ou d'un point de vue pour indiquer des parcours théoriques hétérogènes qui partagent le même noyau de principes de base ou, comme l'écrit Gaines, « une aire d'intérêt commun » aussi différentes que puissent être les positions « sur une définition de ce qu'est le système » [1]. On peut établir comme date initiale de ces réflexions sur le système l'année 1950, durant laquelle Ludwig von Bertalanffy, avec *The Theory of Open Systems in Physics and Biology* (*La théorie des systèmes ouverts en physique et en biologie*) [2], posa la question d'une théorie générale des systèmes, en gardant toutefois à l'esprit qu'il s'agit du résultat d'une recherche commencée dès le milieu des années vingt. En réalité nous pourrions indiquer également les dates, toutes proches, d'autres « pères » de la théorie des systèmes comme Wiener (son *Introduction à la cybernétique* est également parue en 1950 [3]), McCulloch, Shannon ou Forrester. Mais esquisser une histoire, quoique brève, de la théorie des systèmes implique d'affronter un vaste groupe de théories différentes qui partagent précisément une attitude systémique, qui a parcouru toute la seconde moitié du siècle et qui a eu de très nombreuses applications dans des champs de recherche différents [4]. On pourrait

1. B. Gaines, *in* R. E. Cavallo (ed.), *Systems Research Movement : Characteristics, Accomplishments and Current Developments*, vol. 9, n° 3 de *General Systems Bulletin*, 1979, p. 10. Voir également K. E. Boulding, « General Systems as a Point of View », *in* M. D. Mesarovic (ed.), *Views on General Systems Theory*, New York, John Wiley and Sons, 1964, p. 25-38 ; puis K. E. Boulding, *Collected Papers. Volume four. Toward a General Social Science*, Boulder, Colorado, Colorado Associated University Press, 1974, p. 209-222.

2. L. von Bertalanffy, « The Theory of Open Systems in Physics and Biology », *Science*, vol. 111, 1950, p. 23-29, puis dans Frederick E. Emery (ed.), *Systems Thinking : selected readings*, Harmondsworth, Penguin Book Ltd., 1969, volume qui offre un excellent encadrement de la théorie des systèmes. Il est possible par ailleurs de suivre l'organisation complexe de la systémique chez Mario Bunge, *A World of Systems*, Dordrecht, Reidel, 1979.

3. N. Wiener, *The Human Use of Human Beings*, Boston, Houghton Mifflin Company, 1950 ; trad. fr. P.-Y. Mistoulon, *Cybernétique et société : l'usage humain des êtres humains*, Paris, 10/18, 1962.

4. Dans sa *General Systems Theory* L. von Bertalanffy (New York, Braziller, 1968 ; trad. fr. J.-B. Chabrol, *Théorie générale des systèmes*, Paris, Dunod, 1993) synthétise les questions principales de la *théorie générale des systèmes*. Il faut rappeler les contributions des autres « pères » de la systémique : C. Shannon et W. Weaver avec leur *The Mathematical Theory of Communication* (Urbana, University of Illinois Press, 1949 ; trad. fr. J. Cosnier, G. Dahan, S. Economidès, *Théorie mathématique de la communication*, Paris, Retz, DL, 1975), J. Forrester avec *Principles of Systems* (Cambridge, Mass. Wright-Allen Press, 1968 ; trad. fr. P. Sylvestre-Baron,

aussi étendre ultérieurement la portée d'une pensée systémique, si l'on prenait en compte ces auteurs parfois considérés comme les pionniers d'une attitude systémique, comprenant un spectre de réflexion assez large allant de Valéry à Wittgenstein, du Cercle de Vienne au Cercle de Berlin, de la thermodynamique au structuralisme, de la sémiotique au gestaltisme ou des auteurs qui, à partir de la théorie des systèmes, ont développé des passerelles méthodologiques dans des disciplines spécifiques. Si l'on considère justement l'ampleur et l'hétérogénéité des études systémiques, on peut traiter la systémique, comme le fait von Bertalanffy lui-même dans la préface à l'édition de 1971 de la *Théorie générale des systèmes*, comme le paradigme scientifique propre à l'époque contemporaine, pour chercher ainsi à comprendre sur quelles notions elle s'articule, au-delà de ses multiples extensions et applications particulières. En outre, il sera plus simple de cette manière de découvrir les motifs pour lesquels l'approche systémique s'offre comme une voie qui pourrait être suivie pour tenter de comprendre les fonctions et les modalités qui permettent de repenser aujourd'hui un système pour élaborer le discours sur les arts.

Le système, au sens général, peut être défini comme un ensemble d'éléments liés entre eux, de manière à ce qu'ils agissent les uns sur les autres. Comme l'écrit von Bertalanffy :

> Un système peut être défini comme un complexe d'éléments en interaction. Par « interaction » nous entendons des éléments *p* liés par des relations *R*, en sorte que le comportement d'un élément *p* dans *R* diffère de son comportement dans une autre

Principes des systèmes, Lyon, Presses Universitaires de Lyon, 1981), Ch. West Churchman avec *The Systems Approach* (New York, Delacorte Press, 1968 suivi de *The Systems Approach and Its Enemies*, New York, Basic Books, 1979), J. Grier Miller avec *Living Systems* (New York, Mc Graw-Hill, 1978), mais également de nombreux travaux d'A. Rapoport. Les recherches dans les années 40 de W. McCulloch avaient ouvert aussi la voie de la théorie des systèmes neuronaux (W. McCulloch, W. Pitts, « A Logical Calculus of the Ideas Immanent in Nervous Activity », *Bulletin of Mathematical Biophysics*, vol. 5, 1943, p. 115-133 ; trad. fr. « Un calcul logique des idées immanentes dans l'activité nerveuse », *in* A. Pelissier, A. Tête, *Sciences cognitives : textes fondateurs (1943-1950)*, Paris, P.U.F., 1995 ; W. McCulloch, « A Heterarchy of Values Determined by the Topology of Nervous Nets », *Bulletin of Mathematical Biophysics*, vol. 7, 1945, p. 89-93). À la théorie des systèmes sont cependant liés différentes domaines de recherche : la cybernétique (voir, outre Wiener, W. R. Ashby, *An Introduction to Cybernetics*, London, Chapman and Hall Ltd., 1956 ; trad. fr. M. Pillon, *Introduction à la cybernétique*, Paris, Dunod, 1958) ; la théorie de l'information (outre Shannon, voir J. Pierce, *Symbols, Signals and Noise. The nature and process of communication*, New York, Harper, 1961 ; trad. fr. N. Bully, *Symboles, signaux et bruit : introduction à la théorie de la communication*, Paris, Masson, 1966) ; la théorie des catastrophes (voir R. Thom, *Modèles mathématiques de la morphogenèse*, Paris, Union générale d'éditions, 1974) ; la théorie des jeux (voir J. von Neumann, O. Morgenstern, *Theory of Games and Economic Behavior*, Princeton, Princeton University Press, 1947) ; et, de manière générale, les théories de la complexité.

relation *R'*. S'il se comporte de la même façon dans *R* et *R'*, il n'y a pas interaction et les éléments se conduisent indépendamment par rapport aux relations *R* et *R'*[1].

Nous trouvons déjà dans cette définition certains des caractères principaux d'un système : les relations, les parties, leurs comportements et leurs changements. J'ajoute encore deux définitions du système pour clarifier deux autres de ses propriétés fondamentales. Forrester écrit : « Le mot "système" signifie un groupement d'éléments qui opèrent ensemble dans un but commun »[2]. Evidemment le but change d'un système à l'autre et surtout entre les systèmes mécaniques, les systèmes vivants et les systèmes symboliques. Cette attention conduit néanmoins à l'évaluation téléologique des comportements et des fonctions actives à l'intérieur du système et non à la recherche d'une linéarité causale tendue vers un but. Un « but commun » signifie un but partagé par tous les éléments, au fondement des relations et de l'unité globale du système. Ce dernier concept d'unité globale est précisément une propriété supplémentaire de tout système. Le système, comme l'écrit Morin, est « une interrelation d'éléments constituant une entité ou unité globale. Une telle définition comporte deux caractères principaux, le premier est l'interrelation des éléments, le second est l'unité globale constituée par ces éléments en interrelation »[3]. Dans une approche systémique les unités élémentaires deviennent aussi des unités globales, c'est-à-dire qu'elles peuvent être traitées à leur tour comme des systèmes. Tout objet peut exprimer une complexité de relations telle qu'elle ne permette plus de l'isoler, mais tout au plus de l'observer comme un système qui interagit avec l'extérieur, donc avec d'autres systèmes.

Les différences entre l'approche rationaliste classique et l'approche systémique sont nombreuses. Le Moigne, dans une heureuse synthèse, identifie quatre différences principales[4]. L'approche rationaliste classique s'articule sur quatre préceptes constants : les préceptes d'évidence, d'exhaustivité, de causalité linéaire et enfin, accordant une priorité à l'analyse, elle ne peut se passer d'une attitude réductionniste. L'approche systémique oppose au précepte d'évidence un précepte de pertinence en rapport à l'observateur ; à l'exhaustivité elle oppose la recherche d'agrégats opératoires pour la construction d'un modèle, donc d'une représentation simplifiée ; à la linéarité causale, une recherche téléologique tendue vers la recherche des comportements du système ; au réductionnisme, le globalisme.

1. L. von Bertalanffy, *Théorie générale des systèmes*, *op. cit.*, p. 53.
2. J. W. Forrester, *Principes des systèmes*, *op. cit.*, livre I, chapitre I, 1-1.
3. E. Morin, *La Méthode. 1. La Nature de la Nature*, Paris, Seuil, 1977, p. 101.
4. J.-L. Le Moigne, *La théorie du système général, théorie de la modélisation*, Paris, P.U.F., 1994, p. 33-43.

Il est nécessaire de préciser les notions de système fermé et de système ouvert en ce qui concerne l'environnement. Un système fermé n'échange ni matière ni énergie avec celui-ci ; ayant établi son propre équilibre, il tend à ne pas le modifier. En réalité, le cas d'un système complètement fermé est une abstraction utile pour représenter des objets stables et simples. Il s'agit d'un concept théorique, d'un cas limite pour expliquer un système mécanique, dans la mesure où un système n'est jamais complètement isolé. De plus, l'idée du système fermé serait inadaptée à la compréhension d'un organisme vivant ou d'un système symbolique. Les systèmes complexes sont toujours ouverts, puisqu'ils échangent constamment de l'information, de la matière et de l'énergie avec l'extérieur, avec d'autres systèmes, des organisations et des processus dynamiques. En reprenant la définition du système de von Bertalanffy nous remarquons que la relation entre deux éléments à l'intérieur d'un système n'est jamais la simple action causale de A sur B, mais prévoit toujours aussi bien l'action de A sur B que celle de B sur A. Il faut toutefois prendre en compte la façon dont l'interaction peut adopter des formes bien plus complexes selon le système dans lequel elle opère. Nous pouvons l'observer en examinant cette forme particulière d'interaction qu'est la rétroaction, un des concepts clefs de la théorie des systèmes, au centre des études de cybernétique. A l'intérieur du système la rétroaction a la fonction de renvoyer l'information de B à A pour autoréguler le système, c'est-à-dire pour corriger l'information initiale et stabiliser son fonctionnement. Si la rétroaction est facilement observable à l'intérieur des modèles mécaniques ou dans de nombreuses actions animales ou humaines, il n'est pas aussi simple de déterminer son rôle dans les systèmes complexes, qu'ils soient vivants ou symboliques, dans lesquels les variables en jeu sont multiples et les interactions entre les éléments se produisent fréquemment à de multiples niveaux. Dans ce cas il est moins simple d'isoler l'entrée, la sortie et l'information. Ashby souligne que : « le concept de 'réaction'[rétroaction] si simple et naturel dans les cas élémentaires, devient artificiel et de peu d'utilité lorsque les relations entre les éléments deviennent très compliquées »[1]. Von Bertalanffy lui-même pose problématiquement la question du rapport entre les systèmes ouverts vivants et les modèles cybernétiques, dans lesquels la rétroaction donne certes sa circularité au système, mais le fait dans un schéma qui reste le schéma linéaire du stimulus et de la réponse et agit sur la régulation du système au niveau mécanique et non pas dynamique. En effet, « le modèle de rétroaction intervient

1. W. R. Ashby, *An Introduction to Cybernetics*, *op. cit.*, p. 67.

dans ce qu'on peut appeler les "régulations secondaires" du métabolisme (et d'autres domaines), c'est-à-dire les régulations par des mécanismes préétablis, selon des chemins fixés »[1]. En d'autres termes, le mécanisme de rétroaction n'est pas suffisant pour expliquer la régulation d'un système complexe :

> Cette théorie [la théorie cybernétique] essaye de montrer que les mécanismes du type rétroaction sont le fondement du comportement téléologique ou réfléchi des machines faites par l'homme aussi bien que des organismes vivants et des systèmes sociaux.
> Il devrait venir à l'esprit cependant que le schéma de rétroaction est d'une nature assez spéciale [...]. Il existe cependant beaucoup de régulations dans l'organisme vivant de nature essentiellement différente ; c'est-à-dire ceux où l'ordre est obtenu par une interaction dynamique des processus[2].

Il faut garder à l'esprit ces observations sur la rétroaction dans la mesure où, dans un système symbolique complexe en échange constant avec l'environnement, il est difficile d'isoler un mécanisme de rétroaction. Nous pouvons cependant la considérer, comme cela a été fait dans la majeure partie des cas dans lesquels les sciences humaines ont eut recours à la théorie des systèmes, comme « la capacité d'un processus de revenir en arrière sur lui-même, en se modifiant ou en conservant ses caractéristiques en réponse aux stimuli provenant de l'environnement »[3].

Le système n'est pas la somme des parties mais l'expression d'un tout, d'une forme globale dans laquelle émergent des qualités supplémentaires qui ne sont pas exprimées par la somme. Si le système est déterminé par les éléments et les relations, sa qualité spécifique est donnée par les émergences nouvelles qui surgissent des changements que les éléments subissent dans leurs interrelations.
Il est évident que le concept de globalité est en relation étroite avec celui d'organisation. L'organisation est le facteur constitutif du système ou, selon les mots de Morin, « l'agencement des relations entre composants ou individus qui produit une unité complexe ou système, dotée de qualités inconnues au niveau des composants ou individus »[4]. L'organisation n'est cependant pas seulement la « disposition des relations » entre les éléments du système. Si elle n'était que cela, elle coïnciderait avec la *structure* du système qui est au contraire seulement un des deux fondements de l'organisation. Dans l'organisation

1. L. von Bertalanffy, *Théorie générale des systèmes*, *op. cit.*, p. 107.
2. *Ibid.*, p. 42.
3. V. De Angelis, *La logica della complessità. Introduzione alle teorie dei sistemi*, Milan, Bruno Mondadori, 1996, p. 18.
4. E. Morin, *La Méthode*, *op. cit.*, p. 103.

émergent en effet deux aspects : un aspect structurel, qui indique les relations entre les éléments, l'*organigramme* du système ; l'autre fonctionnel, qui indique les comportements finalisés des éléments et leurs actions réciproques, les échanges entre le système et l'environnement, le *programme* du système. La distinction entre organigramme et programme, structure et fonction, est une nécessité méthodologique qui ne doit jamais être négligée [1].

Ces caractéristiques du système peuvent se présenter sous des formes plus ou moins complcxcs, cc qui détermine une hiérarchie des systèmes construite sur la base de leur complexité. Expliquer cette hiérarchie est une des tâches spécifiques de la théorie générale des systèmes. La complexité ne découle pas seulement du nombre plus ou moins élevé des composants. Dans le système complexe l'hétérogénéité et l'organisation sont directement proportionnelles : à une augmentation des différences produites par les composants en relation correspond une réponse de l'organisation. L'augmentation de la complexité, donc l'irréductibilité du système à un principe exhaustif et stable, est caractéristique des systèmes ouverts en échange constant avec l'environnement. L'observateur du système se place aussi dans cet environnement, et à son tour, il échange avec celui-ci. S'il accepte le défi de la complexité, l'observateur a conscience que l'imprévisibilité est une propriété fondamentale du système et que son hypothèse ne peut manquer de prendre en compte l'apparition d'aspects qui au moment de sa formulation n'appartiennent pas à l'horizon scientifique, c'est-à-dire de processus de différenciation et de réorganisation qui poussent à un changement constant du système. En d'autres termes, l'observateur ne peut manquer de prendre conscience de la finitude de son point de vue et de l'impossibilité d'être exhaustif ou d'isoler complètement les objets. L'importance de l'observateur tient à l'idée même d'environnement, en tant qu'ensemble de propriétés externes, mais également comme système plus vaste dans lequel un système est observé. L'environnement se détermine ainsi à travers la position de l'observateur.

Le système tend toujours à sa conservation, c'est-à-dire qu'il agit de façon à ce que tous les changements aient pour finalité le maintien de son organisation. Le système est autonome parce qu'il est autorégulé et tend à accueillir les changements provenant de l'échange avec l'extérieur ou découlant des relations internes, en conservant sa propre organisation. Ce processus de régulation, en particulier dans les systèmes vivants, est l'homéostase. Cannon définit l'homéostase

1. Sur la distinction entre structure et fonction dans la théorie des systèmes, voir P. Delattre, *Système, structure, fonction, évolution. Essais d'analyse épistémologique*, Paris, Maloine, 1971, p. 37-90 ; plus récemment le rapport entre structure et fonction a joué un rôle crucial dans le débat des sciences cognitives.

précisément comme cet ensemble de processus organiques utilisés pour maintenir l'état de l'organisme [1]. Une forme spécifique de l'homéostase est l'organisation autopoïétique, qui permet aux structures du système de se régénérer sans altérer leur organisation. Pour cette raison, un système autopoïétique établit une relation constante avec lui-même, devenant un système autoréférentiel. Les systèmes autopoïétiques, tels qu'ils ont été théorisés par Maturana et Varela, dépassent donc la distinction entre systèmes fermés et systèmes ouverts, puisqu'ils présentent les caractéristiques des deux : « La caractéristique la plus propre à un système autopoïétique est le fait qu'il subsiste par ses propres moyens et se constitue en se distinguant du milieu environnant à travers sa propre dynamique, de telle manière que les deux choses sont inséparables » [2].

Il nous faut encore clarifier trois propriétés du système pour comprendre un système d'idées : la présence d'une mémoire du système, le rôle de l'analogie et l'idée de modèle. Pour permettre l'échange et la circulation d'information, d'énergie et de matière, un système doit se doter de réserves qui en garantissent le bon fonctionnement. Sans une réserve de ce qui alimente le système ou de ce qui circule et se produit dans le système, il risquerait constamment de s'effondrer. Une entreprise ne pourrait ni survivre ni se développer si elle était privée d'entrepôts dans lesquels conserver les matières premières et les produits finis, sans réserve énergétique et sans archives de gestion. S'il est évidemment nécessaire que les systèmes mécaniques aient des réserves, les systèmes vivants se dotent eux aussi de réserves et portent en eux une mémoire des changements vécus. Aucune phase de développement n'annule les précédentes. La mémoire a donc une fonction centrale dans le processus de régulation de l'organisation, tout comme elle est importante pour l'observateur qui, à travers la mémoire, peut formuler des prévisions sur les transformations d'un système. Moins il y aura d'information sur le système observé, plus l'observateur aura recours à l'histoire du système [3]. Tout en conservant la distinction entre les notions de réserve et de mémoire, nous pouvons identifier trois niveaux dans lesquels le système conserve les traces de ses propres processus : les réserves dans lesquelles sont conservées l'énergie, la matière et l'information ; une stratification interne

1. Voir W. B. Cannon, *The Wisdom of the body*, New York, W. W. Norton Co., 1932 ; trad. fr. Dr. Z. M. Bacq, *La sagesse du corps*, Paris, Éditions de la nouvelle revue critique, 1946.

2. H. Maturana, F. Varela, *The Tree of Knowledge*, Boston, Massachusetts, Shambhala, 1987, 1992, p. 62.

3. « Ainsi, la possession d'une mémoire n'est pas une propriété objective du système, c'est une relation entre le système et un observateur […]. Moins il y aura de variables observables, plus l'observateur sera tenté d'utiliser les faits du passé pour expliquer le comportement du système. », W. R. Ashby, *An Introduction to Cybernetics*, *op. cit.*, p. 141-142.

des processus ; la stratification observée, l'histoire du système esquissée par l'observateur. Dans un système d'idées les réserves jouent un rôle nettement secondaire, tandis que la stratification interne et l'histoire observée s'avèrent déterminantes. Une idée porte en elle-même ses propres stratifications, et le processus de stratification d'une idée n'est jamais un processus linéaire. De plus, une idée peut se développer à l'intérieur de systèmes discursifs différents. La deuxième précision est que la figure d'un observateur capable d'embrasser l'histoire entière d'une idée est une figure purement idéale. L'observateur a un point de vue partiel : l'histoire qu'il esquisse est sélective, en fonction de la formulation d'une hypothèse de recherche et d'une hypothèse sur les possibilités du système. En outre, elle est sélective parce que l'histoire d'une idée en soi a une valeur partiale, puisque c'est l'observateur qui esquisse une mémoire du système. Cela ne signifie pas que les choix de l'observateur soient arbitraires : l'observateur sélectionne les informations relatives à son contexte et au système dans lequel il est lui-même inscrit.

Ainsi la question de la mémoire ne peut manquer de mettre en jeu un aspect constitutif de tout système : la localisation spatio-temporelle. Même les systèmes abstraits et symboliques ont besoin d'être dans l'espace et dans le temps, sans lesquels toute représentation des relations et des processus serait impossible. Tant que le système des idées vers lequel nous tendons n'est pas dans l'espace et dans le temps de l'expérience esthétique, il est nul. Un système d'idée s'actualise dans le rapport concret entre l'objet et l'observateur, de même que tout autre système. Un système d'idée doit nécessairement être *incorporé* dans une expérience, doit être *mis en forme* par l'expérience. Mais l'espace et le temps de l'expérience esthétique ne s'épuisent pas dans le lieu et l'instant dans lesquels l'expérience esthétique advient : l'objet est porteur d'une spatialité et d'une temporalité qui lui sont propres, tout comme l'observateur, et les idées mêmes possèdent leur histoire et sont conditionnées par le lieu dans lequel elles sont élaborées. Il est impossible d'élaborer un système indépendant de ces variables spatio-temporelles, de même qu'un système qui ne soit pas lié aux variables émergeant des expériences esthétiques singulières. Cela signifie qu'il n'existe pas de système d'idées esthétiques toujours valide en tous lieux et de tous temps, et qui puisse épuiser complètement toute expérience esthétique singulière. L'hypothèse de système présentée en conclusion pourrait être valide aujourd'hui ou demain mais certainement pas après-demain et ne l'était pas hier. Elle ne se réfère pas à des expériences esthétiques singulières mais elle veut prévoir les principales idées en jeu dans les expériences possibles et réalisables aujourd'hui.

L'analyse de l'espace et du temps dans le cadre de la systémique a souvent été motivée par la nécessité d'affronter le problème de l'entropie et de définir les paramètres dimensionnels pour la formalisation de modèles des systèmes. Mais jusqu'à quel point l'expérience esthétique est-elle formalisable ? Elle l'est peut-être beaucoup, mais du point de vue psychologique ou cognitif, tandis qu'elle est peu formalisable en termes de localisation spatio-temporelle d'un système d'idées. Nous ne nous occuperons pas des modèles cognitifs de l'expérience esthétique, non pas parce qu'ils ne sont pas pertinents, mais parce qu'ils concernent un autre niveau de l'expérience, le niveau psycho-cognitif. Bien que nous ne fassions pas usage ici des sciences cognitives, la référence à ces recherches est capitale. Si en effet l'hypothèse formulée ici est celle d'un système d'idées qui serve d'intermédiaire entre le sujet (et les sujets) et l'objet dans l'expérience esthétique, il est nécessaire de prévoir deux vérifications, l'une pour ainsi dire en aval, l'autre en amont. D'une part cette recherche pourra et devra se prolonger en une vérification des modalités grâce auxquelles certains objets peuvent exemplifier un système d'idées. D'autre part, elle devra aller vers le sujet pour déterminer comment et pourquoi certaines idées entrent en jeu dans une attitude esthétique et d'autres pas, et de quelle manière elles déterminent une forme particulière d'expérience. Que ferions-nous du reste d'un système d'idées en l'absence d'expériences cognitives dans lesquelles l'utiliser ? Comme le met en évidence Piaget dans *La psychologie de l'intelligence*[1], il subsiste toujours une continuité entre les formes les plus complexes et les plus élaborées de la pensée et les formes élémentaires de l'apprentissage. Le problème est alors de déterminer jusqu'à quel point un système d'idées, quoique localisé dans l'espace et le temps, et ceux de l'expérience esthétique singulière, est formalisable en tant que système d'idées. Pour répondre à cette question, il serait toutefois nécessaire de comprendre quel type de relations s'instaure entre les idées à l'intérieur du système. Il ne suffit certes pas de dire qu'elles sont interdépendantes,

1. J. Piaget, *La psychologie de l'intelligence*, Paris, Armand Colin, 1967 (1947), p. 161-162 : « Le schème sensori-moteur, unité propre au système de l'intelligence pré-symbolique, s'intègre ainsi les schèmes perceptifs et les schèmes relevant de l'action habituelle [...]. Le schème symbolique s'intègre les schèmes sensori-moteurs avec différenciation des fonctions, l'accommodation imitative se prolongeant en signifiants imagés et l'assimilation déterminant les signifiés. Le schème intuitif est à la fois une coordination et une différenciation des schèmes imagés. Le schème opératoire d'ordre concret est un groupement de schèmes intuitifs, promus, par le fait de leur groupement même, au rang d'opérations réversibles. Le schème formel, enfin, n'est autre chose, on vient de le voir, qu'un système d'opérations au second degré, donc un groupement opérant sur des groupements concrets. Chacun des passages de l'un de ces niveaux au suivant est donc caractérisé à la fois par une coordination nouvelle et par une différenciation des systèmes constituant l'unité au niveau précédent ».

ce qui est une caractéristique implicite du système, mais il faut comprendre la nature de ces relations. Elles sont vraisemblablement de deux types : des relations historiques et des relations fonctionnelles. Il est évident que les idées du système sont liées par des relations historiques, comme nous le verrons clairement au long de ces pages. Mais nous pourrions considérer ces relations historiques comme un effet, ou mieux encore, une preuve de relations fonctionnelles bien plus profondes. Il est toutefois opportun d'expliquer ce que nous entendons par le terme de « relation fonctionnelle ». En logique mathématique une relation fonctionnelle est une relation qui présente les caractéristiques d'une fonction logique. Ce sens ne peut être attribué à la notion de « relation fonctionnelle », ne serait-ce qu'à cause des difficultés que comporterait une formalisation en termes mathématiques des relations entre les idées. Par relation fonctionnelle nous entendons au contraire le concours de deux ou plusieurs éléments du système en vue de la réalisation d'un but commun. Une telle définition met évidemment en question la notion de fonction. Ernest Nagel, dans *The Structure of Science. Problems in the Logic of Scientific Explanation (La structure de la science. Problèmes dans la logique de l'explication scientifique*), en adressant une critique à la position fonctionnaliste, énumère six définitions du terme « fonction » : 1) la relation de dépendance ou d'interdépendance entre au moins deux facteurs variables, mesurables ou non ; 2) l'ensemble plus ou moins vaste de processus ou d'opérations à l'intérieur d'une entité donnée, sans indications sur les effets produits par de tels processus sur l'entité elle-même ou sur d'autres entités ; 3) comme il est d'usage parmi les biologistes, les processus organiques nécessaires à la survie du système ; 4) les différents usages d'un objet, les effets attendus d'une action ; 5) l'ensemble plus ou moins vaste de conséquences produites par un objet ou une activité, soit sur le système global d'appartenance, soit sur d'autres éléments du système ; 6) la contribution d'un élément du système au maintien d'une condition ou d'une caractéristique du système. Nagel met en évidence que les définitions (1), (2), (3) et (5) sont des modes d'explication largement acceptés par la recherche scientifique tandis que la définition (4) ne parvient pas à indiquer une véritable forme d'explication. La dernière définition est, pour Nagel, la plus problématique : si en effet elle peut constituer la base de développement principale pour un modèle fonctionnaliste, la distinction d'avec les autres définitions n'est pas toujours très claire[1]. La

1. Voir E. Nagel, *The Structure of Science. Problems in the Logic of Scientific Explanation*, Indianapolis, Cambridge, Hackett Publishing Company, 1979 (1961), p. 522-526. En outre, Nagel consacre quelques pages au rapport entre structure et fonction, p. 426-428.

définition la plus proche des besoins de cette recherche est probablement la cinquième, en précisant toutefois certains de ses aspects. Les composants du système dont nous faisons ici l'hypothèse sont des idées qui s'actualisent dans les expériences esthétiques concrètes ayant pour protagonistes un objet et un observateur. La *fonction* du système d'idées est de provoquer un échange entre l'objet et l'observateur qui *partagent* le même système d'idées. Ce partage (donné comme présupposé) indique que l'objet s'offre comme un objet artistique ou, en d'autres termes, *se présente* comme un objet artistique, en tant qu'il est porteur d'un certain système d'idées que l'observateur reconnaît comme un système d'idées de l'art. Par conséquent, il n'existe pas de système d'idées valide en tous lieux et de tous temps, mais la même fonction – *l'échange entre un acte d'auto-présentation de l'objet et un acte d'identification de la part de l'observateur* - peut être réalisée par différents systèmes conditionnés par le monde réel dans lequel ils interviennent et sont élaborés. Il nous suffit de mentionner deux exemples simples et banals : un observateur occidental pourra difficilement reconnaître comme une œuvre d'art une calligraphie japonaise et les œuvres d'une avant-garde artistique doivent inciter à changer le système d'idées pour être acceptées comme des œuvres d'art. L'observation de ce type de relations a des conséquences importantes sur la méthode adoptée. Le premier est qu'identifier des relations internes au système (donc son organisation) à partir de ses fonctions signifie établir un lien étroit entre structure et fonction, rendant ainsi d'autant plus difficile à satisfaire la nécessité de toujours bien distinguer ces deux notions. La seconde conséquence est qu'une explication fonctionnelle peut être considérée comme suffisante pour comprendre le fonctionnement du système mais ne peut épuiser les possibilités et les formes que le système peut prendre. Un système d'idées ne peut être traité ni comme un système autopoïétique, ni comme un système complètement ouvert et dépendant du monde réel. Pour cette raison, l'analyse combinée des changements historiques du système et de ses fonctions semble être l'une des rares voies qui peuvent être suivies.

Pour comprendre la logique adoptée par l'observateur du système, il est nécessaire de rappeler la fonction que l'analogie assume en elle [1]. Alors qu'une approche

1. L'analogie peut se présenter sous des formes plus ou moins complexes qui vont de la construction d'images et de symboles, à la métaphore puis aux processus de modélisation élaborés (le traitement du corps comme une machine et donc de certains processus physiologiques comme des processus mécaniques est un exemple évident de modélisation). Il est opportun de rappeler ici que dans le domaine systémique, outre la modélisation, une autre forme d'analogie a été soigneusement élaborée, l'*isomorphisme*, c'est-à-dire l'analogie structurelle ponctuelle entre deux sujets qui, en vertu précisément de cette analogie, montrent des comportements semblables tout en appartenant à des domaines différents.

scientifique traditionnelle a recours à des logiques d'analyse et de synthèse, de déduction et d'induction, l'approche systémique utilise largement le raisonnement analogique, qui permet d'associer des objets et des concepts de domaines différents. L'utilisation de l'analogie dans le domaine systémique découle de la prise de conscience de l'indétermination de l'observation scientifique, qui s'ouvre à des possibilités de développement non observables. Elle implique en outre un point commun entre la logique scientifique et la logique artistique, et entre le raisonnement scientifique et le raisonnement que nous adoptons plus spontanément dans la vie quotidienne face à la nécessité de résoudre un nouveau problème. Le raisonnement analogique pousse toujours à la comparaison interdisciplinaire. Par exemple, la « préhistoire » de la théorie des systèmes a été marquée par la théorie des gaz de Boltzmann qui avait élaboré sa réflexion à partir des lois statistiques des comportements humains. Par ailleurs, à travers l'analogie nous parvenons à identifier un autre aspect fondamental de la systémique qu'est l'idée de modèle, qui peut être vue précisément comme la forme la plus élaborée de l'analogie. De la cybernétique à la théorie des automates jusqu'à la théorie des jeux, nous nous trouvons toujours face à des modèles utiles pour nous représenter un objet ou un système, des modèles qui se fondent toujours sur un « comme si » et qui nous permettent d'observer un phénomène ou un comportement du système.

> Un modèle est un substitut pour un objet ou un système. Un modèle peut avoir diverses formes et peut servir à divers propos. [...] Tout ensemble de règles et de relations qui décrit quelque chose est un modèle de cette chose. Dans ce sens, toutes nos pensées dépendent de modèles [1].

Entre le système et le modèle il y a certes un écart, mais un tel écart peut être plus ou moins réduit. Si, comme le souligne Valéry à plusieures reprises, nous pensons par modèles car « les vérités sont choses à *faire* et non pas à *découvrir* [...] des constructions et non des trésors » [2], nous devons prendre en considération la manière dont le modèle peut revêtir, outre une fonction cognitive, une fonction décisionnelle, normative et prévisionnelle. L'écart entre système et modèle peut être identifié dans le fait que tandis que le premier est un objet d'expérimentation et d'observation, le second est un outil, une simulation utile pour comprendre, décider, réguler, prévoir. Mais plus un système devient

1. J.W. Forrester, *Principes des systèmes*, *op. cit.*, p. 3. 1.
2. P. Valéry, *Cahiers I*, édition établie par J. Robinson-Valéry, « Bibliothèque de la Pléiade », Paris, Gallimard, 1973, p. 571.

complexe, plus nous avons recours au modèle pour observer le système lui-même. Si le système est un système d'idées, système et modèle arrivent presque à coïncider. Cette coïncidence n'est pas insignifiante, notamment parce que, par rapport à d'autres systèmes, par exemple biologiques, un système d'idées s'offre non seulement comme un objet mais aussi comme un outil fonctionnel pour observer d'autres phénomènes. En d'autres termes, si dans cette recherche le système d'idées est un objet théorique pour le discours sur les arts, il est aussi une simulation, une traduction, une abstraction du discours qui pourrait être formulé par une œuvre d'art ou un savoir artistique. Par rapport à ces présupposés, cette coïncidence est plus marquée que chez Batteux par exemple. En effet, si le système organisait des objets ou des savoirs artistiques il serait distinct des critères, et donc des idées, sur lesquels il s'articule. Mais ce travail tend à la construction d'un système pour les arts, donc d'un système d'idées qui serve de modèle pour la compréhension des pratiques artistiques. Nous pourrions objecter à cette approche la nécessité de présupposer, comme objet, un système des arts (des pratiques) au sens traditionnel. Le problème pourrait être posé en ces termes : un système des pratiques artistiques contemporaines est un système *possible*, mais extrêmement complexe, pour les raisons avancées lorsque l'on évoque son échec. Conscient d'une telle complexité, l'observateur peut identifier une *mémoire* du système et peut construire un *modèle* de connaissance et de prévision. Ces deux opérations convergent dans le projet d'un système d'idées. La légitimité de ce système d'idées est donnée par le fait que l'objet sur lequel il s'articule, l'objet artistique, peut être traité *systémiquement*. L'application de la théorie générale des systèmes implique exactement ceci : les objets représentent le système d'idées, dans sa totalité ou en partie.

Pour une théorie générale des systèmes, il est fondamental d'établir un ordre hiérarchique qui procède du système statique le plus simple jusqu'aux systèmes les plus complexes. Von Bertalanffy se réfère, précisément pour représenter cette hiérarchie, au schéma présenté par Boulding en 1956 [1]. Dans ce schéma,

1. Voir K. E. Boulding, « General Systems Theory : the Skeleton of Science », *Management science*, vol. 2, 1956, p. 197-208 puis dans *Collected Papers. Volume four. Toward a General Social Science*, p. 35-46. Les neuf niveaux présentés dans le modèle de Boulding de 1956 étaient essentiellement les mêmes que ceux qui étaient présents dans la réélaboration de von Bertalanffy, sauf le dernier niveau qui est, pour Boulding, celui des systèmes transcendantaux. En ce qui concerne au contraire les systèmes symboliques (langages, images, ...), ils sont pour Boulding la caractéristique des trois derniers niveaux de sa hiérarchie. La capacité de produire, d'absorber et d'interpréter les symboles, écrit Boulding, est ce qui distingue l'homme de l'animal (ainsi, elle fait passer du niveau 6 au niveau 7). Le problème hiérarchique qui en découle, et dont Boulding est bien conscient, est qu'il devient difficile de distinguer le niveau 7 du niveau 8, le système homme-individu du

réélaboré par von Bertalanffy, neuf niveaux de la hiérarchie émergent : 1) les structures statiques, 2) les mouvements d'horlogerie (machines conventionnelles étudiées selon les lois de la mécanique), 3) les mécanismes d'autorégulation (domaine de la cybernétique, de la théorie de la rétroaction et de l'information), 4) les systèmes ouverts, 5) les organismes de bas niveau (surtout les organismes végétaux), 6) les animaux, 7) l'homme, 8) les systèmes socio-culturels, 9) les systèmes symboliques (langage, logique, mathématiques, sciences, arts, morales, ...). Les théories applicables à ces derniers systèmes extrêmement complexes sont, par exemple, des algorithmes symboliques pour les mathématiques, la logique, le langage ou les « règles du jeu » des arts. D'après Le Moigne [1], ces neuf niveaux se caractérisent chacun par l'émergence d'un aspect : 1) l'objet passif, 2) l'objet actif, 3) l'objet actif et réglé, 4) l'objet qui s'informe, 5) la décision, les comportements finalisés vers un but, 6) la mémoire, 7) la coordination et la différentiation dans la variété du système, 8) l'imagination et l'intelligence, 9) l'auto finalisation (conscience, intentionnalité). Les quatre premiers niveaux appartiennent à la catégorie des systèmes-machine, les niveaux (5), (6), et (7) à la catégorie des systèmes vivants, tandis que les deux derniers appartiennent clairement à la catégorie des systèmes humains et sociaux. Dans la proposition élaborée par Mario Bunge les systèmes d'idées se caractérisent aussi par un maximum de complexité, mais son schéma présente cinq niveaux : 1) les systèmes physiques, 2) les systèmes chimiques, 3) les systèmes biologiques, 4) les systèmes techniques, 5) les systèmes sociaux, artificiels et d'idées [2]. Pour Bunge, les différents niveaux de la hiérarchie sont toujours interconnectés, dans la mesure où tout système singulier est composé de systèmes, et seuls les systèmes physiques ne peuvent être à leur tour composés d'autres systèmes. Il est donc évident qu'en s'élevant d'un niveau à l'autre, la complexité des systèmes augmente. La position occupée par les systèmes d'idées nous montre à quel point notre recherche peut être ardue. Qu'entendons-nous par règles du jeu ? Les règles des pratiques artistiques ? Dans ce cas, la frontière entre les règles et les techniques serait faible. Les règles du jeu seraient alors cet ensemble de conventions qui, partagées par tous les acteurs du monde de l'art (artistes, spectateurs et tant

système homme social, car les systèmes symboliques qui le caractérisent sont, par nature, partagés entre plusieurs individus. En 1985, dans *The World as a Total System* (Beverly Hills, Sage Publications, 1985), Boulding reviendra sur la hiérarchie des systèmes en la précisant davantage.

1. Voir J.-L. Le Moigne, *La théorie du système général, théorie de la modélisation*, *op. cit.*, et *Les systèmes de décision dans les organisations*, Paris, P.U.F., 1974, p. 17 *sq.*

2. Voir M. Bunge, *Treatise on Basic Philosophy. IV : Ontology II : A world of systems*, Dordrecht, Reidel, 1979.

d'autres), permettent la production et la jouissance de certains objets identifiables précisément parce qu'ils répondent à certaines règles. En d'autres termes, les règles sont les théories sur les arts implicitement ou explicitement dominantes à certains moments et dans des lieux donnés. Un système des arts en tant que système d'idées cherche à reconnaître les éléments constitutifs de ces « règles du jeu » et le type de relations que ces éléments instaurent à l'intérieur du système.

Il faudrait alors chercher une définition générale du système d'idées. Edgar Morin, dans le quatrième volume de *La méthode*, dont le sous-titre est justement *Les idées. Leur habitat, leur vie, leurs mœurs, leur organisation*, formule une définition assez ouverte du système d'idées :

> Un système d'idées est constitué par une constellation de concepts associés de façon solidaire, dont l'agencement est établi par des liens logiques (ou apparemment tels), en vertu d'axiomes, postulats et principes d'organisation sous-jacents ; un tel système produit dans son champ de compétence des énoncés ayant valeur de vérité et éventuellement des prédictions sur tous les faits et événements devant s'y manifester.
> Médiateurs entre les esprits humains et le monde, les systèmes d'idées prennent consistance et réalité objective à partir de leur organisation [1].

Quelques lignes plus loin, Morin ajoute une observation évidente mais en rien banale : « Une idée isolée n'a pratiquement pas d'existence; elle ne prend consistance que par rapport à un système qui l'intègre » [2]. Bien que Morin ne s'étende pas beaucoup sur la nature des règles d'organisation des systèmes d'idées, sa définition (qu'il approfondit davantage, du reste, quelques pages plus tard [3]) a le mérite incontestable de préciser les caractères principaux de tout système d'idées, avant de proposer une distinction entre deux types de systèmes d'idées, *doctrines* et *théories*.

1. E. Morin, *La méthode IV. Les idées. Leur habitat, leur vie, leurs mœurs, leur organisation*, Paris, Seuil, 1995 (1991), p. 129.
2. *Ibid.*
3. *Ibid.*, p. 137-138 : « un système d'idées possède un certain nombre de caractères auto-éco-re-organisateurs qui assurent son intégrité, son identité, son autonomie, sa perpétuation ; ils lui permettent de métaboliser, transformer et assimiler les données empiriques qui relèvent de sa compétence ; il se reproduit à travers les esprits/cerveaux dans les conditions socio-culturelles qui lui sont favorables. Il peut prendre assez de consistance et de puissance pour rétroagir sur les esprits humains et les asservir. » Il est opportun de rappeler qu'une grande partie de l'analyse de Morin se réfère aux systèmes d'idées qui étudient les formes de doctrines, d'idéologies ou de systèmes philosophiques avec des visées universalistes. Au contraire, son attention pour les systèmes d'idées conçus comme des systèmes *disciplinaires* est réduite, alors qu'elle est la perspective à partir de laquelle nous développons notre recherche.

> Tout système d'idées est à la fois clos et ouvert. Il est clos dans le sens où il se protège et se défend contre les dégradations ou agressions extérieures. Il est ouvert dans le sens où il se nourrit de confirmations et vérifications venant du monde extérieur. Toutefois, bien qu'il n'y ait pas de frontière nette et stable entre les uns et les autres, on peut distinguer et opposer deux types idéaux : les systèmes comportant préséance de l'ouverture sur la fermeture, que nous nommes ici *théories*, et les systèmes comportant préséance de la fermeture, que nous nommons ici *doctrines*[1].

De façon assez claire, Morin propose un schéma des différences entre les doctrines et les théories[2] :

Doctrines	Théories
Autoréférence	Auto-exo-référence
Fermeture doctrinaire (faible éco-dépendance)	Ouverture sur l'extérieur (forte éco-dépendance)
Noyau dur insensible à l'expérience	Noyau dur résistant à l'expérience
Primat de la cohérence interne (rationalisation)	Primat de l'accord logique/ empirique (rationalité)
Rigidité des liaisons entre concepts	Nécessité logique des relations entre concepts
Autorégénération à partir des fondements propres	Auto-exo-régénération
Immunologie très forte (n'accepte que ce qui confirme)	Immunologie (ne rejette que ce qui est hors pertinence)
Refus de toute critique	Acceptation des critiques sous conditions
Anathème	Vigueur polémique
Dogmatisme	Flexibilité
Idéalisme	Empirisme
Orthodoxie (vérité absolue et unique)	Autodoxie (se conduit en fonction de ses principes)
Autotranscendance, autosacralisation, autodéification	Autocentrisme

Quoique le choix de la théorie soit une obligation pour le système d'idées affronté ici, il est toutefois intéressant de constater ce que cela comporte. Tout d'abord, une auto-exo-référence : nous verrons que le système, tout comme les idées qui le composent, a aussi bien une capacité transitive qui le conduit à l'extérieur qu'une capacité réflexive. Ceci implique évidemment un lien étroit avec l'environnement et d'autres systèmes, mais aussi une forte autoréglementation. Les rapports entre les concepts sont forts mais non rigides et sont souvent dictés par des nécessités empiriques. Une théorie est flexible, et grâce à cela, elle est également plus résistante. Elle peut se régénérer dans l'échange et elle développe une immunologie fondamentalement adaptative, capable d'accueillir ce qui,

1. *Ibid.*, p. 130.
2. *Ibid.*, p. 134.

de l'extérieur, peut entrer dans le cadre du système, tout en se montrant résistante à ce qui pourrait endommager son intégrité.

Pour comprendre un objet complexe nous avons besoin de construire, à travers le discours, un modèle. Nous pourrions émettre l'hypothèse que le discours est déjà un modèle de l'objet lui-même. Faire un discours, l'articuler et l'organiser, requiert la constitution d'un plan de simulation capable de refléter les aspects de l'objet que nous cherchons à étudier. Mais un modèle fonctionnel pour le discours, ou mieux, un modèle qui se fasse discours, doit simuler principalement *l'organisation de l'objet*. Les modèles peuvent cependant fournir une représentation plus ou moins complexe de l'objet simulé, et cette complexité majeure ou mineure dépend étroitement de l'environnement dans lequel ils sont formulés. La complexité même d'un modèle dépend, du reste, de la correspondance entre l'augmentation de l'hétérogénéité des éléments du système observé et le développement de son organisation.

Si la construction de modèles est une stratégie propre à la systémique, je dois maintenant recourir à une acception plus large du terme. En ce sens, j'ai dédié la majeure partie de cette recherche aux « modèles d'organisation » que l'on peut rencontrer dans la culture occidentale pour articuler des discours sur les arts dans leur globalité. J'en ai identifié quatre : le catalogue, la classification, la comparaison et le système. Il est possible d'insérer dans ces quatre modèles toutes les principales tentatives d'organisation des savoirs artistiques de l'antiquité jusqu'au vingtième siècle. Chacun d'eux a eu des périodes de succès plus ou moins important en fonction de son adéquation aux théories prédominantes de l'art. Mais, bien que ces modèles puissent être disposés par ordre chronologique en fonction des périodes de prédominance (catalogue dans l'antiquité, classification dans l'antiquité et au Moyen Âge, comparaison à la Renaissance, système à l'époque moderne), ils ont surtout coexisté, et il n'est pas rare qu'ils se retrouvent entremêlés, même au sein de la réflexion d'un seul auteur. Ce recours à l'histoire des modèles a donc pour but principal de retracer dans les différentes logiques d'organisation des éléments méthodologiques potentiellement utiles pour repenser le système des arts conçu, pour les nécessités de l'époque contemporaine, non plus comme un système des pratiques artistiques mais comme un système d'idées artistiques. Le but est d'identifier, en suivant les développements des modèles d'organisation, davantage les émergences et les persistances que les disparitions et les échecs, en essayant, chaque fois, de percevoir la partie constructive d'un modèle, plutôt que les éléments condamnés à l'inactualité des processus culturels.

Le premier modèle affronté est celui du catalogue, en tant qu'il constitue la forme qui, en même temps, présente la plus grande simplicité de construction et la confrontation la plus directe avec l'objet même. Le catalogue est un modèle initial de la recherche scientifique, la première tentative d'isoler un groupe d'objets parmi les autres, sans posséder nécessairement un critère d'identification sûr et stable. La logique analogique prédomine dans ce type de modèles. Il est vrai que dans plus d'un cas on trouvera des catalogues des arts dans lesquels l'utilisation d'un critère est implicite, par exemple celui de l'ancienne définition de l'art comme une « production selon des règles ». Un tel critère permet d'isoler une classe d'objets (les artefacts et leurs pratiques de production) des autres objets du monde (les objets naturels et les processus de la nature), mais nous fournit peu d'informations sur la spécificité des pratiques cataloguées grâce à lui. Cette objection s'exposerait à une erreur méthodologique, dans la mesure où elle attribuerait au catalogue une fonction propre à la classification. Bien qu'historiquement catalogue et classification s'entremêlent souvent, il faut les garder distincts dans la tentative de reconnaître le fonctionnement d'un modèle.

Le catalogue présente certaines spécificités remarquables; les modalités à travers lesquelles il s'organise sont, en grande partie, celles de l'analogie et de l'appartenance des objets à un lieu unique. Selon ces deux critères, l'association d'objets en soi très différents est rendue possible, ce qui présente des avantages et des limites. Il y a cinq avantages principaux : 1) trouver dans l'analogie un mécanisme primaire de la modélisation, vue comme une modalité spontanée du raisonnement intégrée au raisonnement scientifique plutôt qu'opposée au raisonnement analytique ou synthétique; 2) indiquer un champ complexe de relations dans lequel pouvoir expérimenter des liens, des ressemblances et des différences *avant* de se doter de critères de sélection; 3) en conséquence du point (2), permettre des hypothèses de recherche visant plus la formulation de critères que leur vérification; 4) diriger la recherche vers une interdisciplinarité nécessaire; 5) en rapport avec le point (4), en particulier dans un champ de recherche concernant les arts, établir un lien étroit, à travers l'adoption commune du raisonnement analogique, entre les processus artistiques et la recherche sur les arts ou, en d'autres termes, entre le discours des arts et le discours sur les arts. Evidemment, l'analogie agit aussi dans les autres modèles, mais elle se présente avec plus d'évidence et de simplicité dans le catalogue. Cette simplicité, toutefois, est aussi à l'origine de la limite principale du catalogue en tant que forme d'organisation. Même le terme « modèle d'organisation » s'avère un peu forcé s'il est appliqué au catalogue. On ne peut relever dans le catalogue une organisation au sens strict, dans la mesure où les relations qui s'établissent en son sein sont trop faibles pour agir sur les objets. Nous sommes donc bien loin de pouvoir parler, dans le catalogue, de l'organisation sur laquelle un système peut s'articuler. Le tout présent dans le catalogue ne dépasse pas de beaucoup la somme des parties, bien que l'ensemble qu'il présente puisse pousser à une recherche sur l'organisation qui lie les pratiques artistiques. Cette forme de tout inorganisé est bien représentée par le lien que le catalogue établit avec un lieu. Au-delà de la nature de ce lieu, réel ou idéal, le catalogue se sert souvent d'un environnement qui puisse contenir les analogies. Quand Perrault déclare en 1690 avoir choisi huit arts parce qu'il y en avait huit représentations dans *Le cabinet des beaux arts*[1], il fait prévaloir la raison analogique sur la raison analytique (ou, du moins, c'est ce qu'il veut faire croire). Mais le choix d'un lieu comme condition du catalogue met en évidence encore un autre aspect. Le catalogue est la forme du discours sur les arts qui devance le plus la simple *présence* de l'objet. Cette présence, que les autres modèles affirmeront et identifieront lentement, et qui sera au centre de l'hypothèse de conclusion, est posée sans médiation par le catalogue. Enfin, le catalogue révèle un lien étroit avec le sens commun. Si presque personne n'est en mesure d'offrir une définition exhaustive et ponctuelle de l'art, n'importe qui serait en mesure d'énumérer les pratiques qu'il considère être des arts. De même, à l'époque contemporaine, des catalogues plus ou moins implicites continuent à agir, servant de fondement au discours sur les arts, même là où les critères d'identification sont assez flottants.

Après le catalogue, j'aborderai la classification, le modèle historiquement le plus durable et le plus hétérogène. De l'antiquité jusqu'au vingtième siècle, de très nombreux modèles de classification ont opéré, mais même dans cette histoire particulière, le milieu du dix-huitième siècle et la naissance de l'esthétique font office de césure nette, dans la mesure où, après la reconnaissance d'un domaine d'étude plus circonscrit, les exigences qui poussent à la classification des arts changent. Pour rendre cette différence plus évidente, j'emploierai les termes de *classifications macrocosmiques* et *classifications microcosmiques*, en

1. Ch. Perrault, *Le cabinet des beaux arts, ou Recueil d'estampes gravées d'après les tableaux d'un plafond où les beaux arts sont représentés.* Avec l'explication de ces mêmes tableaux, Paris, G. Edelinck, 1690 ; je me permets de renvoyer à mon édition italienne du texte : Charles Perrault, *Il Gabinetto delle Belle Arti*, trad. A. Bertoni et G. Di Liberti, introd. et notes par G. Di Liberti, Palerme, Centro Internazionale di Studi di Estetica, Preprint n. 86, agosto 2009 (aussi en ligne http://www.unipa.it/~estetica/download/ Perrault.pdf)

indiquant par les premières les classifications dans lesquelles l'organisation des arts était insérée dans une classification plus vaste des savoirs ; et par les secondes les classifications dans lesquelles, après avoir reconnu une spécificité des beaux-arts, on a cherché à étudier les relations et les raisons au sein de cette sphère. Les besoins qui alimentent ces deux types de classification sont profondément différents. En effet, les classifications macrocosmiques, plutôt qu'isoler certaines pratiques (même lorsque cela arrive, nous sommes bien loin des beaux-arts), permettent de reconnaître des fonctions et des statuts des arts par rapport à la totalité du savoir humain. Observer les fluctuations d'une classification à une autre, d'une période à une autre, rend reconnaissables des critères et des émergences qui composent l'horizon conceptuel du discours sur les arts. Evidemment, ces critères aussi changeront en fonction des exigences qui poussent à la classification : dans les classifications macrocosmiques, par exemple, dans lesquelles on emploie le terme d'« art » en un sens assez large, les exigences sont presque toujours de caractère social, pédagogique, théologique, ou encyclopédique (et nous verrons souvent ces différents niveaux entremêlés) ; dans les classifications microcosmiques, qui utilisent un sens plus restreint du terme « art » ou qui tendent précisément à délimiter ce sens, les exigence peuvent être celles de parvenir à travers la classification à une définition de l'art ou bien d'organiser les affinités et les différences, c'est-à-dire les relations, entre les arts (dans ce cas-là aussi, les deux exigences se superposent souvent). Ainsi l'histoire des classifications nous permet d'identifier les caractères principaux, les concepts, dont le discours sur les arts s'est servi. Nous pourrions le dire autrement : dans le système de l'esthétique il est possible d'identifier un noyau de concepts fonctionnels pour formuler des discours sur les arts à partir des classifications. Un des problèmes de l'époque contemporaine est qu'il faut se mesurer aussi bien aux exigences des classifications macrocosmiques qu'à celles des classifications microcosmiques. D'une part en effet, il nous est nécessaire d'identifier les objets artistiques dans le plus vaste monde des objets et d'autre part, après avoir trouvé les critères d'identification, nous devons organiser un groupe restreint en cherchant les relations entre les objets. La classification est une condition de connaissance non seulement parce qu'elle permet de reconnaître les objets mais aussi parce que, précisément à travers les objets et leurs relations, elle remet en jeu les critères de connaissance.

Nous retrouvons la même fonction dans le troisième modèle examiné, la comparaison, bien que les processus utilisés dans celui-ci soient différents. La comparaison naît comme une stratégie spécifique de recherche, comme une forme d'observation dans laquelle il est possible de saisir des aspects d'un objet en le comparant avec un autre. Quand la comparaison permet de reconnaître des relations dans lesquelles les objets agissent et changent, elle conduit à un modèle. Nous pouvons constater l'existence de différents niveaux de comparaison. Le premier, qui est assez vague, est le niveau métaphorique, peu utile à la construction d'un modèle et est pour cette raison, comme nous le verrons, fermement critiqué par Souriau, l'auteur qui a le plus cherché au vingtième siècle à formuler rigoureusement une comparaison des arts. A un deuxième niveau, les arts sont comparés pour faire émerger certaines spécificités. En ce sens, les relations qui émergent de la comparaison ont une valeur principalement instrumentale et servent à rendre plus évidents les mécanismes d'un art singulier. A un troisième niveau la comparaison nous conduit à un modèle général. C'est le cas dans lequel les relations identifiées entre les arts agissent sur leur statut, offrant ainsi un modèle d'interactions et de règles. Dans la réflexion de Souriau, par exemple, on peut trouver cette issue de la comparaison, tant et si bien que l'auteur parvient à un véritable système des arts dans lequel les correspondances indiquent des interactions linguistiques précises.

Il y a principalement deux raisons liées à l'actualité qui émergent de la comparaison,

la première étant d'identifier les spécificités des arts singuliers. Si la classification établit des principes communs, la comparaison identifie analytiquement les différences entre les langages des arts. La seconde raison est visible dans le fait que les relations observées sont avancées par les pratiques artistiques elles-mêmes. En d'autres termes, dans la comparaison la confrontation avec l'objet ne sert pas à vérifier le modèle, mais c'est l'observation des objets qui détermine les relations qui constituent le modèle. Avec la comparaison, il est plus simple de commencer à penser des objets inédits qui peuvent présenter de nouvelles relations. Ce n'est pas un hasard si, face à la naissance de nouvelles formes artistiques, la photographie, le cinéma, l'art vidéo, les premières tentatives pour en comprendre le statut ont toujours été de caractère comparatif. Nous pouvons également constater l'ouverture du modèle comparatif au niveau disciplinaire, où les différents niveaux d'observation et de comparaison tendent non pas à s'exclure l'un l'autre, mais plutôt à s'intégrer.

Le quatrième modèle d'organisation affronté est évidemment celui du système des arts qui met directement en jeu les possibilités et les limites d'un système aujourd'hui. Examiner la notion de système signifie chercher à comprendre les présupposés sur lesquels il se fonde mais aussi les motifs internes à cause desquels il échoue. La limite principale que le système des arts présente, dans sa brève histoire, est celle qu'on pourrait définir comme une déficience immunitaire et adaptative. En prenant comme exemple le système élaboré par Batteux, nous pouvons constater que le « principe unique » d'imitation, élaboré d'un point de vue classiciste, n'est pas en mesure de se développer sur de nouvelles instances théoriques et artistiques, ni de les accueillir en réorganisant le système. Le système de Batteux prenait modèle sur un état des choses stable et achevé, sans possibilité de prévoir un état à venir. En ce sens c'était un système fermé, qui n'était pas doté de ressources immunitaires suffisantes, et plus proche du dogme que de la théorie d'après le schéma de Morin. Cela n'est pourtant vrai qu'en partie, puisque Batteux lui-même est le premier à se rendre compte de cette limite, au point d'avancer l'hypothèse d'un principe d'expression. Malgré cela, la structure du système reste centrée sur le principe d'imitation et sur le couple du génie et du goût sans toutefois déterminer un réseau de relations assez fort pour accueillir d'autres idées. Le système de Batteux a le mérite de comprendre des raisons communes à une série de pratiques, mais sans que les arts instaurent entre eux des relations réciproques capables de les modifier au sein du système. Si nous observons cette condition du système de Batteux, il s'avère plus simple de reconnaître les raisons qui le rendent inutilisable par la suite. Si le principe d'imitation est remis en question, le système n'est pas doté d'une organisation capable de résister à cette critique, comme il ne réussit ni à modifier et accepter le principe d'imitation ni à le remplacer. Bien que nous ne puissions pas le considérer comme un modèle systématique achevé, nous pouvons observer qu'un des derniers systèmes des beaux-arts proposés, celui d'Alain, présente des caractéristiques qui le rendent plus adapté à la complexité des changements artistiques du vingtième siècle. Bien qu'Alain ne vise pas la construction d'un système au sens strict, et bien que son usage du terme « système » ait bien peu en commun avec la théorie générale des systèmes, les fondements à partir desquels il élabore sa réflexion sont d'un grand intérêt. Au-delà de la classification entre arts sociaux et arts individuels, Alain pose comme condition commune à tous les arts le rapport entre l'imagination et le corps. Cette relation, outre le fait qu'elle organise le discours sur les arts, prévoit des relations inconnues. Le système d'Alain est limité comme tout modèle insuffisamment organisé, mais il est plus à même d'accueillir la complexité des arts à travers une attitude systématique visant à relever des fonctions spécifiques. Même dans la distance évidente entre Alain et la théorie des systèmes, la construction d'un système s'offre toujours, comme nous le montre Ashby, comme une hypothèse sur le réel : si un système accepte le défi de la complexité, il accepte son imprévisibilité en cherchant à rester une hypothèse qui indique les relations et les comportements possibles, plutôt que prédéterminés [1]. L'arbitre du système ne s'impose pas sur les phénomènes, mais il cherche à observer des relations et des organisations au sein de la complexité, conscient des changements qui peuvent avoir lieu à l'intérieur comme à l'extérieur. Réfléchir sur les problèmes épistémologiques posés par le système des arts est une nécessité qui nous vient de son histoire même : les systèmes des arts, de Batteux à Alain, sont presque toujours nés de la tentative d'offrir des fondements scientifiques à la théorie de l'art.

Alors que les trois autres modèles se fondent souvent sur une définition implicite de l'art qu'ils peuvent enrichir sans pouvoir toutefois la modifier, le système tend à construire une définition. Cependant, la nature de la définition peut à son tour être changeante. Dans le cas où une définition concerne une pratique ou un savoir, elle peut nous dire 1) ce que cela produit, 2) comment cela fonctionne ou 3) dans quel cadre cela se place ou agit. Centrer la définition sur un de ces trois aspects signifie répondre à des urgences différentes. La définition implicite de Batteux répond principalement au premier et au deuxième aspect, alors qu'Alain tend vers le deuxième et le troisième. Et c'est précisément de la position d'Alain que l'on peut partir pour comprendre le rapport entre le système des arts et la définition de l'art à l'époque contemporaine. Au vingtième siècle, le système et la définition ont partagé la même difficulté, c'est-à-dire l'impossibilité d'embrasser l'horizon des pratiques artistiques tout entier. Pour être adaptés à une telle complexité, la définition et le système doivent renoncer à toute prétention d'exhaustivité et se positionner simplement comme une hypothèse dans la formulation du discours sur les arts. Plus que définir l'objet, le système peut définir des fonctions et un réseau de relations possibles dans lesquelles certains objets peuvent opérer. Dans cette hypothèse, les relations peuvent changer tout autant que les objets. Ce qui se définit, c'est un champ dans lequel certaines fonctions et certaines relations se réalisent. Ce champ n'est toutefois jamais isolé de l'extérieur, avec lequel au contraire, il est en échange constant de matières et d'énergies. Le système ne nous dit pas ce qu'est l'art, mais comment certains objets particuliers que nous reconnaissons comme des objets artistiques se présentent et fonctionnent, et comment certaines modalités de présentation peuvent devenir des idées.

Si nous adoptons cette approche du système, le rapport entre système de l'esthétique et système des arts tend à se modifier. Du milieu du dix-huitième siècle jusqu'au début du vingtième, ce rapport a été plutôt direct et les deux

1. Voir W. R. Ashby, *An Introduction to Cybernetics*, *op. cit.*

systèmes ont été clairement distincts : à un vaste système de concepts capable de définir un domaine disciplinaire se joignait un système de pratiques qui constituait un objet spécifique de la discipline. Les deux systèmes se légitimaient réciproquement, au sens où le système de l'esthétique pouvait compter sur une détermination de son propre objet et se structurer ensuite sur cette détermination, alors que le système des arts trouvait dans le système de l'esthétique les fondements théoriques sur lesquels organiser son propre discours sur les arts. Mais quelle relation s'instaure entre un système d'idées qui tend à être le modèle du discours sur les arts et le système de l'esthétique ? Nous pourrions dire qu'il s'agit d'un sous-système, là où au sein du système de l'esthétique certains concepts interagissent en se définissant l'un par l'autre. Mais l'idée du sous-système n'est pas tout à fait exacte dans la mesure où les concepts qui en font partie continuent à être présents à d'autres niveaux de relation potentiels du système de l'esthétique. Evidemment, aucun des concepts pris comme hypothèse dans le chapitre de conclusion ne s'épuise au sein d'un système d'idées pour les arts et chacun, avec diverses articulations, participe à d'autres formes discursives. Alors, une des fonctions de ce système d'idées est précisément celle de servir d'intermédiaire entre le discours du système de l'esthétique, plus large, à ses multiples niveaux, et le discours, tout aussi large, des œuvres et des processus artistiques.

Les dernières tentatives significatives de fondation d'un système datent des premières décennies du vingtième siècle et pourraient être vues comme les symptômes d'un tournant décisif dans l'histoire de l'esthétique, au-delà duquel la confrontation avec l'hétérogénéité et la complexité des phénomènes artistiques ne laissera plus de place à des systèmes des arts omni-englobants. Mais la valeur symptomatique de ces tentatives de fondation d'un système des arts au vingtième siècle est encore plus évidente si l'on constate le parallélisme avec le débat contemporain sur la systématique de la science de l'art et de ses concepts fondamentaux. Du désir de Batteux de rivaliser avec les « vrais physiciens » jusqu'à l'idée de science de l'art de Basch, les systèmes des arts sont souvent allés de pair avec la nécessité d'une organisation scientifique d'ensemble du discours historique et théorique sur les arts. Entre les années vingt et la fin des années trente, cette nécessité alimente en particulier le débat allemand qui cherche de nouvelles voies au-delà de Wölfflin et Riegl. A la fin du parcours historique, je chercherai donc à analyser les positions de certains des principaux acteurs de ce débat sur la systématique, en particulier Wind et Panofsky, unis dans la tentative de repenser et d'organiser un noyau organique de concepts fondamentaux pour une science de l'art. A travers ce débat nous pouvons observer, dans le cadre des études en esthétique et en théorie de l'art, ce passage du système traditionnel à une approche systémique qui constitue le socle historique et théorique sur lequel se fonde ce travail.

Après cet autre tournant historico-méthodologique, la recherche développera donc l'hypothèse d'un système d'idées qui assure les fonctions que nous avons énoncées jusqu'à présent. Il s'agit d'une sorte d'exemple de système d'idées à partir de l'ordre proposé dans cette introduction et construit dans la première partie, en parcourant les différents modèles d'organisation. Je tiens à souligner le caractère d'exemple du système présenté ici : ce travail tend vers un modèle qui puisse se développer dans différentes directions et non un système fermé. Et comme il s'agit d'un système ouvert, le noyau d'idées qui le compose peut changer, s'élargir ou se restreindre. Ce n'est qu'une version d'un système, parmi les nombreuses versions possibles.

Trois variables entrent inévitablement en jeu dans la constitution d'un système : l'objet observé, l'observateur et le discours qui sert d'intermédiaire entre l'objet et l'observateur. C'est dans le discours que nous devons chercher une relation étroite entre le sujet et l'objet, entre le discours sur les arts et le discours des arts, en identifiant leurs règles communes de fonctionnement. Les six idées qui font partie de cette hypothèse de système (la mimésis, la représentation, le rythme, le corps, le détail et la technique) montrent une interdépendance forte et voudraient constituer une sorte de terrain sur lequel se réalise l'échange entre la présentification de l'objet artistique et l'identification de celui-ci de la part du spectateur.

L'interdépendance manifeste des concepts doit être conçue comme une preuve de l'unité et du dynamisme du système. Le système est une unité globale qui dépasse aussi bien les éléments singuliers que leurs relations. Les concepts, s'ils sont isolés, ne peuvent participer à la réalisation de son but. Mais lequel ? Vers quoi tend le système ? En général, il tend avant tout à offrir une organisation possible pour un discours sur les arts. Ce but premier comprend deux buts corrélés. Le premier, de caractère méthodologique, est de servir d'intermédiaire entre la constellation de l'esthétique et la constellation des pratiques artistiques. Le second est d'identifier des opérations communes à l'objet et à l'observateur, à travers lesquelles *la présence du fait esthétique* se réalise. En ce sens, les concepts utilisés ne peuvent être vus isolément (chacun d'eux, autrement, mériterait bien plus que les quelques pages qui lui sont consacrées), mais comme des éléments du système. Ce que le système dans son ensemble dit en plus par rapport à la somme des concepts, c'est précisément la présence de l'objet auquel s'applique le système.

La question la plus naturelle peut-être à propos de ce groupe de concepts porte sur la raison pour laquelle ils sont précisément ceux-ci et non pas d'autres, ou du moins, pourquoi seulement ceux-ci. Dans tous les systèmes ouverts, il est possible d'ajouter au noyau initial de nouveaux éléments. Chaque fois qu'un élément s'ajoute, la complexité du système augmente, et son équilibre en est modifié. Par exemple, si une nouvelle machine est ajoutée dans une installation industrielle, nous devons considérer qu'elle absorbera une certaine quantité d'énergie et que par conséquent d'autres machines ne pourraient plus fonctionner de façon optimale. Il se pourrait également que cette machine, trop lente ou trop rapide à produire une pièce, ne s'intègre pas dans l'ensemble du système de production, au point de provoquer un dysfonctionnement. La limite d'inclusion d'un objet au sein du système est alors donnée non par un principe extérieur, mais par la fonctionnalité même du système. Un système complexe ne peut ni fonctionner ni être compris à travers un principe donné, mais seulement à travers ses règles de fonctionnement (le schéma de Morin présente justement des règles). Le problème devient alors non pas ce que *contient* le système, mais comment il est réglé, parce qu'à ce niveau précisément nous pouvons identifier les contradictions qui entravent le système ou bien, positivement, son utilité et son économie. De plus, comme pour les objets, il est toujours possible d'ajouter de nouveaux éléments qui altèrent le système sans porter préjudice à son fonctionnement. A force d'ajouter des éléments le système se complique au point de ne plus fonctionner ou change tant qu'il n'est plus identifiable. En un certain sens, c'est l'histoire de tout paradigme scientifique. Nous avons une idée claire de la raison pour laquelle il est question d'un ensemble systématique lorsque nous remarquons que chacun de ces concepts est articulé aux autres et *expliqué* par ceux-ci. Nous pouvons leur ajouter d'autres concepts, pour que leur insertion rende toujours possibles, quoique changées, les relations entre les concepts déjà présents dans le système, et pour que le concept tout juste inséré soit en mesure d'établir des relations avec les autres.

Un système doté de mécanismes immunologiques tend à se réorganiser constamment sous l'impulsion d'éléments extérieurs afin de maintenir son organisation. Le processus immunitaire d'une théorie, d'un système d'idées en tant que théorie, est principalement un processus d'adaptation, dans lequel les éléments particuliers peuvent se modifier et se régénérer en accueillant les informations et les énergies (et les critiques, les idées et l'échange avec les productions) provenant de l'extérieur, afin de maintenir l'organisation. Un système ouvert, tout en constituant une unité globale, n'est ni totalisant ni exhaustif, et des éléments plutôt fortuits et indéterminés agissent sur lui. Son immunologie agit tant pour se défendre que pour accueillir. Le système est ouvert parce qu'il se régénère, change, se réorganise en fonction de ce qui peut provenir de l'extérieur. En revenant à l'exemple du système en tant que laboratoire, il arrive qu'il se perfectionne avec son usage, en améliorant et en articulant la théorie sur laquelle il se fonde. Un système est toujours un système parmi des systèmes, un discours qui ne peut jamais manquer de s'entremêler avec d'autres niveaux discursifs. L'identification d'un système d'idées fonctionnel pour organiser le discours sur un objet est avant tout un outil qui cherche à prendre l'apparence de son objet.

Certes, on pourrait se demander pourquoi se tourner vers la théorie des systèmes alors que le vingtième siècle philosophique offre de nombreux modèles qui prévoient encore différents développements et différentes applications. Je pourrais répondre de façon peu politiquement correcte en disant que les modèles de pensée ouverts du vingtième siècle, les modèles qui se sont confrontés à la complexité du réel, qui ont tenté d'établir un dialogue avec les sciences et avec d'autres modèles, qui ont cherché des parcours rigoureux pour l'argumentation philosophique, qui ont su accueillir les changements d'autres domaines disciplinaires, ces modèles, donc, peuvent être lus à travers une attitude systémique, qui prend la forme d'un modèle solide mais ouvert, expansif et non inclusif. La théorie des systèmes n'est pas falsifiable en termes poppériens, pas parce qu'elle est privée d'exemples contraires qui démontrent sa falsifiabilité et donc sa scientificité, mais parce qu'elle propose une logique non linéaire de la recherche scientifique et parce qu'« elle ne se préoccupe pas d'incorporer tous ses propres falsificateurs et de faire des assertions à leur propos »[1]. Son objectivité est une objectivité relative dans laquelle le rapport pragmatique entre l'objet et l'observateur est privilégié. En d'autres termes, le choix d'un point de vue systémique ne s'impose pas comme un modèle de pensée sur d'autres, mais reste, précisément, un *point de vue*, une *attitude* capable d'accueillir différents modèles.

En particulier, en ce qui concerne les théories des arts, une recherche sur le système en tant que légitimation du discours va de pair avec le débat sur le statut de l'objet artistique. Si nous voulions réduire au maximum les nombreuses

1. F. Lanzara, F. Pardi, *L'interpretazione della complessità (metodo sistemico e scienze sociali)*, Naples, Guida, 1980, p. 36; *L'interprétation de la complexité (méthode systémique et sciences sociales)*, nous traduisons.

positions qui ont été soutenues à partir des années soixante sur la définition de l'objet artistique, nous pourrions les classer, *grosso modo*, en deux groupes : celles qui cherchent une réponse dans le « monde historique » et celle qui la cherchent dans le « monde sémiotique ». Souvent, peut-être même trop, ces deux mondes se sont opposés, ce qui a constitué une limite évidente au développement des théories correspondantes. Un point de vue systémique implique une attention à l'objet et à ses relations internes autant qu'à l'observateur et à ses conditions spécifiques et, en ce sens, il pourrait s'offrir comme un intermédiaire possible entre le monde historique et le monde sémiotique.

Enfin, je voudrais souligner certains aspects de ce travail. Avant tout, cette hypothèse ne reste qu'une hypothèse : face aux difficultés contemporaines du discours sur les arts, ou mieux, du rapport entre le discours sur les arts, les pratiques et les savoirs artistiques, une nouvelle réflexion sur le système me semble pouvoir représenter une voie à suivre, un outil utile. Pour mettre en œuvre cette nouvelle réflexion, j'ai jugé opportun de me référer à des domaines disciplinaires dans lesquels le système, durant les cinquante dernières années, a été un concept fondamental amplement discuté, et la référence implicite à ce débat sera constante.

Evidemment nous n'excluons ni la possibilité d'esquisser d'autres voies pour retrouver une relation entre les arts et le discours sur les arts, ni la possibilité que la notion de système soit repensée autrement. Nous n'excluons pas non plus la possibilité que le système présenté soit élargi et modifié. Le problème auquel nous serons toutefois toujours confrontés est la nécessité de formaliser des systèmes implicites qui opèrent dans notre culture. Par exemple, la Biennale de Venise, Documenta, le Palais de Tokyo ou la Tate mettent en pratique des systèmes implicites désormais plutôt acceptés par les spectateurs. Le problème est alors de comprendre sur quoi se fondent ces systèmes implicites, en cherchant à organiser un système d'idées qui puisse légitimer ou non cet usage de systèmes implicites et qui puisse donc se constituer comme un outil critique de ce « système de l'art » qui concerne le marché, la circulation et l'exposition des œuvres d'art.

Enfin, deux petites précisions. Les allusions à des œuvres d'art sont presque absentes. Cela est dû au fait que la principale intention de cette recherche est de vérifier des concepts et leurs relations, et qu'une des fonctions centrales du système est de légitimer des objets en tant qu'objets artistiques. Tout au plus, il serait possible de penser, comme je l'évoquais, une phase ultérieure de la recherche centrée sur la vérification du système à travers son application aux objets ou bien sur l'utilité potentielle du système en répondant aux nombreuses questions (questions ontologiques comprises) sur l'objet artistique. La deuxième précision concerne l'attention que l'on accorde souvent à l'image, surtout dans l'hypothèse de conclusion. Parmi les arts contemporains, ceux qui ont posé le plus grand problème d'identification sont les arts visuels et, plus généralement, le domaine esthétique qui a posé les plus grandes difficultés dans le débat des dernières années a été précisément celui de l'image. J'ai donc souvent choisi de faire référence à ce domaine, en tant qu'il est capable de mettre en lumière certaines des questions traitées. Mais le rôle joué par l'image est surtout utile pour expliquer certains aspects des concepts qui, dans leur complexité, acquièrent une valeur déterminante même pour d'autres objets esthétiques. En conséquence, l'hypothèse de système présentée à la fin a été formulée surtout pour les arts visuels et plastiques. D'ailleurs, la nature de cette hypothèse reste principalement exemplaire.

Les systèmes arrivent presque toujours en retard. Il s'agit d'un outil qui sert à organiser ce qui est déjà donné, et qui est peut-être évident. Au fond, il n'est rien d'autre qu'un outil de description, mais si à la fin de ce livre le lecteur a un outil en plus pour dire l'évidence et peut-être pour prévoir et accueillir ce qui est en train d'advenir et ce qui adviendra, pour dire ce qui se présente à sa vue, ce livre aura atteint son but.

catalogue

Parmi les quatre modèles d'organisation abordés dans ce livre, le plus simple est, en apparence, celui du catalogue. En effet, le catalogue est facile à définir *en soi* : c'est une forme de mise en ordre plutôt linéaire. C'est peut-être précisément pour cela qu'il devient, par rapport aux autres modèles, un élément critique. Toutefois, nous devons l'étudier en premier, bien que les catalogues des arts à notre disposition soient peu nombreux, pour la simple raison qu'il est la forme la plus directe de la nécessité commune de mise en ordre. C'est une forme parfois arbitraire, individuelle, incontestable, mais fonctionnelle en un sens qui lui est propre. En effet, pour organiser un discours sur une série d'objets ou de phénomènes, nous commençons par un catalogue.

Nous avons choisi de désigner les manières dont les arts sont mis en relation par la formule « modèles d'organisation », car cette formule semble pouvoir s'appliquer aux différences exprimées par cette histoire particulière des arts. Cela soulève le problème suivant : peut-on vraiment penser que le catalogue est un modèle susceptible de proposer une organisation des arts ? En d'autres termes, étant donné que nous cherchons à déterminer des éléments méthodologiques à partir de modèles singuliers, que nous offre le concept de catalogue ?

En guise d'introduction à cette première partie, nous allons tâcher de définir le champ de recherche à travers des exemples.

On entre dans une chambre qui est en désordre. Pour s'y retrouver on peut effectuer une série d'opérations diverses, pouvant être assimilées uniquement du fait qu'elles répondent à une nécessité de mise en ordre. On peut avant tout cataloguer les objets, c'est-à-dire les traiter les uns après les autres et en dresser l'inventaire. Il ne s'agit cependant pas d'une simple énumération ; cet inventaire présuppose que la chambre soit affectée à un usage particulier (ou présuppose simplement le désir d'y rassembler certains objets plutôt que d'autres), donc que les objets contenus dans ce lieu répondent en quelque sorte à cet usage. Durant cette opération on s'apercevra peut-être de la présence de quelque chose qui ne devrait pas être dans la chambre : on ne l'indiquera pas dans le catalogue et on le laissera à d'autres qui (hypothétiquement) compilent leurs propres catalogues. En somme, on prendra la tasse à café et les restes du petit déjeuner et on les rangera dans la cuisine. Si on s'était limité à l'énumération, l'inventaire aurait été purement descriptif et on l'aurait dressé sans jamais s'interroger sur une correspondance quelconque entre les objets et la chambre. Lorsqu'on réalise le catalogue d'une exposition ou d'une bibliothèque on présuppose que quelqu'un a déjà répondu à cette question ou a opéré des choix qui *légitiment* la présence de tel objet dans tel lieu. En ce sens, le catalogue aurait une fonction de vérification de cette légitimité, et confirmerait ou mettrait en question ce choix en articulant une *re-mise* à leur place des objets.

On peut ensuite classer tous ces effets en utilisant les catégories appropriées. On mettra les livres d'un côté, les vêtements de l'autre, les photographies dans un tiroir. Cette deuxième modalité de mise en ordre a une caractéristique : la chambre, le lieu, n'a plus d'importance, à l'inverse des catégories choisies pour établir le classement. Ainsi, on pense aussi à des objets que l'on n'a pas mais que l'on pourrait avoir, et que l'on ne saurait où placer si on les avait. La classification est valide malgré tout, parce qu'elle opère à travers des catégories, en donnant la possibilité de *prévoir* des objets qui sont seulement hypothétiques. De plus, le catalogue ne permet pas d'ordonner les pièces possibles qui, comme la chambre, pourraient contenir des objets à ordonner mais amènerait à imaginer, à un niveau *utopique*, d'autres pièces. Même un palais digne des *Villes invisibles* de Calvino ne suffirait pas à contenir toutes les hypothèses à venir. La classification au contraire reste valide au-delà des lieux et prévoit une série d'objets à intégrer (qui est en réalité toujours finie). Les lieux que l'on peut prévoir à partir d'une classification sont précisément des *classificateurs*, des lieux qui correspondent à des catégories. En retournant dans la chambre on pourrait placer tous les livres dans la bibliothèque en laissant toutefois un espace vide dans lequel ranger les livres futurs.

En cherchant à identifier la différence spécifique entre le catalogue et la classification dans le discours sur les arts, nous nous apercevons qu'elle réside dans le fait que le catalogue s'articule à un élément qui n'est pas strictement artistique, tandis que la classification requiert des principes propres aux arts. Il y a catalogue des arts lorsque le lieu dans lequel il se développe reste tel sans devenir un élément des processus artistiques. Ce lieu ne doit pas nécessairement être un lieu physique ; il pourrait même se configurer comme un lieu seulement intelligible. Au contraire, la classification ne peut être réalisée que dans le discours de l'art, à travers des principes qui lui sont propres. Les questions d'imitation ou de productivité, d'utilité ou de plaisir, d'espace ou de temps sont toujours sous-jacentes à l'activité artistique. Le principe, en tant qu'élément à la fois de distinction et d'unification, d'identité et de différence, s'établit dans le faire artistique même, qui maintient ainsi en lui-même l'altérité par rapport à d'autres processus.

Le catalogue est situé, il existe dans un espace où même l'imaginaire n'est pas *hors d'un lieu* ; il est dans l'histoire dans la mesure où celle-ci pourrait être pensée comme un lieu théâtral. La lune d'Astolphe est un lieu de catalogue, dans lequel en vertu d'un sort commun certaines choses reposent, qu'elles soient sensées ou non.

Maintenant que l'on se trouve face à tous les livres, reconnus en tant que tels, on s'aperçoit de certaines ressemblances et de certaines différences, par exemple que nombre d'entre eux sont de la même collection éditoriale (et il serait certainement élégant de les regrouper) mais que certains sont des livres de poésie, d'autres des romans, d'autres des essais. De la comparaison ressortiront ainsi de nouvelles nécessités et de nouveaux critères de mise en ordre. La découverte de ces relations n'est pas un excès de zèle de la part d'un individu un peu trop ordonné, ce choix résulte avant tout d'un principe d'économie. Si en comparant les chaussettes, on s'aperçoit que certaines sont en laine, d'autres en coton, et si le lendemain il fait froid on ne perdra pas de temps à chercher les bonnes chaussettes (qui sont peut-être identiques). C'est peut-être une information que la classification n'était pas en mesure de donner mais qui à présent pourrait même fournir de nouvelles catégories de classification. La comparaison permet en outre de vérifier *a posteriori* certaines catégories que la classification avait établies *a priori*, et de cerner des différences dans ce que la classification avait unifié.

Après avoir tout mis en ordre de manière visible, on peut s'asseoir pour regarder les résultats de ce travail et se rendre compte que quelque chose dénote encore. Après avoir utilisé tant de principes de division il semble que certains groupes de choses sont distants les uns des autres, que l'ordre est schématique et ne permet pas de faire dialoguer des choses qui iraient bien ensemble. On constatera inévitablement la contingence de l'ordre [1] et il sera tout aussi nécessaire d'identifier des principes d'unification. On renoncera donc à la première classification (qui n'était d'ailleurs pas si absolue, car toute classification est toujours l'ordre construit par un sujet historique) et on mettra des photographies et des disques à côté des livres de photographie et des catalogues d'art. On mettra peut-être même les livres de cuisine dans une autre pièce (mais cela sera-t-il pertinent? Peut-être doit-on revoir ces principes et unifier la cuisine, la chambre à coucher et la bibliothèque). La nécessité à laquelle il faut maintenant répondre n'est plus seulement celle de mettre de l'ordre. Elle devient au contraire celle d'organiser un discours, de faire de l'ordre un modèle de discours : il faut disposer les choses de manière à rendre manifestes leurs relations et leurs buts, et se disposer à comprendre ces liens pour pouvoir en parler. On doit vérifier comment ces objets, une fois qu'ils ont été rassemblés, peuvent révéler des choses, absentes de leur simple somme. On tentera d'identifier les fonctions principales de certains objets, pour en définir le cadre et élaborer un discours cohérent à leur propos. A présent, plutôt que les choses, on doit organiser leurs *relations* mutuelles.

A ce stade, il est clair que l'exemple de la pièce est vraiment insuffisant. Le système échappe à la localisation de ses propres objets, tandis qu'il peut permettre la création de lieux dans lesquels replacer les objets. La pièce pourrait devenir une *Wunderkammer*, puis un musée, mais nous serions passés de l'exemple (qui jette toujours un voile sur la chose à expliquer) à la chose elle-même, c'est-à-dire au système des savoirs en général et à celui des arts en particulier.

1. H. Bergson, *L'évolution créatrice*, Paris, P.U.F., 1907 [1], 1991, p. 233-234 : « Quand j'entre dans une chambre et que je la juge « en désordre », qu'est-ce que j'entends par là ? La position de chaque objet s'explique par les mouvements automatiques de la personne qui couche dans la chambre, ou par les causes efficientes, quelles qu'elles soient, qui ont mis chaque meuble, chaque vêtement, etc., à la place où ils sont : l'ordre, au second sens du mot, est parfait. Mais c'est l'ordre du premier genre que j'attends, l'ordre que met consciemment dans sa vie une personne rangée, l'ordre voulu enfin et non pas l'automatique. J'appelle alors désordre l'absence de cet ordre. Au fond, tout ce qu'il y a de réel, de perçu et même de conçu dans cette absence de l'un des deux ordres, c'est la présence de l'autre ».

L'emploi du terme de « catalogue » dans le domaine artistique est presque exclusivement lié au catalogue d'œuvres d'art. Les exemples, surtout après le milieu du dix-neuvième siècle, sont évidemment innombrables. Il est facile d'identifier dès l'Antiquité différents catalogues d'œuvres, qui nous sont parvenus ou non, autonomes ou inscrits dans des développements plus vastes. Tout ce que l'on a fait remarquer jusqu'à présent concerne certainement aussi tous ces catalogues : ils naissent à partir d'un lieu (en ce sens un auteur peut être conçu comme un lieu, un "tiroir" où classer certains objets [1]) et ont pour but d'offrir une vision ordonnée des objets contenus dans ce lieu. Par exemple, dans le cas de catalogues d'œuvres d'un artiste en particulier, l'artiste comme le livre deviennent des lieux réunissant les œuvres. Rares sont ceux qui ont quelque chose en commun avec l'idée de catalogue conçu comme un catalogue des savoirs artistiques. La recherche bibliographique commence déjà à devenir problématique. Une des raisons principales de cette difficulté réside dans le fait que des classifications solides des arts ont existé dès la fin du monde grec et les catalogues des arts étaient souvent inscrits dans des classifications d'ensemble des savoirs [2]. Cela signifie que même s'il existait des « catalogues » des arts mécaniques, ces derniers n'étaient pas « catalogués » au sens strict, mais répondaient aux critères d'organisation de la classification, comme celui de l'utilité. Prenons par exemple deux des plus célèbres classifications médiévales des arts, celle de Rodolphe de Longchamp et celle d'Hugues de Saint-Victor. Bien qu'elles soient fondées sur des conceptions diverses et articulées de différentes manières, les deux classifications des arts et des sciences réservent une place à la *Mechanica* qui, dans le tableau d'Hugues de Saint-Victor, se distingue de la *Theorica*, de la *Practica* et de la *Logica*, tandis qu'elle se distingue, dans celle de Rodolphe de Longchamp,

1. En ce sens Foucault parle d'une fonction classificatoire de l'auteur : « un nom d'auteur n'est pas simplement un élément dans un discours (qui peut être sujet ou complément, qui peut être remplacé par un pronom, etc.) ; il exerce par rapport aux discours un certain rôle : il assure une fonction classificatoire ; un tel nom permet de regrouper un certain nombre de textes, de les délimiter, d'en exclure quelques-uns, de les opposer à d'autres. En outre, il effectue une mise en rapport des textes entre eux ; Hermès Trismégiste n'existait pas, Hippocrate non plus – au sens où l'on pourrait dire que Balzac existe –, mais que plusieurs textes aient été placés sous un même nom indique qu'on établissait entre eux un rapport d'homogénéité ou de filiation, ou d'authentification des uns par les autres, ou d'explication réciproque, ou d'utilisation concomitante » (M. Foucault, « Qu'est-ce qu'un auteur ? », *Bulletin de la Société française de philosophie*, 63 e année, n° 3, juillet-septembre 1969, p. 73-104 ; après dans *Dits et écrits I 1954-1969*, Paris, Gallimard, 1994, p. 798).
2. Pour une vision plus large de la classification des savoirs, voir les essais regroupés dans R. Schaer (éd.), *Tous les savoirs du monde : encyclopédies et bibliothèques, de Sumer au XXI e siècle*, Catalogue de l'exposition présentée à la Bibliothèque Nationale de France, du 20 décembre 1996 au 6 avril 1997, Paris, BNF, Flammarion, 1996.

de la *Philosophia*, de la *Pratica*, de l'*Eloquentia* et de la *Poësis*. Le rôle que les arts mécaniques assument au sein de ces classifications est plutôt marginal et répond simplement à la nécessité de rendre compte de pratiques visant la satisfaction des besoins primaires. Il faut souligner qu'il ne s'agit pas de catalogues au sens strict, mais qu'au contraire les principes de classification sont complexes et articulés. Pourtant les exemples notables de catalogues des arts ne manquent pas, quoiqu'ils apparaissent dans des contextes variés et pour des raisons hétérogènes. Nous allons maintenant nous concentrer sur certains d'entre eux, en cherchant à faire émerger des thèmes que le catalogue introduit dans le discours sur les arts : le rapport du catalogue à la mythologie, à l'idée de lieu, à l'histoire. Enfin, *Le cabinet des beaux arts* de Charles Perrault (qui précède de peu l'avènement du système des arts de Batteux) fera office de synthèse des thèmes abordés.

Bien qu'il n'ait pas écrit de catalogues dédiés aux arts, Apollodore d'Athènes sera la première figure examinée dans notre recherche, en premier lieu parce qu'il nous renvoie à un des premiers catalogues helléniques : le catalogue des navires du second livre de l'*Iliade*. Il en écrivit un long commentaire géographique en douze livres, duquel nous sont parvenus cinquante-quatre fragments. Les œuvres principales du grammairien athénien, la *Chronique* et le traité *Sur les dieux* (qui nous sont parvenus tous deux sous une forme assez fragmentaire), tentent de conférer un ordre général au savoir antique, la première offrant une chronologie universelle, la seconde ordonnant le patrimoine mythologique. En général, les fragments et les commentaires conservés témoignent d'une volonté de rationalité marquée conduisant l'auteur à chercher un fondement scientifique à ses arguments. C'est peut-être justement à cause du traité *Sur les dieux*, qu'on attribua également à Apollodore (à partir du résumé proposé par le patriarche Photios au IXe siècle après J.-C. dans son *Myriobiblos*) la célèbre *Bibliothèque*, une des sources les plus significatives sur les mythes grecs. C'est encore du fait de ce traité que cette attribution fut par la suite démentie. L'essai *De Apollodori Bibliotheca* de Carl Robert[1] de 1873 est à l'origine d'une tradition critique ayant mis en doute l'attribution de la *Bibliothèque* à Apollodore, d'après les différences notables dans l'approche du mythe dans les deux œuvres. Le traité *Sur les dieux* vise, par un biais étymologique notamment, à rationaliser les légendes mythiques pour les ramener à une structure théologico-philosophique solide. Au contraire, la *Bibliothèque* semblait n'être rien de plus qu'une compilation,

1. C. Robert, *De Apollodori Biblioteca*, Berlin, Typis expressit Gustavus Schade (Otto Francke), 1873.

trop ingénue et acritique pour être attribuée à la même main. Il y avait en outre une raison historique : tandis qu'Apollodore d'Athènes vécut entre 180 et 110 avant J. C. environ, on cite dans la *Bibliothèque* un auteur romain contemporain de Cicéron, Castor l'Annaliste, ce qui reporte la rédaction de l'œuvre au moins au milieu du premier siècle avant J. C. Les raisons pour lesquelles la *Bibliothèque* ne contient aucune allusion à la naissance de Rome restent mystérieuses, de même que celles pour lesquelles l'œuvre semble avoir disparu jusqu'à Photios, sans avoir été citée durant neuf siècles. Cette question philologique met directement l'accent sur la nature de catalogue de la *Bibliothèque* : dès l'incipit (« Ouranos fut le premier souverain de l'univers. Il épousa Gè et eut pour enfants tout d'abord… » [1]), la *Bibliothèque* est principalement un inventaire raisonné de divinités, une synthèse généalogique. Cet inventaire se présente sous la forme d'un grand cycle de narrations qui, de façon schématique, nous racontent les histoires des dieux. C'est une narration pure et simple, qui ne mobilise aucun plan allégorique, interprétatif ou argumentatif. Si Apollodore maintient en substance la théogonie qui nous a été transmise par Hésiode, il reste bien loin de la tension poétique de celle-ci et de l'expression d'une idéologie que l'on peut retrouver dans la *Théogonie* (Werner Jaeger écrivait par exemple que : « d'ailleurs Hésiode choisit d'instinct parmi ces mythes ceux qui reflètent plus particulièrement la mentalité paysanne » [2]). La *Bibliothèque* est un catalogue qui compile et propose des histoires, précédant toute interprétation. L'auteur s'efface derrière les événements et le récit, tout en conservant une sorte de rationalité laïque où le mythe est fondamentalement ramené au récit et au temps des hommes [3]. Le fait de ne présenter que les événements qui s'inscrivent dans l'espace et le temps des hommes pourrait être considéré comme le geste fondamental de l'acte de compilation d'un catalogue.

Certes, il est difficile de ne pas associer au traité d'Apollodore l'autre grand traité antique sur les mythes, celui d'Hygin, probablement bibliothécaire de

1. *La Bibliothèque d'Apollodore*, trad. fr. J.-C. Carrière et B. Massonie, Annales littéraires de l'Université de Besançon, 443, Paris, Les Belles Lettres, 1991, p. 27.

2. W. Jaeger, *Paideia Die Formung des griechischen Menschen*, vol. I, Berlin, Walter de Gruyter, 1934 ; trad. fr. A. et S. Devyver, *Paideia. La formation de l'homme grec. La Grèce archaïque*, Paris, Gallimard, 1988, p. 92.

3. Après l'édition de référence établie par R. Wagner en 1885, il faut signaler l'édition de 1921 élaborée par J. G. Frazer, précieuse pour les commentaires de l'anthropologue écossais sur la culture grecque (Apollodorus, *The Library : in two volumes*, trad. angl. J. G. Frazer, The Loeb classical library, 121-122, Cambridge, Massachussets, Harvard University Press, 1989, seconde édition). Voir en outre A. Diller, « The Text History of the Bibliotheca of Pseudo-Apollodorus », *Transactions and Proceedings of the American Philological Association*, vol. 66, 1935, p. 296-313, repris dans *Studies in Greek Manuscript Tradition*, Amsterdam, A. M. Hakkert, 1983, p. 199-216.

l'empereur Auguste, qu'un lettré grec, Dosithée, traduisit (chose assez exceptionnelle) du latin en 207 après J. C. Le texte d'Hygin, comme celui d'Apollodore, s'avère stylistiquement plat, voire pauvre. Ces traités « étaient des livres destinés à une information générique, des textes scolaires ou des manuels de première consultation, presque des mémentos d'utilité pragmatique qui devaient tout au plus offrir la matière première pour une réélaboration littéraire des mythes » [1]. En outre, le texte d'Hygin n'est pas développé à travers un récit homogène, à l'inverse de celui d'Apollodore. C'est un catalogue de fragments, dans lequel l'auteur présente les traits essentiels des personnages sans les greffer sur une intrigue narrative. Deux-cent soixante-dix-sept fragments mythographiques nous sont parvenus. Vidés de leur valeur religieuse ou idéologique, les mythes d'Hygin deviennent des fables, à propos desquelles Guidorizzi, dans l'édition italienne, rappelle à bon escient les mots d'Italo Calvino dans l'introduction de son recueil de contes : « [Les contes] sont le catalogue des destins qui peuvent être donnés à un homme et à une femme, surtout dans la portion de la vie où s'élabore le destin » [2].

Je voudrais m'arrêter sur deux de ces contes en particulier : le conte 274, *Les inventions et leurs auteurs*, et le conte 277, *Les premiers inventeurs*, où le rapport entre mythes et arts devient explicite. Dans les deux cas, les inventions dont parle Hygin peuvent être soit des choses, soit des façons de faire, soit de véritables arts, au sens de *technai*. Ainsi il évoque indifféremment l'invention des mors et des selles pour les chevaux, l'art de mélanger le vin et l'eau, jusqu'à ces savoirs qui seront classifiés comme des arts, et parmi eux, certains beaux-arts :

> Le centaure Chiron fils de Saturne fonda l'art de la médecine chirurgicale, à partir de plantes. Apollon créa le premier l'art de la médecine oculaire. Troisièmement, Asclépius fils d'Apollon inventa la clinique. [...] Perdix, le fils de la sœur de Dédale inventa et le compas et la scie, sur le modèle de l'arête de poisson. Dédale fils d'Eupalamus façonna le premier des statues de dieux. Oannes qui, dit-on, sortit de la mer, en Chaldée, donna le sens de l'astrologie. Les Lydiens produisirent les premiers la laine avec des baguettes, et les mêmes, plus tard, la quenouille. Pan trouva le premier le son de la syrinx. En Sicile, Cérès inventa le blé. Tyrrhénus fils d'Hercule inventa la trompette [3].

Les références à l'art guerrier, à l'élevage et à la navigation ne manquent pas. La valeur iconographique de ce recueil est évidente. Ce matériau pourrait faire

1. G. Guidorizzi, *Introduzione*, *in* Igino, *Miti*, Milan, Adelphi, 2000, p. 22.
2. I. Calvino, *Fiabe italiane*, Torino, Einaudi, 1956 ; trad. fr. E. Bonan, *Fiabe*. Contes italiens recueillis dans la tradition populaire des cent dernières années et transcrits de différents dialectes par les soins d'Italo Calvino, Paris, Delpine, 1959, p. 8-9.
3. Hygin, *Fables*, trad. fr. J.-Y. Boriaud, Paris, Les Belles Lettres, 1997, p. 168-169.

l'objet d'une thèse au sein d'un discours sur l'origine des arts ou sur la valeur symbolique que ces derniers pouvaient revêtir dans la culture latine. Toutefois l'histoire du livre semble nous conduire surtout à un ordre du discours plus adapté à notre démarche. A l'ère d'Auguste, cet érudit fut également l'auteur d'ouvrages sur les villes italiennes, sur les familles troyennes, sur les abeilles ou encore sur l'agriculture. Ses mythes répondent plus à une exigence archaïque, érudite et littéraire que religieuse. Une autre confirmation de cet aspect du texte fut le succès qu'il a connu à la Renaissance, qui entérine sa valeur littéraire. A travers le catalogue se présente le matériau littéraire des récits.

Le catalogue précède l'interprétation puisque les objets qu'il rassemble sont présentés dans leur simple identité. Ils ne sont que ce qu'ils sont. Le catalogue impose la présence ici et maintenant des objets catalogués : il peut être historicisé, il peut laisser des traces, mais il ne peut *faire l'histoire*, puisqu'il se mesure toujours avec l'ici et maintenant de l'objet. C'est en ce sens que le catalogue rejoint le mythe, en tant que récit, composition des faits, matière première de la tragédie [1]. Aristote applique à la tragédie la signification du mot *mythos* tel qu'il était compris dans l'antiquité grecque : objet de discours ou encore dicton, sentence, avec le sens inévitable de la parole définitive et immuable, ou bien fable, récit merveilleux seulement susceptible d'être répété. Le catalogue, en tant que tel, ne peut lui-aussi faire l'objet que de répétition.

Nous pourrions trouver d'autres exemples de catalogues antiques dans les descriptions d'œuvres remarquables dans les traités de géographie. Dans les deux premiers livres de sa *Géographie* Strabon adresse deux critiques à Eratosthène : avoir invalidé la géographie homérique et, avec Hipparque, avoir appliqué une approche mathématique à la géographie. Contre cette approche, Strabon défend une géographie qu'il appelle « physique », et qui anticipe, à grands traits, l'idée moderne de géopolitique. De ce tournant méthodologique naît l'attention pour la description des lieux à travers les œuvres, les activités, les gens, qui sera constante dans les traités antiques de géographie, dont l'objet est de décrire ce qui est « digne d'être vu ». Dans la *Description de la Grèce* de Pausanias se trouvent de véritables catalogues, comme celui de la pinacothèque d'Athènes :

> Dans la partie gauche des Propylées se trouvent des peintures. Parmi celles que le temps n'a pas rendues indistinctes, il y a Diomède dérobant d'une part à Lemnos l'arc de Philoctète, d'autre part l'Athéna d'Ilion. Il y a aussi dans ces peintures Oreste tuant Egisthe, Pylade massacrant les fils de Nauplios qui étaient venus au secours d'Egisthe. Près du tombeau d'Achille, on va égorger Polyxène. Homère a eu raison de laisser de

1. Voir Aristote, *Poétique*, 50b21 *sq.*

> côté cet épisode si cruel. Il a eu raison aussi, à mon sens, de montrer la conquête de Scyros par Achille et de ne pas faire comme ceux qui racontent qu'Achille vécut à Scyros au milieu des jeunes filles – ce que précisément Polygnote a représenté dans son tableau. Il a représenté aussi Ulysse apparaissant près du fleuve où Nausicaa et ses compagnons font la lessive, exactement comme Homère l'a conté. Entre autres peintures, il y a le portrait d'Alcibiade : cette peinture présente les marques de la victoire de ses quadriges à Némée. Il y a aussi Persée rentrant à Sériphos, apportant la tête de Méduse à Polydectès ; [...] Si on laisse de côté parmi ces tableaux l'enfant aux hydries et le lutteur que Timainétos a représenté, il y a encore Musée [1].

Nous pourrions continuer longtemps avec des exemples de ce genre et constater que le catalogue peut conduire à des *mirabilia mundi*. Pausanias lui-même ne manque pas de décrire des spectres, des phénomènes naturels curieux, des animaux et des plantes entre imagination et réalité [2], mais il faut faire attention à cette tentation fabuliste du catalogue. Faire une paradoxographie et exposer des curiosités et des raretés est une chose bien différente de cataloguer des faits à partir d'une approche scientifique, bien que la frontière soit parfois difficile à tracer (et dépende des idées scientifiques historiquement dominantes) [3]. C'est peut-être en raison de ce double aspect apparemment contradictoire que le catalogue a une fonction décisive au début d'une recherche. Le catalogue est un exemple de rencontre entre l'imagination et la curiosité ou la merveille, une rencontre qui peut conduire à la fable comme à la recherche scientifique [4]. Cela arrive probablement parce que le catalogue, en tant que simple exposition des faits, s'auto-légitime, ou mieux, présuppose que la réalité des faits le légitime, sans autre explication. L'identité de l'objet établie par le catalogue n'est qu'une affirmation tautologique de celui-ci et le cadre du catalogue et de sa logique ne

1. Pausanias, *Description de la Grèce*, trad. fr. J. Pouilloux, livre I, *L'Attique*, Paris, Les Belles Lettres, 1992, p. 71-72.

2. Sur la paradoxographie et la thaumasiologie, voir A. Giannini, *Paradoxographum Graecorum reliquiae*, Milan, Istituto Editoriale Italiano, 1965.

3. Voir P. Rossi, *Francesco Bacone. Dalla magia alla scienza*, Bologna, Il Mulino, 2004.

4. Un exemple, aux effets ironiques, de ce rapport entre curiosité et catalogue pourrait être le *De rerum inventoribus* de Virgile Polydore d'Urbin (traduit en français par Benoist Rigaud en 1576 sous le titre *Les inventeurs des choses*). Polydore cherche dans cette œuvre à suivre les développements historiques des différentes disciplines à travers les œuvres singulières qu'elles nous ont laissé. La vaste érudition humaniste de Virgile Polydore et sa tendance à exposer des curiosités et des merveilles ne fut pas épargnée par l'ironie de Cervantès. Pour rejoindre la grotte de Montesinos, Don Quichotte et Sancho Pança sont guidés par un jeune humaniste occupé par la rédaction d'un *Supplément à Virgile Polydore, traité de l'invention des choses.* Et Don Quichotte, parlant comme Sancho, commente : « il y en a qui s'échinent à savoir et à vérifier des choses dont la connaissance, vérification faite, n'a pas une once d'importance pour l'entendement ni la mémoire. » (M. De Cervantès, *Don Quichotte*, II e partie, chapitre XXII, trad. fr. C. Allaigre, J. Canavaggio, M. Moner, *Œuvres romanesques complètes*, tome I, « Bibliothèque de la Pléiade », Paris, Gallimard, p. 1065).

permet pas de sortir de sa tautologie. Il montre sans démontrer. Tant que l'objet reste dans le catalogue, en l'absence de critères de classification, il émerge dans sa singularité. Peut-être est-ce pour cette raison que le catalogue est aussi lié à l'imagination. Il parvient à contenir des objets sans que les différences ne créent de contradiction ou de discontinuité et permet des relations où l'usage de catégories tendrait à la division. Il est possible de le répéter ou de l'éliminer, mais pas de s'y opposer ou d'en changer. Les récits de Borges suffiraient à nous montrer sa force littéraire.

Le lien entre le catalogue et la fable se retrouve dans le rôle central du procédé analogique, qui permet de faire des inférences d'un élément à l'autre. Le catalogue nous montre immédiatement une forme d'analogie, mais nous devons nous rappeler que tout discours visant la classification ou une forme de mise en ordre quelle qu'elle soit (tout modèle d'organisation) s'articule sur des analogies, en deux sens au moins. En un sens, il s'agit évidemment de l'analogie entre le modèle et la chose, sur laquelle se fonde l'utilité méthodologique du modèle. En d'autres termes, on présuppose qu'un état de fait correspond à un modèle d'organisation. En un second sens l'analogie concerne les éléments, les objets, les idées compris au sein du modèle. Il est donc possible d'établir des relations d'inférence entre les éléments, qui puissent ensuite conduire à l'analyse des relations d'interaction existantes.

La fonction cognitive du catalogue est en grande partie liée à l'analogie. En psychologie et dans les sciences cognitives, l'étude de l'analogie s'est révélée déterminante pour la compréhension des processus d'apprentissage et de découverte, car l'analogie confère une fluidité au passage d'un système ou d'un objet connu à celui qui est encore à explorer et à découvrir, à propos duquel nous ne possédons pas de grille conceptuelle. En ce sens, l'analogie intervient dans les processus de résolution des problèmes et dans la démarche inductive et elle est à la base de l'étude des logiques de la découverte scientifique et de la créativité [1]. Il me semble que tel est l'arrière-plan théorique avec lequel il faut accueillir la suggestion de Frances Yates qui nous renvoie à l'événement historique que nous cherchons à suivre. Yates écrit dans *L'art de la mémoire*, en conclusion du chapitre consacré au *Théâtre de la mémoire* de Giulio Camillo Delminio :

1. Parmi les récents travaux sur l'analogie dans le cadre des sciences cognitives, rappelons D. Gentner, K. J. Holyoak, B. K. Kokinov (eds.), *The Analogical Mind : Perspectives from Cognitive Science*, Cambridge, MA, MIT Press, 2001 ; J. H. Holland, K. J. Holyoak, R. E. Nisbett, P. Thagard, *Induction : Processes of Inference, Learning and Discovery*, Cambridge, MA, MIT Press, 1986 ; Keith J. Holyoak, P. Thagard, *Mental Leaps : Analogy in Creative Thought*, Cambridge, MA, MIT Press, 1995.

> S'il s'intéresse à l'histoire des idées, le lecteur rationnel doit être disposé à prêter l'oreille à toutes les idées qui, à leur époque, ont eu la force de mouvoir les hommes. Le système de mémoire de Camillo nous révèle des changements d'orientation radicaux au niveau psychique ; ils ont des liens vitaux avec les changements de point de vue d'où devaient sortir de nouveaux mouvements. L'élan hermétique vers le monde et ses procédés constituent un facteur dans l'orientation de l'esprit humain vers la science. Camillo est encore plus proche qu'Erasme des mouvements scientifiques, encore voilés de magie, qui sont obscurément actifs dans les académies vénitiennes.
> Et, pour comprendre les impulsions créatrices qui se trouvent à l'arrière-plan des réalisations artistiques de la Renaissance, de ces harmonies célestes de proportions parfaites dont les artistes et les poètes divins savaient comment les infuser à leurs œuvres, le divin Camillo et sa subtile magie artistique ont quelque chose à nous dire [1].

Le projet de théâtre de Giulio Camillo Delminio peut être conçu comme une énorme machine à analogies, une clef de compréhension du monde fondée sur l'étroite correspondance entre les mots et les choses, entre l'organisation organique du théâtre et la structure de l'univers [2]. En vertu de cette correspondance, le théâtre de Giulio Camillo se présente comme un exemple extrême de catalogage : un catalogue universel et non une simple collection, qui devient un système du monde, c'est-à-dire un lieu qui reflète ponctuellement l'ordre de l'univers, un modèle-collection capable d'accueillir toutes les choses du monde [3]. « Il donne beaucoup de noms à son Théâtre ; il dit tantôt que c'est un esprit ou une âme construite, tantôt que c'est une âme pourvue de fenêtres » [4]. Percer le secret du Théâtre équivalait donc pour Delminio à percer le secret ultime de la création

1. F. A. Yates, *The Art of Memory*, London, Routledge & P. Kegan Ltd, 1966 ; *L'Art de la mémoire*, trad. fr. D. Arasse, Paris, Gallimard, 1975, p. 174. Les rares observations formulées sur Delminio ne peuvent qu'être redevables au texte de Yates et à l'étude de P. Rossi, *Clavis universalis. Arti della memoria e logica combinatoria da Lullo a Leibniz*, Bologna, Il Mulino, 1983 ; trad. fr. P. Vighetti, *Clavis universalis, Arts de la mémoire et logique combinatoire de Lulle à Leibniz*, Grenoble, Jérôme Millon, 1993. Nous renvoyons à ces deux travaux indispensables pour comprendre la complexité historique et théorique dans laquelle s'insère l'œuvre de Giulio Camillo Delminio. Voir en outre L. Bolzoni, *Il teatro della memoria. Studi su Giulio Camillo*, Padova, Liviana, 1984.
2. P. Rossi reconnaît cette dimension spéculaire comme étant propre à une grande partie de la littérature du XVIe siècle tardif : « A la nouvelle logique, permettant de refléter les structures du monde, devait faire pendant une encyclopédie ou un *théâtre* universel qui fut de cette logique l'achèvement naturel. Cette *logique* et ce *théâtre* ont pour présupposé commun une doctrine « spéculaire » de la réalité, à savoir la thèse d'une parfaite correspondance entre *termes* et *choses*, logique et ontologie. », P. Rossi, *Clavis universalis*, *op. cit.*, p. 81.
3. Le projet de Delminio a fasciné de nombreux artistes, surtout contemporains, qui en ont tenté de le réaliser à nouveau. Parmi eux nous rappelons Bill Viola, *The Theatre of Memory*, installation vidéo, 1985.
4. Lettre de Viglius ab Aytta (Wigle van Aytta van Zwichem ou Viglius Zuichemus) à Erasme de Rotterdam, dans Erasme, *Epistolae*, X, p. 29-30, cité par F. Yates, *L'art de la mémoire*, *op. cit.*, p. 146.

et c'est pour cette raison que le fonctionnement du Théâtre n'aurait été révélé qu'à François Premier, principal mécène du projet.
L'œuvre que Delminio avait réalisée à Venise et qu'il allait reproduire devant la cour parisienne devait se présenter comme une sorte de petit théâtre en bois dans lequel les spectateurs (un ou deux à la fois) se seraient retrouvés sur scène à contempler les gradins, divisés en sept rangées, composés de chiffonniers recouverts d'images [1]. Le théâtre est divisé en sept rangs séparés par sept allées qui portent le nom des sept planètes et repose sur les sept piliers de la maison de la sagesse de Salomon. A l'origine du théâtre se trouvent les Sephiroth, les causes premières, les attributs de Dieu dans la Kabbale [2]. Les quarante-neuf intersections qui en résultent sont signalées par des images mnémoniques au caractère mythologique. Le théâtre présente donc graduellement les étapes de la création, des causes premières au stade ultime, celui de Prométhée, « consacré à tous les arts, majeurs et mineurs » [3]. Comme l'écrit Delminio dans *L'Idea del Teatro dell'eccellen. M. Giulio Camillo* (*L'idée de Théâtre de son excellence M. Giulio Camillo*) publié de manière posthume en 1550 mais dicté à Girolamo Muzio durant sept matinées du mois de février 1544, trois mois avant sa mort : « Dans le septième, c'est-à-dire le dernier degré superieur, se tiendront tous les arts et toutes les facultés soumis à des règles, non parce qu'ils sont moins dignes, mais parce qu'ils ont été en quelque sorte découverts par les hommes en dernier » [4]. Sous l'effigie de Prométhée, toute forme d'art trouve assurément sa place : de l'astronomie à l'architecture, la sculpture et la peinture ; du commerce à la cuisine, la couture et la parfumerie ; de la musique et des jeux à la poésie, la médecine, la chasse ; de l'art militaire à la torture, la boucherie, la géométrie, la grammaire ; de l'art d'arranger des mariages à l'art des prostituées. L'intention d'exhaustivité, la nécessité de présenter le théâtre comme le miroir du monde, l'absence d'un critère de classification interne aux arts (si ce n'est le vieil adage selon lequel le savoir doit suivre des règles, « arts et facultés qui tombent sous des préceptes »), amènent à penser le théâtre comme une sorte de catalogue

1. Nous renvoyons encore une fois à *L'art de la mémoire* de F. Yates qui propose une description soignée et un plan détaillé du théâtre et aussi à l'introduction de L. Bolzoni à une récente édition italienne (G. C. Delminio, *L'Idea del Theatro*, L. Bolzoni (ed.), Palerme, Sellerio, 1991).
2. Sur l'importance de la Kabbale dans le projet de Delminio, voir F. Secret, « Les cheminements de la Kabbale à la Renaissance : Le Théâtre du Monde de Giulio Camillo », *Rivista critica di Storia della Filosofia*, n° 14, 1959, p. 418-436.
3. G. C. Delminio, *Le théâtre de la mémoire*, traduit de l'italien par E. Cantavenera et B. Schefer, Paris, Éditions Allia, 2001, p. 148.
4. *Ibid.*, p. 54.

universel[1]. Toutefois, le fonctionnement analogique du théâtre (et celui de Delminio en est l'exemple le plus extraordinaire) peut être assez complexe et sa compréhension n'est en rien immédiate, cela fait donc appel à une certaine perspicacité. En ce sens il est opportun de s'arrêter un instant sur la fonction combinatoire, mémorielle, imaginative et, en fin de compte, cognitive, des images employées par Delminio. Yates écrit encore :

> Si les images de mémoire fondamentales dans un tel système de mémoire possédaient, ou étaient supposées posséder, un pouvoir talismanique, le pouvoir d'attirer dans la mémoire les influences et le spiritus célestes, cette mémoire devait devenir celle de l'"homme divin', intimement lié aux pouvoirs divins du cosmos. Et une mémoire de ce genre devait avoir, ou devait être supposée avoir, le pouvoir d'unifier les contenus de la mémoire, en fondant celle-ci sur ces images tirées du monde céleste. Il semble que les images du Théâtre de Camillo étaient censées posséder quelque chose de ce pouvoir, elles qui rendaient le 'spectateur' capable de voir d'un seul coup d'œil – grâce à la 'contemplation des images'– tous les contenus de l'univers[2].

La fonction des images chez Delminio est étroitement liée à l'idée magique d'une « vraie sagesse », dont la révélation peut être éblouissante et immédiate mais dont la compréhension demeure mystérieuse et hermétique[3]. Les images ont le pouvoir de révéler et de contenir le mystère de la création et du savoir en provoquant chez le spectateur l'exigence d'une compréhension. Les images sont éclatantes comme la vérité à nos yeux, mais c'est en tant que telles qu'elles nous échappent. Et si la rhétorique classique (celle de Cicéron en particulier) est au fondement du théâtre de Delminio, l'utilisation des images représente une sorte d'empiétement de la rhétorique sur l'ontologie : la mise en scène des relations secrètes de la nature, la représentation des structures organiques et indicibles du cosmos et de l'action humaine. C'est précisément dans ce système de relations qui ne sont jamais univoques entre les images, c'est-à-dire entre les

1. Il serait intéressant de déterminer l'influence de Camillo sur la naissance de la collection et de la Wunderkammer (voir J. von Schlosser, *Die Kunst- und Wunderkammern der Spätrenaissance*, Leipzig, Verlag von Klinkhardt & Biermann, 1908, p. 72 *sq.* ; trad. fr. L. Marignac, *Les cabinets d'art et de merveilles de la Renaissance tardive*, Paris, Macula, 2012), et plus généralement sur le rôle de l'idée de catalogue sur la naissance du musée. R. Harbison a proposé une étude fascinante sur l'interaction entre l'imagination et les lieux de l'imagination, dont les musées, *Eccentric Spaces*, New York, A. A. Knopf, 1977. Pour une première orientation d'ensemble sur la naissance du musée, nous renvoyons à E. Hooper-Greenhill, *Museums and the Shaping of Knowledge*, London-New York, Routledge, 1992. Sur le rapport entre musée et système des arts je me permets de renvoyer à mon « Museo e sistema », *Studi di Estetica*, n° 45, Bologna, 2012, p. 173-181.

2. F. Yates, *L'art de la mémoire*, *op. cit.*, p. 170-171.

3. Voir Hermès Trismégiste, *Corpus hermeticum et Asclepius*, trad. fr. A.-J. Festugière, Paris, Les Belles Lettres, 1945.

différents rangs et les différentes parties du théâtre que réside la complexité du « catalogue universel » proposé par Delminio. Ce catalogue pourrait donner un pouvoir immense à celui qui en posséderait la clef.

Même une certaine idée d'homme (moins absolu et certes plus libéral ou courtisan que celui du « divin Camillo ») peut devenir un lieu de catalogue. On indique alors dans un catalogue les choses, les pratiques et les savoirs qui conviennent à un type d'homme, qui fondent la définition d'un individu particulier, comme Cicéron et Balthazar Castiglione [1].
Dans le *De officiis* (traité de préceptes d'éthique pratique destiné à son fils Marc) Cicéron suit la distinction traditionnelle [2] entre arts libéraux et activités serviles, c'est-à-dire les travaux salariés « dont c'est la peine et non pas l'habileté que l'on paie » [3]. Parmi les travaux ignobles Cicéron classe les métiers « qui sont au service des plaisirs » [4], notamment du palais, mais aussi les métiers de parfumeur, de danseur, et de « ceux qui donnent lieu à toutes sortes de spectacles indécents ». Ensuite il identifie les métiers dignes de l'homme libre : « En revanche, pour les métiers qui supposent plus de prudence ou dont on attend un service important, comme la médecine, l'architecture, l'enseignement de nobles connaissances, ces métiers pour ceux au rang de qui ils conviennent sont de beaux métiers. » [5] et il y ajoute le commerce exercé à grande échelle et l'agriculture (dont il avait fait l'éloge dans le *Cato Maior*). Cicéron n'ajoute qu'une seule fois quelque chose à cette distinction traditionnelle, lorsqu'il propose une sorte de classification sur une base comparative :

> Il n'existe dans la nature, me semble-t-il, aucun ordre de choses qui ne présente une foule de combinaisons sans aucune analogie et toutes capables de plaire à un titre analogue. […] Ce que l'on constate dans l'ordre des choses naturelles peut s'appliquer également aux beaux-arts. Un est l'art de la sculpture. Myron, Polyclète, Lysippe y ont excellé ; chacun des trois est différent des autres ; mais l'on ne voudrait pas qu'aucun d'eux fut différent de lui-même. Un est l'art de la peinture et l'ensemble de ses règles.

1. Un exemple intermédiaire entre l'idée d'un lieu pour construire un catalogue et la caractérisation de « types » sociaux, moraux et culturels, est proposé dans *La piazza universale di tutte le professioni del mondo* de T. Garzoni publié à Venise en 1585.
2. Cicéron, *De officiis*, I, 42, 150 ; trad. fr. M. Testard, *Des devoirs*, Paris, Les Belles Lettres, 1974, tome I, p. 183 : « Au sujet, maintenant, des métiers et des gains, sur la question de savoir ceux qu'il faut tenir pour dignes d'un homme libre et ceux qu'il faut tenir pour vils, voici l'opinion généralement admise ». Cicéron utilise le terme *liberales* dans son acception traditionnelle pour indiquer les activités dignes des hommes de niveau social élevé, libres et vertueux.
3. *Ibid.*, p. 184.
4. *Ibid.*
5. *Ibid.*

> Cependant Zeuxis, Aglaophon, Apelle sont très différents les uns des autres ; mais rien, dans son art, ne semble manquer à aucun d'eux.
> Et si cette variété, toute réelle qu'elle soit, étonne dans ces arts en quelque sorte muets, combien n'est-elle pas plus étonnante dans l'éloquence et l'art de la parole ? [1]

La distinction entre arts muets et arts de la parole ne modifie pas la distinction traditionnelle entre arts libéraux et arts serviles : les arts muets (la peinture et la sculpture, dans ce cas) restent malgré tout de l'ordre des arts serviles et manuels. Tout au plus, l'intérêt de ce passage du *De oratore* pour l'histoire du concept d'art doit être cherché ailleurs ; dans la comparaison avec l'éloquence, Cicéron reconnaît aussi en peinture et en sculpture l'importance de la notion de style. Or, pour Cicéron, comme il est généralement admis dans l'Antiquité, l'excellence des œuvres n'implique pas la dignité de la profession. Quand il fait référence aux arts libéraux, c'est afin d'inventorier les pratiques propres à un type d'homme, un citoyen modèle dans le *De officiis* ou l'orateur dans le *De oratore* : « celui-là seul mérite d'être compté parmi les orateurs, qui a été parfaitement instruit dans tous les arts libéraux. Ces connaissances, nous avons beau n'en faire pas montre à tout moment dans le discours, il est aisé de voir et de juger, si nous en sommes dépourvus ou si nous les possédons » [2]. Cicéron ne propose donc pas une classification des arts ni même, en effet, un catalogue : il *place* les arts libéraux parmi les disciplines propres à un idéal d'homme.

Il en est de même dans *Le livre du courtisan* de Balthazar Castiglione, dans lequel les autres arts s'ajoutent toutefois aux arts libéraux. Le premier livre présente les pratiques et les savoirs dont le bon courtisan doit acquérir la maîtrise. Dans le chapitre XLII Castiglione écrit : « outre la bonté, je pense que le vrai et principal ornement de l'esprit de chacun, ce sont les lettres » [3]. Il continue de revendiquer la position centrale d'une formation humaniste solide lorsqu'il déclare dans le chapitre XLIV :

> Je veux que celui-ci soit plus que médiocrement instruit dans les lettres, du moins dans ces études que nous disons d'humanité, et que non seulement il ait connaissance de la langue latine, mais aussi de la grecque [...].
> Qu'il pratique les poètes tout aussi bien que les orateurs et les historiens, et qu'il soit encore habile à écrire en vers et en prose, principalement dans notre langue vulgaire [4].

1. Cicéron, *De oratore*, III, 7, 25-26, trad. fr. E. Courbaud et H. Bornecque, Paris, Les Belles Lettres, 1956, p. 11-12.
2. *Ibid.*, I, 16, 72, p. 30.
3. B. Castiglione, *Le livre du courtisan*, trad. fr. A. Pons, Paris, Lebovici, 1987, p. 68.
4. *Ibid.*, I, XLIV, p. 71.

Au-delà du plaisir personnel, la poésie offrira au *courtisan* des divertissements galants. Evidemment les arts de la guerre et de la chasse ne manquent pas, ainsi que la danse qui contribue à la grâce du courtisan. Après la poésie sont évoqués certains de ceux qui sont devenus par la suite les beaux-arts : dans le chapitre XLVII est affirmée la nécessité que le courtisan sache non seulement lire la musique mais aussi jouer de plusieurs instruments[1] ; dans le chapitre XLIX qu'il sache dessiner et avoir des notions de peinture[2]. La place de la sculpture est plus controversée, elle devient pour Castiglione l'occasion d'introduire certains termes propres au *Paragone* : « Et quoique la peinture soit différente de la sculpture, l'une et l'autre pourtant sortent d'une même source, qui est le bon dessin. C'est pourquoi, de même que les statues sont divines, de même peut-on croire aussi que les peinture le furent, et d'autant plus qu'elles sont capables d'un art plus grand »[3].
Cette déclaration, attribuée au comte Ludovic de Canossa, ouvre une discussion sur le rapprochement de la peinture et de la sculpture, afin d'établir laquelle des deux est la plus noble[4]. Il s'agit peut-être de l'antécédent le plus célèbre au débat lancé par Varchi, que ce dernier n'a pas manqué pas de citer dans sa *Leçon*.

Dans le cas de Cicéron comme dans celui de Castiglione, nous ne sommes pas confrontés à de véritables catalogues. Aucun des deux ne se limite à cela, au contraire ils fournissent des arguments sur le choix des savoirs et des pratiques en fonction d'un modèle d'homme, un modèle qui devient presque une catégorie. Cela arrive assez souvent lorsque, à des fins éducatives, on énumère les activités dignes de l'homme en question (comme dans le *Gargantua* de Rabelais). D'autre part, il ne s'agit même pas d'une véritable classification, car l'intention d'organiser un ensemble de savoirs fait défaut. Toutefois il est possible, nous l'avons vu, de trouver des classifications chez Cicéron et une comparaison importante chez Castiglione, ce qui confirme le fait qu'aucun modèle d'organisation ne se présente comme étant absolu. Il s'agit plutôt de formes du discours qui se confrontent à leur propre présent, et qui ne peuvent s'empêcher d'incorporer chaque fois une série de stratifications.

1. *Ibid.*, I, XLVII, p. 75.
2. *Ibid.*, I, XLIX, p. 77.
3. *Ibid.*, I, XLIX, p. 78.
4. *Ibid.*, I, L-LV. Nous reviendrons sur la comparaison entre la peinture et la sculpture avancée par B. Castiglione dans le chapitre consacré à la comparaison.

Le catalogue a par ailleurs un rapport particulier avec l'histoire qui, en un certain sens, peut dominer le lieu. Les exemples de Pline et de Bacon illustrent deux sens différents de ce rapport.

Les trois livres de l'*Histoire naturelle* ayant le plus grand intérêt historico-artistique sont centrés sur une idée de développement de la matière. Les chapitres XXXIV sur l'art de travailler le bronze, XXXV sur la peinture et XXXVI sur la marbrerie ainsi que XXXIII sur l'orfèvrerie sont des livres qui ont pour but de montrer une évolution de la matière dans laquelle l'homme intervient, sans toutefois que sa productivité et son intelligence ne deviennent l'objet principal du propos. Il y a constamment un paradigme évolutif qui commence à partir de la découverte d'un matériau ou d'une technique et qui trouve dans le temps des hommes capables de le perfectionner. Le catalogue, qui a pour objet les matériaux dans l'ouvrage de Pline, est parfaitement adapté à une idée d'histoire qui, en un certain sens, exclut les sujets et les contextes, mais se réduit entièrement aux objets en identifiant une vitalité qui leur est propre. Elle pourrait être qualifiée d'histoire matérielle au sens strict. L'histoire qui se déploie est une histoire des choses en évolution et, encore une fois, c'est un parcours qui précède une interprétation en s'approchant ainsi des modalités spécifiques au catalogue. Le développement de la chose implique alors aussi bien le donné naturel que l'intervention humaine, sans décalage entre les deux moments.

Il y a également chez Bacon un lien fort entre le catalogage et l'histoire (les histoires naturelles en particulier), conçu comme le fondement du système du savoir. Le catalogue des savoirs, ou mieux des histoires singulières des disciplines, est l'acte *préliminaire* de la classification des sciences qui constitue elle-aussi le socle de leur progrès. De la même manière, le catalogue et la collection des choses de la nature et de l'homme sont essentiels au progrès scientifique [1].

Dans son *Catalogue des histoires particulières* [2] de 1620, Bacon énumère cent-trente histoires différentes, parmi lesquelles les quarante premières sont des

1. Nous ne pouvons proposer dans cet ouvrage, pour des raisons évidentes qui apparaîtront encore plus clairement au cours du prochain chapitre, un cadre exhaustif des schémas, des catalogues et des classifications des arts de l'antiquité à nos jours. Il faut toutefois citer (pour le charme objectif de ses planches aussi d'ailleurs) un travail antérieur à l'œuvre de Bacon, qu'il connaissait probablement : *Les Tableaux accomplis de tous les arts libéraux, contenans brièvement et clerement par singulière méthode de doctrine, une générale et sommaire partition des dicts arts, amassez et reducits en ordre pour le soulagement et le profit de la jeunesse* de Christophe de Savigny, publié à Paris en 1587, qui présente seize arborescences à partir des seize arts libéraux (grammaire, rhétorique, dialectique, arithmétique, géométrie, optique, musique, cosmographie, astrologie, géographie, physique, médecine, éthique, jurisprudence, histoire et théologie). Dans la seconde édition posthume (Paris, 1619) sont ajoutées la poésie et la chronologie.

2. F. Bacon, *Œuvres complètes*, éd. J. A. C. Buchon, Paris, Archives Karéline, 2008, p. 414-418.

histoires de la nature, des masses et des espèces naturelles, tandis que les suivantes sont des histoires de l'homme, de ses facultés et de ses pratiques. Dans l'agencement d'ensemble de son modèle il y a un croisement nécessaire entre une histoire naturelle *strictu sensu* et une histoire des activités humaines. Dans le *Novum Organum* Bacon identifie les différents buts de ces histoires :

> Autre en effet est la méthode d'une histoire naturelle composée pour elle-même, autre celle d'une histoire naturelle assemblée pour informer l'entendement, en vue de la fondation de la philosophie. Ces deux histoires diffèrent à bien des égards, mais surtout en ceci : la première renferme la variété des espèces naturelles, et non les expériences des arts mécaniques. De même, en effet, que dans la vie publique le naturel d'un individu et la disposition cachée de son esprit et de ses passions se découvrent mieux lorsqu'il est plongé dans le trouble, qu'à un autre moment, de même les opérations cachées de la nature se livrent mieux sous le tourment des arts que dans leur cours ordinaire. C'est pourquoi, on pourra bien espérer de la philosophie naturelle, quand l'histoire naturelle (qui est sa base et son fondement) aura été mieux fournie [1].

Bacon reconnaît dans les arts mécaniques, comme le souligne à plusieurs reprises Paolo Rossi, un modèle de progressivité et de stratification du savoir, un processus toujours actif d'avancée et de dépassement qui devient le principal élément de distinction entre la science et la magie [2]. Le catalogue des histoires sert donc à organiser le savoir pour rendre possibles son analyse, son étude et par conséquent le discours sur le savoir. Les histoires singulières ont le pouvoir d'identifier les objets de recherche et permettent de mettre en relation l'infinité d'éléments à traiter. Il s'agit, en somme, de la collecte du matériau à partir duquel développer la recherche :

> Le nombre d'éléments particuliers, qui sont presque une armée, est très grand et ces éléments sont si épars et diffus qu'ils confondent et désorientent l'intellect. Il n'y a donc rien de bon à espérer des escarmouches, des légers mouvements et des sursauts de l'intellect, tant que tout le matériau se référant à l'argument qui est aujourd'hui l'objet de la recherche n'est pas préparé et coordonné grâce à des tables de recherche adaptées, disposées dans l'ordre et presque vivantes, et tant que l'esprit ne s'applique pas à travailler sur les aides dûment disposées et préparées que ces tables fournissent [3].

En un certain sens, cet extrait nous montre combien dans le modèle de Bacon le passage du catalogue à la classification est étroit, combien la collecte du

1. F. Bacon, *Novum Organum*, livre I, § 98, trad. de M. Malherbe et J.-M. Pousseur, Paris, P.U.F., 1986, p. 159.
2. Voir P. Rossi, *Francesco Bacone. Dalla magia alla scienza*, *op. cit.*, chapitre I, « Le arti meccaniche, la magia, la scienza », p. 81-139.
3. F. Bacon, *Novum Organum*, *op. cit.*, p. 162.

matériau procède de façon presque constitutive vers son organisation. Lorsque Bacon propose pour la première fois dans *Du progrès et de la promotion des savoirs* de 1605, second livre, premier chapitre, une classification des savoirs fondée sur les facultés humaines (la mémoire, l'imagination et la raison), les histoires particulières, correspondant à la mémoire, deviennent la base épistémologique de tout développement scientifique[1]. La détermination des causes et les développements des idées caractérisent une nouvelle façon baconienne de faire de l'histoire au sens moderne, opposée à la chronique ou à l'anecdote. Au-delà du rapport entre le catalogage (qui n'est plus un simple recueil mais devient un *catalogage raisonné*) et l'acte de *faire l'histoire*, le catalogage est la condition et la base nécessaire pour tout savoir créatif ou spéculatif[2]. Le catalogue n'est pas pour Bacon une simple énumération de choses mais un recueil ordonné permettant d'établir des relations entre les faits, c'est-à-dire le fondement historique de la nouvelle science inductive, que Bacon pose comme principe de la doctrine des *tabulae*.

Les problèmes affrontés jusque-là sont bien synthétisés dans un texte de 1690 que nous pourrions considérer comme le dernier des catalogues des arts avant la naissance du système des beaux-arts de Batteux. Perrault fût ainsi le dernier à proposer un discours sur les arts avant les Lumières, et le premier à percevoir les nécessités du XVIIIe siècle imminent, ce qu'atteste son court écrit *Le cabinet des beaux arts*, un texte souvent cité mais peut-être peu relu. On a tendance à rappeler que Perrault se référait déjà aux beaux-arts, lorsqu'il en identifiait huit dont pas moins de six ont été repris ensuite dans le système de Batteux (outre la poésie, la peinture, la sculpture, la musique, l'éloquence et l'architecture, Perrault évoque l'optique et la mécanique, tandis que Batteux évoque la danse). Au-delà du fait qu'il s'agit d'un moment important de la préhistoire du concept de beaux-arts, les aspects qui nous concernent le plus sont liés à la modalité de composition du texte. Dès le titre, Perrault annonce la description d'un cabinet d'estampes au plafond duquel figurent huit tableaux. Les trois tableaux centraux

1. Nous préciserons mieux dans le prochain chapitre l'organisation de la classification des savoirs de Bacon.
2. P. Rossi, *Francesco Bacone. Dalla magia alla scienza*, *op. cit.*, p. 93 : « Il est nécessaire de substituer au culte des livres et de la tradition le culte de la nature en rétablissant la possibilité d'un fécond "mariage entre les choses" ; le but de la "collection" n'est pas celui d'amuser ou de susciter de la curiosité, mais la collection est un moyen d'étude, un instrument puissant de clarification et de recherche scientifique ». Sur la « Maison de Salomon », dans la *Nouvelle Atlantide* conçue comme une sorte de *Kunstkammer* à des fins scientifiques, voir H. Bredekamp, *Antikensehnsucht und Maschinenglauben. Die Geschichte der Kunstkammer und die Zukunft der Kunstgeschichte*, Berlin, Verlag Klaus Wagenbach, 1993 ; trad. fr. *La Nostalgie de l'Antique. Statues, machines et cabinets de curiosités*, Paris-New York-Amsterdam, Diderot Éditeur Arts Sciences, 1996.

représentent Apollon, Minerve et Mercure, tandis que les huit jeunes femmes des autres tableaux sont des allégories des huit arts. Perrault imagine ainsi un lieu (dont il importe peu d'établir l'existence réelle) qui légitime le regroupement des arts et qui met en évidence leurs relations réciproques. Perrault lui-même se contente de décrire des œuvres contenues dans un cabinet par une stratégie ekphrastique, en excluant tout niveau spéculatif et en s'appuyant sur les trois divinités classiques et sur les deux images de l'entrée (le génie et le travail) pour indiquer les traits communs à tous les arts. Les premières pages du texte offrent un éclairage pertinent pour comprendre le mécanisme mis en jeu par Perrault :

> Dans le dessein qu'on a eu de représenter les beaux-arts, ou les Arts libéraux, on ne s'est point arrêté au nombre de sept où la plupart des Philosophes les ont réduits, ni à la définition qu'ils en ont donnée. Car on peut dire qu'il n'y a rien de plus mal entendu que ce qu'ils ont décidé là-dessus. Au lieu d'établir leur division en libéraux et mécaniques sur la différence de leur noblesse et de leur dignité, et de dire que les Arts libéraux sont ceux qui peuvent être exercés par des personnes de condition libre, comme le mot de libéral le donne à entendre ; et que les Arts mécaniques sont ceux qui autrefois n'étaient guère exercés que par des hommes de condition servile, ils ont fondé leur différence sur une circonstance de leurs ouvrages, qui n'a nul rapport à leur noblesse, ni à leur dignité. Ils ont dit que les Arts libéraux se distinguent des mécaniques, en ce que les ouvrages de ces derniers subsistent après l'opération ; et que les ouvrages des autres ne consistent que dans leur seule opération sans qu'il en reste rien dès qu'elle est finie. Il est certain que cette considération ne peut rendre un Art, ni libéral ni mécanique ; et qu'on s'est fort trompé lorsqu'en suivant cette règle, on a mis l'Arithmétique au nombre des Arts libéraux, parce qu'il ne reste rien de son opération ; et qu'on a placé l'Architecture, la Peinture, et la Sculpture, parmi les Arts mécaniques, parce que de leur travail il en demeure des édifices, des tableaux et des statues.
>
> Après avoir abandonné cette division, on a choisi entre les Arts qui méritent d'être aimés et cultivés par un honnête homme ceux qui se sont trouvés être davantage du goût et du génie de celui qui les a fait peindre dans son cabinet et qui les y a mis comme d'autres y auraient placé les portraits de leurs Maîtresses. On en a choisi huit parce qu'il y avait huit places et l'on aurait cru être en droit d'en mettre moins ou davantage selon la différente capacité du lieu sans appréhender la critique des Philosophes [1].

A part la mise en jeu significative de la division entre arts libéraux et arts mécaniques, cette phrase finale, qui est si antiphilosophique, révèle le dessein de Perrault. Il a choisi huit arts tout simplement parce qu'il y avait huit places à disposition : faisant fi de la spéculation systématique, il est le premier à dessiner un système des arts en se référant à la linéarité du catalogue. Il est clair que Perrault met ironiquement en garde contre d'éventuelles critiques de ses choix.

1. Ch. Perrault, *Le cabinet des beaux arts*, Paris, 1690, p. 1-2.

Il ne pourrait en être différemment si nous mettons seulement en relation *Le Cabinet* avec les positions qu'il avait prises deux ans auparavant dans le *Parallèle des Anciens et des Modernes*. De plus en 1690 la Querelle bat véritablement son plein avant l'intervention du Grand Arnauld qui réussit à concilier les parties, jusqu'à l'embrassade historique de Perrault et Boileau à l'Académie Française en août 1694 [1].

Il est intéressant de remarquer ici la fonction de *conteneur* qu'un lieu peut avoir, permettant de légitimer la présence simultanée de choses diverses et leur dialogue. Le catalogue coïnciderait ainsi avec une étape intuitive de la connaissance, incitant à accomplir des expérimentations. Dans l'histoire des beaux-arts *Le Cabinet* a permis de souligner qu'il existe un nom pour un groupe de pratiques qui ont manifestement des choses en commun, qu'on ne peut réellement identifier. Alors toutes ces choses, quel que soit leur degré de similarité, qu'il soit manifeste ou non, sont placées dans le même lieu et peuvent être observées. Pendant ce temps, les raisons de leur rapprochement se sédimentent peut-être, et presque soixante ans plus tard Batteux peut dire l'évidence, mais aussi mettre de l'ordre dans ce constat, pour chercher à analyser ce qui était manifeste.

La naissance et la diffusion du terme « Beaux-arts » et ensuite la proposition de système de Batteux ont décrété, *de facto*, la fin des catalogues des arts, car la nécessité de tracer les relations entre les arts sur des principes communs et donc avec des critères scientifiques était devenue le nouveau paradigme qui substituait la logique du cabinet ou de la *Wunderkammer*. En d'autres termes, à partir du XVIIIe siècle le catalogue devient de plus en plus un catalogue raisonné d'objets plutôt que des pratiques artistiques. Un cas exemplaire de ce passage est le catalogue de la collection de Düsseldorf du prince Johann Wilhelm II qui exemplifie justement l'exigence de construire la collection sur des critères rigoureux et scientifiques [2].

1. La Querelle constitue certainement un moment déterminant dans la constitution de l'idée de Beaux-Arts et dans l'évolution du discours sur les arts que nous ne pouvons toutefois pas synthétiser ici. Nous renvoyons donc à A.-M. Lecoq, *La Querelle des Anciens et des Modernes : XVIIe-XVIIIe siècles*, Paris, Gallimard, 2001.

2. « For many princes, reorganizing their substantial collections was an essential part of their political self-images around 1700. Princely representation in the baroque period no longer meant simply displaying a wide variety of artistic treasures. It also had to convey the message that a prince knew how to take care of these objects for the common good and that he made them available for study. Following the age of housing *mirabilia* – art objects and curiosities – in seventeenth-century *Wunderkammern*, some princes attempted to order their treasures according to systematic, if not scientific, criteria. Johann Wilhelm II and his successors, as well as Augustus II the Strong in Dresden, were among those baroque rulers who combined their passion for collecting with an interest in employing the expertise of connoisseurs. These princes established a paradigm, which was emblematic of the transition from the baroque to the Enlightenment », T. W. Gaehtgens, « Making

C'est seulement au cours du XXe siècle, au moment où l'hétérogénéité des œuvres s'impose sur toute définition homogène d'art, que le recours au catalogue s'avère à nouveau utile, comme dans la réflexion de Thomas Munro qui a été, au cours de ce siècle, un des rares auteurs à formuler une proposition théorique à partir de l'organisation des arts. Il est intéressant de relever qu'avant d'effectuer des comparaisons selon différents critères dont nous traiterons dans le chapitre consacré aux comparaisons, Munro propose un catalogue des arts, afin de rendre compte aussi de la complexité d'un travail sur les relations entre les arts contemporains et sur leur identification [1]. Munro propose un catalogue de cent arts, dans lequel il intègre l'acrobatie comme les chars du carnaval, la fabrication des poupées comme les émissions artistiques de fumées et de vapeurs. C'est une liste curieuse car elle comprend presque tout ce que nous qualifierions d'« art » dans le langage ordinaire. Bien que Munro ne se concentre ensuite que sur certains d'entre eux, il est très significatif qu'avant même de donner un aperçu des systèmes philosophiques des arts il sente le besoin de proposer, à travers un catalogue, un cadre de la complexité dans laquelle il agit. L'usage étendu du terme *technè* dans le catalogue des arts de Munro nous ramène au monde antique. L'échec des systèmes des beaux-arts et l'épuisement de la notion univoque d'art au début du XXe siècle ont certainement été suivis par un élargissement du terme « art » à un ensemble vaste et hétérogène de pratiques. Tandis qu'il s'avère extrêmement difficile de classifier les pratiques et les savoirs de cet ensemble, il semble en revanche possible de les cataloguer. Et pourtant ce catalogue n'est pas une simple énumération, mais il puise dans les critères d'un sens commun à travers lequel un groupe socio-culturel déterminé *reconnaît* certaines pratiques et certains objets en leur conférant le statut d'art. L'acte du catalogage nous met directement en rapport avec ce sens commun, variable et oscillant sans être banal pour autant, qui constitue un point de départ nécessaire pour la recherche de critères d'identification des choses qui nous entourent.

an illustrated Catalogue in the Enlightenment », *in* T. W. Gaehtgens, L. Marchesano (eds.), *Display Art History. The Düsseldorf Gallery and its Catalogue*, Los Angeles, Getty Publications, 2011, p. 1.

1. Voir T. Munro, *The Arts and their interrelations*, New York, The Liberal arts press, 1949 ; trad. fr. J.-M. Dufrenne, *Les arts et leurs relations mutuelles*, Paris, P.U.F., 1954, p. 127-129.

classification

Les formes de classification sont peut-être les plus complexes dans cet examen des différentes organisations des arts. En premier lieu, au sens large, toute la première partie de cet ouvrage s'occupe de classifications. Même si cela reste imprécis, c'est en général ainsi qu'ont été tracées les histoires des classifications des arts. En second lieu, l'histoire de la classification présente le parcours le plus tourmenté et le plus long, que l'on pourrait faire commencer dès l'Antiquité, s'arrêter longuement au Moyen Âge, s'éclaircir durant l'encyclopédisme baroque, se perdre au cours du XIXe siècle allemand, puis continuer jusqu'à nos jours. La mise en ordre dans les pratiques humaines, en déterminant des matériaux, des moyens, des fins, des fonctions et des relations, est une constante de la culture occidentale pour des raisons assez variables. Celles-ci peuvent être de caractère social (la pratique bienséante d'un art ou non, le rôle social que l'artiste « mécanicien » pouvait jouer), de caractère politique (l'organisation des lieux de transmission de la culture, du monastère à l'université), ou bien de caractère méthodologique, dans la tentative d'explorer les relations entre les divers savoirs. Cette dernière instance semble être propre à l'époque moderne, durant laquelle on a cherché à plusieurs reprises à identifier le rôle d'une discipline dans le système du savoir. L'organisation générale des savoirs relevait de ce fait des devoirs de la philosophie.

Jusqu'au XVIIIe siècle, c'est-à-dire jusqu'à la reconnaissance des « beaux-arts », les classifications concernent toute la sphère des pratiques humaines sans jamais identifier les « beaux-arts » selon des critères esthétiques. Nous pourrions déjà reconnaître dans l'œuvre de Batteux et Baumgarten un tournant dans l'histoire des classifications : des classifications générales des arts et des sciences dans lesquelles les « beaux-arts » sont disséminés et non identifiés, aux classifications des arts considérés comme formant un groupe autonome et envisagés du point de vue de l'esthétique, bien qu'ils soient parfois insérés dans des classifications ou des systèmes du savoir plus vastes. Nous pourrions appeler la première forme de classification *macrocosmique*, c'est-à-dire tournée vers la totalité de l'univers des savoirs, et la seconde *microcosmique*, c'est-à-dire centrée sur le groupe des savoirs qui, au milieu du XVIIIe siècle, sont appelés les « beaux-arts ». Dans le premier cas la classification rend problématique le rapport entre le sens commun et les exigences théoriques, entre le fait et le discours qui tente de le comprendre, entre les instances socio-culturelles et les instances épistémologiques. Si nous observons des schémas de classification fortement codifiés (par exemple, les arts libéraux, les arts du trivium et du quadrivium), nous remarquons souvent une recherche de correspondances entre les arts libéraux et les arts mécaniques, au risque de forcer la classification pour embrasser l'ensemble du savoir[1]. En un certain sens, nous pourrions lire dans les classifications des savoirs toute l'histoire de la culture occidentale. Dans tous les cas, nous trouvons aussi dans la classification *macrocosmique* la plus rigoureuse une ouverture conceptuelle nécessaire grâce à laquelle, à l'aide de quelques critères de distinction, on cherche l'homogénéité, l'exhaustivité, la circularité dans l'action et dans la pensée humaines. Si l'on met momentanément de côté cette tendance à l'exhaustivité, on s'aperçoit d'un point commun entre les classifications antiques et médiévales et celles de l'époque contemporaine : le fait de se trouver devant le champ entier de l'humanité et de devoir en organiser le discours. Cette affinité concerne donc les classifications *macrocosmiques*, mais les classifications *microcosmiques*, qui suivent la naissance du système des arts et de l'esthétique, ont elles aussi beaucoup à nous apprendre, du fait notamment de leur plus grande complexité catégorielle par rapport au système. Parcourir ces classifications microcosmiques met en évidence un véritable phénomène de stratification : les auteurs ayant proposé des classifications entre le XIXe et le XXe siècle, souvent conscients d'un inévitable manque d'exhaustivité et visant la plus grande ouverture possible, ont presque toujours tenu compte de leurs prédécesseurs les plus proches en cherchant à intégrer leur proposition et leurs propres critères aux classifications précédentes. L'analyse de ces stratifications permet d'identifier des critères pour le discours.

1. Voir par exemple, AA.VV., *Arts Libéraux et philosophie au Moyen Âge, Actes du IXe Congrès de philosophie médiévale, Université de Montréal, Canada, 27 août-2 septembre 1967*, Montréal-Paris, 1969.

La période durant laquelle les beaux-arts ont été un groupe homogène et autonome a été brève. Cet ensemble s'est constitué assez tardivement et n'a pas perduré plus de deux siècles. En amont et en aval de la notion de « beaux-arts », les classifications ont donc dû se confronter à de vastes ensembles de savoirs. Si le concept de *technè* antique pouvait être défini malgré sa complexité, à l'époque contemporaine, le concept d'art, tout comme les savoirs artistiques singuliers, est composé de nombreuses stratifications compliquant l'élaboration d'une définition exhaustive.

L'articulation des classifications antiques des arts est évidemment liée à la notion d'art employée durant la période grecque. C'est une notion qui met en jeu deux éléments : l'habileté à produire et la connaissance d'un système de règles. En vertu de cela le champ artistique s'étendait à une série de pratiques que l'époque moderne a finalement reconnues comme étant des pratiques artisanales ou scientifiques. Référons-nous à deux chapitres du sixième livre de l'*Ethique à Nicomaque*, les livres III et IV dans lesquels Aristote, lorsqu'il parle des vertus dianoétiques, définit la science et l'art : « Admettons que les états par lesquels l'âme énonce ce qui est vrai sous une forme affirmative ou négative sont au nombre de cinq : ce sont l'art, la science, la prudence, la sagesse et la raison intuitive »[1]. Ainsi pour le Stagirite, l'art et la science sont tous deux des dispositions de l'âme rationnelle, à travers lesquelles ses parties scientifiques et calculatrices parviennent à la connaissance de la vérité. Tandis que « l'objet de la science existe donc nécessairement »[2], « les choses qui peuvent être autres qu'elles ne sont comprennent à la fois les choses qu'on fabrique et les actions qu'on accomplit »[3]. Production et action ne sont toutefois pas la même chose, et si la seconde vise la sagesse, la première vise l'art, défini comme « disposition à produire accompagnée de règle exacte »[4]. Aristote ajoute quelques éléments complexes pour les lecteurs actuels :

> L'art concerne toujours un devenir, et s'appliquer à un art, c'est considérer la façon d'amener à l'existence une de ces choses qui sont susceptibles d'être ou de n'être pas, mais dont le principe d'existence réside dans l'artiste et non dans la chose produite[5].

Ces choses sont les êtres naturels (qui peuvent être différents de ce qu'ils sont), dont les objets font partie, produits par la nécessité hypothétique. Cette

1. Aristote, *Éthique à Nicomaque*, trad. fr. J. Tricot, Paris, Vrin, 2012, 1139 b 15, p. 300.
2. *Ibid.*, 1139 b 20, p. 301.
3. *Ibid.*, 1140 a 1, p. 303.
4. *Ibid.*, 1140 a 10, p. 304.
5. *Ibid.*

perspective implique donc un rapport entre l'art et la nature, mais en conférant à l'art un champ d'action et une modalité spécifiques. A la suite de cela Aristote classe les arts dans la *Physique* entre ceux qui achèvent les choses que la nature ne parvient pas à réaliser et ceux qui l'imitent [1].

Si pour le Stagirite l'art ainsi conçu, distinct de la science et de la sagesse, est inscrit dans un processus global visant la vérité, toute autre est l'attitude platonicienne. Dans celle-ci l'opposition à la sagesse est plus radicale et les arts sont presque exclus de la formation du philosophe, soit parce qu'ils sont considérés comme vulgaires [2], soit à cause de la célèbre condamnation platonicienne de l'imitation. Lorsqu'on distingue ce qui dépend de la nature, du hasard et de l'art, il est évident que ce dernier est dans une position subordonnée, car il

1. Aristote, *Physique*, trad. fr. P. Pellegrin, Paris, GF-Flammarion, 2002, II, 8, 199 a 15, p. 152 : « D'une manière générale, l'art, dans certains cas parachève ce que la nature n'a pas la puissance d'accomplir, dans d'autres cas il imite <la nature>. Si donc les réalités artificielles sont en vue de quelque chose, il est évident qu'il en est de même aussi pour les réalités naturelles. C'est en effet de la même manière que les conséquents et les antécédents se rapportent les uns aux autres dans les réalités produites artificiellement et dans celles qui le sont selon la nature ». A titre d'exemple nous pouvons rappeler, à propos du rapport entre le processus de l'art et le processus naturel, le chapitre III des *Météorologiques*, (P. Thillet (éd.), Paris, Gallimard, 2008, 381 a-b), dans lequel Aristote, évoquant la cuisson des aliments, pose à nouveau le problème de la cause commune des deux processus, leur intégration mais aussi l'imitation, de la part de l'art, des processus de la nature.

2. Nous pouvons rappeler à ce propos le célèbre passage de l'*Epinomis*, trad. fr. L. Brisson dans les *Œuvres complètes*, Paris, Flammarion, 2011, 975 d-976 a, p. 314-315 : « Ainsi, puisque, comme nous le constatons, l'acquisition des choses nécessaires à la vie passe par la technique, sans qu'aucune technique ne rende personne sage, ce dont il nous reste à parler après cela, c'est d'une sorte de jeu qui se réduit le plus souvent à une imitation et qui ne présente aucun caractère de sérieux, car, même s'ils sont nombreux les instruments qui servent à cette imitation, bien des fois, c'est leurs corps qui servent à cet effet aux artistes, lesquels ne font pas toujours preuve d'une parfaite décence. Il y a encore les imitations qui relèvent du langage et du domaine des Muses en général, et encore toutes celles qui sont filles de la représentation graphique, et où un grand nombre de figures de toutes sortes sont exécutées à l'aide de matières humides ou sèches. Aucune de ces formes d'imitation n'a permis à qui que ce soit de devenir savant en quelque domaine que ce soit, même quand l'artiste pratique son art avec le plus grand sérieux. Après avoir dressé cet inventaire, il reste à considérer les moyens d'assurer notre protection qui prend des milliers de formes et qui intéresse une multitude de gens. Le plus important et celui qui a le plus de portée est ce que l'on appelle "technique de la guerre", celle du commandement, qui est la plus réputée pour l'utilité qu'elle représente. Elle a surtout besoin de chance, et c'est du courage qu'elle dépend naturellement plutôt que du savoir. Nous avons encore un autre moyen de nous protéger, c'est ce qu'on appelle la "médecine", cet art qui, je suppose, nous garde de presque tous les dommages que provoquent chez les vivants les conditions climatiques, excès intempestifs du froid et de la chaleur, et toutes les intempéries de ce genre. Or, rien de tout cela n'a la réputation de mener à l'acquisition d'un savoir authentique, car ces techniques font leur chemin sans règle, fondées qu'elles sont sur les conjectures de l'opinion », ainsi que *Le Banquet*, trad. fr. L. Brisson, *op. cit.*, 203 a, p. 137 : « Le dieu n'entre pas en contact direct avec l'homme ; mais c'est par l'intermédiaire de ce démon que, de toutes les manières possibles, les dieux entrent en rapport avec les hommes et communiquent avec eux, à l'état de veille ou dans le sommeil. Celui qui est un expert en ce genre de choses est un homme démonique, alors que celui, artisan ou travailleur manuel, qui est un expert dans un autre domaine, celui-là n'est qu'un homme de peine. Bien entendu, ces démons sont nombreux et variés, et l'un d'eux est Eros ».

produit les choses les moins importantes et les plus éloignées du vrai [1]. En revanche, Platon rapproche les arts et les sciences en fonction d'autres aspects, notamment parce que l'artisan tout comme l'homme de science n'agit pas par hasard mais selon une idée de forme et d'ordre [2]. Il est utile de rappeler cet arrière-fond célèbre pour mieux comprendre les différentes classifications des arts proposées dans les textes platoniciens. La première est celle du *Gorgias*, entre les arts qui se servent du travail manuel et ceux qui se servent des discours [3]. Une autre distinction lui est étroitement liée, que Platon tire du sens commun de l'époque, et qui restera centrale jusqu'à l'époque moderne : la classification en arts libéraux et vulgaires [4]. La troisième classification est celle qui distingue les arts du faire et les arts de l'acquérir qui, en relation avec la nature, devient la distinction significative entre arts productifs et arts reproductifs [5]. Enfin, il faut souligner une autre distinction platonicienne, entre les arts produisant un produit et les arts produisant les instruments grâce auxquels ce produit est productible [6].

1. Platon, *Lois*, X, 889 a.
2. Platon, *Gorgias*, 503 e mais aussi *Politique*, 308 c.
3. Platon, *Gorgias*, trad. fr. M. Canto-Sperber dans *Œuvres complètes*, *op. cit.*, 450 c-e, p. 420 : « SOCR. Bon, est-ce que je comprends bien ce que tu appelles rhétorique ? Peut-être, je vais y voir un peu plus clair. Voyons, réponds-moi. Nous, les hommes, nous avons des arts, n'est-ce pas ? GORG. Oui. SOCR. Alors, prenons l'ensemble des arts. A mon sens, les uns s'accomplissent essentiellement à l'aide d'un travail manuel et exigent peu de paroles ; certains arts, même, n'en ont aucun besoin, au contraire, ils pourraient se pratiquer sans le moindre discours – c'est le cas de la peinture, de la sculpture et de bien d'autres arts. A mon avis, tels sont les arts avec lesquels – c'est ce que tu affirmes – la rhétorique n'a pas le moindre rapport. N'est-ce pas ? GORG. Oui, Socrate, tu conçois fort bien la chose. SOCR. En revanche, il y a d'autres arts qui s'accomplissent intégralement par la parole et qui, on peut le dire, n'ont pas besoin, ou bien fort peu, d'action concrète. C'est le cas de l'arithmétique, du calcul, de la géométrie – oui, et aussi des jeux de *petteia*. Et puis, il y a tous les arts qui comportent à peu près autant de discours que d'actions, et ceux, plus nombreux, où toute l'action s'accomplit par la parole. A mon sens, tu as l'air de dire que la rhétorique est un de ces arts ».
4. Platon, *Philèbe*, 55d *sq*.
5. Platon, *Le Sophiste*, trad. fr. N. L. Cordero, *op. cit.*, 219 b-c, p. 1815-1816 : « L 'ETR. Lorsque quelqu'un a amené à la réalité quelque chose qui n'existait pas avant, nous disons de celui-ci qu'il "a produit", et de ce qui a été amené à la réalité, qu'il "a été produit". THÉÉT. Cela me semble correct. L'ETR. Et tout ce que nous avons mentionné tout à l'heure avait ce pouvoir. THÉÉT. En effet. L'ETR. Afin de réunir tout cela sous un seul nom, disons qu'il s'agit d'une puissance productrice. THÉÉT. Soit. L'ETR. Mais, à côté de cette forme, il y a celle qui concerne l'objet d'un apprentissage, comme les connaissances dans des domaines aussi divers que celui des affaires, de la lutte ou de la chasse, c'est-à-dire des techniques qui ne fabriquent pas, mais qui capturent choses ou produits – soit par des moyens intellectuels, soit par l'action – ou qui empêchent leur capture. Dès lors, le plus convenable serait de regrouper toutes ces parties sous le même nom de technique d'acquisition ».
6. Platon, *Politique*, trad. fr. L. Brisson et J.-F. Pradeau, *op. cit.*, 281 e, p. 1398 : « Tous les métiers qui ne fabriquent pas la chose elle-même, mais qui fournissent à ceux qui la fabriquent les instruments sans lesquels aucun d'eux ne pourrait effectuer la tâche qui lui a été assignée, ces métiers sont causes auxiliaires, tandis que ceux qui fabriquent la chose elle-même jouent le rôle de causes ».

En analysant les rapports entre les arts et la réalisation de la vertu, nous remarquons aisément que Platon comme Aristote, avec des différences que nous venons de relever, développent ce qui peut être considéré comme la classification du « sens commun » à leur époque, c'est-à-dire la distinction entre les arts utiles et les arts du plaisir que l'on peut faire remonter aux sophistes. Il s'agit d'une classification qui perdurera dans la culture occidentale, pour arriver jusqu'à la fin du XVIIIe siècle. D'après Sénèque :

> « Alors les études libérales ne présentent aucun profit ? » Très utiles à d'autres égards, elles sont pour la vertu sans profit d'aucune sorte. Les arts vils et qui se donnent pour tels, les métiers purement manuels contribuent eux-mêmes grandement au confort de l'existence ; ils n'ont cependant rien de commun avec la vertu. « Pourquoi donc demandons-nous aux études libérales de former nos fils ? » Ce n'est point parce qu'elles donnent le moins du monde la vertu, mais parce qu'elles disposent l'âme à la recevoir. La méthode de pédagogie élémentaire qu'on appelait autrefois le rudiment n'enseigne point aux enfants les arts libéraux, mais prépare la place à cette étude ; ainsi les arts libéraux, sans mener l'âme jusqu'à la vertu, lui façonnent le pas.
>
> Les arts se divisent suivant Posidonius en quatre catégories : arts vulgaires et infimes, arts d'agrément, arts éducateurs, arts libéraux. Les premiers sont l'affaire de l'artisan ; purement manuels, ils ne visent qu'à l'aménagement matériel de l'existence ; ni les bienséances morales ni la considération de l'honnête ne les inspirent à aucun degré. Les arts d'agrément ont pour objet le plaisir des yeux et des oreilles. On peut leur annexer les inventions du machiniste à qui nous devons ces décors qui semblent sortir de terre, ces étages qui montent dans les airs sans bruit, ces changements à vue où des groupes se disloquent, où des pièces isolées se rejoignent, où de hautes masses se rabattent insensiblement sur elles-mêmes. Et cela éblouit le vulgaire grossier qui, faute de connaître les causes, s'étonne de tout effet soudain.
>
> Les arts éducateurs, qui ont du reste de l'analogie avec les arts libéraux proprement dits, sont ceux qui chez les Grecs s'appellent arts « encycliques », chez nous « arts libéraux ». En fait, les seuls arts libéraux, pour parler plus exactement, les seuls arts libres, sont ceux qui ont pour objet la vertu[1].

Nous trouvons dans ces lignes de Sénèque une synthèse particulière entre les arts qui instruisent et qui préparent à la vertu mais ne la constituent pas, les arts utiles serviles et les arts du plaisir. Nous trouvons une synthèse identique chez Plutarque qui souligne que la fin ultime de la contemplation est la réalisation de la vertu. Cette contemplation peut aussi concerner les objets produits par les arts serviles, dans la mesure où « [nous] ne sommes pas toujours incités à désirer faire ce que nous trouvons bien fait », puisque « [celui] qui actuellement

1. Sénèque, *Lettres à Lucilius*, 88, 20-23, trad. fr. H. Noblot, Paris, Les Belles Lettres, tome III, livre XI, 1957, p. 164-165.

exerce quelque art bas et vil produit en témoignage contre soi-même le labeur qu'il a employé en choses inutiles, pour prouver qu'il a été paresseux à apprendre les honnêtes et utiles »[1]. La phrase que Philostrate attribue à Apollon de Tyane pour sa défense affiche certes moins de scrupules :

> Tous les arts que pratiquent les hommes et qui ont des objets divers, ont tous pour but l'argent ; les uns rapportent peu, les autres beaucoup, et d'autres juste de quoi se nourrir. Et je ne parle pas seulement des métiers manuels, mais aussi des arts intellectuels et de ceux qui sont semi-intellectuels, à l'exception de la seule authentique philosophie. J'appelle « arts de l'intelligence » la poésie, la musique, l'astronomie, la sophistique, la rhétorique, mise à part l'éloquence judiciaire, et « arts semi-intellectuels » la peinture, le modelage, la sculpture, la navigation, l'agriculture, lorsque celle-ci se règle sur les saisons, car ces arts-là ne sont guère au-dessous de la sagesse[2].

Ainsi Philostrate présente une nouveauté significative : même si chaque art, science ou artisanat tendait vers le gain, certaines de ces pratiques seraient proches de la sagesse. Parmi celles-ci sont énumérées la poésie, la musique, la peinture, la sculpture et la rhétorique.

La distinction entre les arts libéraux et les arts mécaniques a certainement été la classification qui a le plus circulé, et qui a été la plus employée dans l'ensemble du monde antique jusqu'à l'âge moderne. Les pratiques humaines étaient simplement distinguées en fonction de l'effort physique demandé et de leur valeur sociale. Deux textes en particulier ont servi de passerelle entre l'antiquité tardive et le Moyen Âge pour cette classification : *Les noces de Mercure et de Philologie* de Martianus Capella et les neuf *Livres des disciplines* de Varron, qui sont la source du premier[3]. Varron avait en effet organisé ce qui peut être considéré comme la première encyclopédie latine des arts libéraux, et les neuf livres sont consacrés aux neuf sciences : la grammaire, la dialectique, la rhétorique, la géométrie, l'arithmétique, l'astronomie, la musique, la médecine et l'architecture.

1. Plutarque, *Les Vies des hommes illustres, Vie de Périclès*, trad. fr. J. Amyot, tome 1, « Bibliothèque de la Pléiade », Paris, Gallimard, 1951, p. 333-334.
2. Philostrate, *Vie d'Apollonios de Tyane in Romans grecs et latins*, trad. fr. P. Grimal, Paris, « Bibliothèque de la Pléiade », Gallimard, 1958, p. 1303.
3. Nous renvoyons à l'introduction de l'édition italienne d'I. Ramelli (*Le Nozze di Filologia e Mercurio*, Milan, Bompiani, 2001, p. IX). Kristeller rappelle en outre la similitude entre le schéma de Martianus et celui qui est implicite chez Sextus Empiricus, dans « The Modern System of the Arts : a Study in the History of Aesthetics », *Journal of the History of Ideas*, vol. 12, Issue 4, Oct. 1951, 496-527 ; trad. fr. B. Han, *Le Système moderne des arts : histoire de l'esthétique*, Nîmes, Jacqueline Chambon, 1999, puis dans *Renaissance Concepts of Man and Other Essays*, New York, Harper Torchbooks, 1972. Les six livres de l'*Adversus Mathematicos* sont en effet dirigés contre les six catégories des « professionnels de la culture » : grammairiens, rhétoriciens, mathématiciens, astronomes, théoriciens de la musique. Il manquerait alors les dialecticiens exclus par Sextus Empiricus, qui considère la dialectique comme une partie de la philosophie.

Les noces de Mercure et de Philologie, qui révèlent clairement derrière le niveau allégorique une intention encyclopédique, eurent un succès extraordinaire et devinrent une sorte de « livre de texte » scolaire, voire firent l'objet de commentaires de la part de divers auteurs, parmi lesquels Jean Scot Erigène [1], Bernard Silvestre [2] et Rémi d'Auxerre [3]. Ainsi, la division entre les arts libéraux et les arts vulgaires, mais également celle entre le trivium et le quadrivium parvinrent au Moyen Âge. Dans les grandes lignes, ce traité est organisé de la sorte : dans les deux premiers livres, Martianus fait part à son fils d'un récit de Satyre sur les noces de Mercure et de Philologie, fille de Phronesis. Après l'approbation du conseil des dieux décrétant la possibilité pour les hommes vertueux de monter au ciel, Philologie, en tant que créature terrestre, doit franchir divers obstacles dans le deuxième livre pour atteindre la divinité. Les livres suivants, du troisième au neuvième, sont chacun dédiés à l'un des sept arts libéraux : d'abord la grammaire, la dialectique et la rhétorique, puis ceux qui sont fondés sur les mathématiques (la géométrie, l'arithmétique, l'astronomie et la musique). Par rapport au schéma de Varron, dans *Les noces de Mercure et de Philologie*, la médecine et l'architecture sont exclues, comme par la suite dans la tradition des arts libéraux. Le schéma proposé par Martianus s'inscrit dans une tradition qui a été consolidée et transmise, et on trouve aussi chez lui l'idée d'une ascension vers la vertu à travers les arts. L'ordre avec lequel Martianus présente par exemple les quatre derniers correspond à une succession par degrés d'abstraction des disciplines [4]. Tout d'abord, Philologie elle-même doit passer des épreuves pour être acceptée sur le mont Olympe, puis les arts, sans lesquels aucun itinéraire de perfectionnement ne serait possible, accompagnent sa vertu. Le cadre allégorique de ce récit confère aussi à cet itinéraire une valeur presque laïque, mais certes il n'aurait pas été difficile pour le haut Moyen Âge chrétien d'intégrer cette fonction des arts à celle qui figure dans les *Ennéades*, un autre texte nécessaire pour comprendre le passage de l'antiquité tardive au monde médiéval.

1. J. Scot Erigène, *Iohannis Scotti : Annotationes in Marcianum*, C. E. Lutz (ed.), Cambridge, The Mediaeval Academy of America, 1939.

2. B. Silvestre, *The Commentary of Martianus Capella's « De Nuptis Philologiae et Mercurii » attributed to Bernardus Silvestris*, Toronto, Pontifical Institute of Medieval Studies, 1986.

3. Rémi d'Auxerre, *Remigii Autissiodorensis Commentum in Martianum Capellam, I, libri 1-11, II, libri III-IX*, C E. Lutz (ed.), Leiden, Brill, 1962.

4. Nous renvoyons de nouveau à l'introduction d'I. Ramelli, *Le Nozze di Filologia e Mercurio*, *op. cit.*, p. XII, puis à l'introduction de L. Scarpa au *De nuptis Philologiae et Mercurii liber VII*, Padoue, CLEUP, 1988, p. 15-16.

> Toutes les techniques qui produisent des objets sensibles – par exemple l'architecture et la charpenterie – dans la mesure où elles se servent des proportions, devraient tirer leurs principes de la réflexion de là-bas ; mais comme elles mélangent avec le sensible, elles ne peuvent pas être entièrement là-bas ; elles n'y sont que dans la mesure où elles sont en l'homme. On ne trouvera certainement pas là-bas l'agriculture qui contribue à faire pousser les plantes sensibles, ni la médecine qui étudie la santé d'ici-bas ou qui s'occupe de la force et de la bonne condition du corps ; car il y a là-bas une autre puissance et une autre santé, en vertu desquelles tous les vivants sont tranquilles et sans besoin. La rhétorique, la stratégie, l'économie et la technique royale, si elles communiquent la beauté aux actions et qu'elles contemplent la beauté intelligible, recevront une part de la science de là-bas. La géométrie, qui concerne des objets intelligibles, doit être placée là-bas ; et aussi le savoir, qui concerne au plus haut niveau la réalité même. C'est tout ce qu'il fallait dire sur les techniques et sur les produits de la technique [1].

Dans ce cadre Plotin présente les arts selon leur fonction instrumentale, comme des moyens pour atteindre la contemplation ou pour étudier directement les choses intelligibles. Ces lignes sont complétées par un autre passage des *Ennéades* qui leur répond virtuellement :

> Les techniques, celles qui servent à fabriquer une maison ou d'autres produits, ne vont pas plus loin que la fabrication. Par ailleurs, la technique médicale, l'agriculture et les autres techniques de ce genre qui sont des techniques auxiliaires et qui apportent leur aide à la nature, se bornent à rendre conforme à la nature. Pour leur part, la rhétorique, la musique et toute technique qui permet de la séduire entraînent l'âme vers le meilleur ou vers le pire en la modifiant ; en la matière, il faut chercher à savoir quel est le nombre de ces techniques et quel pouvoir elles ont. Et, si cela est possible, il faudrait pour toutes ces techniques qui servent à répondre à nos besoins actuels, s'efforcer autant que possible de déterminer à quoi elles servent [2].

Les arts, instruments de connaissance, deviennent aussi des objets de connaissance, puisqu'ils trouvent eux aussi leurs principes dans le monde suprasensible. La recherche sur le « pourquoi » des arts acquiert alors une valeur pleinement gnoséologique. Cette perspective générale n'est toutefois pas toujours partagée. Etienne Gilson, par exemple, auteur essentiel pour comprendre de nombreux textes médiévaux, adopte une perspective opposée dans *Introduction aux arts du beau. Qu'est-ce que philosopher sur l'art?* Pour lui, l'art ne constitue pas une modalité de la connaissance, mais organise un ordre distinct de celui du savoir : celui de l'efficacité. « L'homme exerce des actes d'espèces différentes : il est, il

1. Plotin, *Traités 1-6*, trad. fr. éd. F. Fronterotta, L. Brisson et J.-F. Pradeau, Paris, Flammarion, 2002, traité 5/ V, 9, 11, p. 209.
2. Plotin, *Traités 27-29*, trad. fr. L. Brisson, *op. cit.*, traité 28 / IV, 4, 31, p. 165.

connaît, il agit et il fait »[1]. Cette distinction est utile à Gilson pour organiser rigoureusement son discours. Cette position est intéressante pour deux raisons : tout d'abord en raison de son éloignement par rapport à une thèse relevant de la ligne de pensée que nous avons adoptée dans cet ouvrage (les arts comme instrument et comme objet de connaissance) ; puis parce qu'elle nous rappelle une valeur de la classification. La différentiation des sphères humaines, et par conséquent la classification des différents actes qui en découlent, devient un outil fondamental pour « mettre de l'ordre dans les idées » et donner de la rigueur au discours. Nous jugeons plus utile d'établir une continuité entre les arts et la connaissance pour comprendre certains développements de l'histoire de la pensée. Le meilleur exemple est celui d'Augustin qui, dans les *Rétractations*, à propos des *Livres des disciplines* perdus, présente les arts comme des moyens pour atteindre la connaissance des réalités incorporelles à partir des réalités corporelles[2]. Il écrit encore, dans le traité *De l'ordre* : « Encore dans la musique, la géométrie, les mouvements astraux, les lois des nombres l'ordre règne si bien que, si l'on désire voir pour ainsi dire, sa source et même son sanctuaire, on le trouve dans ces études ou par elles on y est amené sans faire erreur »[3]. Cette attitude augustinienne s'inscrit dans un programme de formation d'ensemble[4], dans lequel il est possible de reconnaître une continuité avec Plotin.

Dans *De l'ordre*[5] les classifications qui sont encore fondées sur un principe de perfectionnement (sans foi et sans morale, pour Augustin, les arts sont bien peu de chose[6]), servent un projet pédagogique. Dans ce traité Augustin ordonne les sept arts libéraux en érigeant la philosophie comme huitième art et comme discipline maîtresse[7]. Il est important de remarquer qu'Augustin associe la naissance des arts à la naissance du langage en tant qu'intermédiaire de l'échange entre les hommes, où l'écriture puis le calcul trouveraient leur origine[8]. De

1. E. Gilson, *Introduction aux arts du beau. Qu'est-ce que philosopher sur l'art?*, Paris, Vrin, 1998, p. 25.
2. Augustin, *Retractationes*, I, 6.
3. Augustin, *De Ordine*, II, 5, 14 dans les *Œuvres de Saint Augustin, 4/2*, trad. fr. J. Doignon, Paris, Institut d'Etudes Augustiniennes, Brepols, 1997, p. 203.
4. *Ibid.*, II, 8, 25 *sq.*, p. 235.
5. Augustin ne propose pas seulement dans *De l'ordre* des schémas des arts libéraux, bien qu'ils ne soient présentés intégralement que dans ce texte. Pour plus de précisions, nous renvoyons à H. I. Marrou, *Saint Augustin et la fin de la culture antique*, Paris, E. de Boccard, 1949. Du même auteur, nous indiquons un article : « Les arts libéraux dans l'antiquité classique », *Arts Libéraux et philosophie au Moyen Âge*, *op. cit.*, p. 5-27. Marrou fournit une table qui montre les lieux et l'ordre des arts libéraux dans les œuvres d'Augustin, table 5, p. 22.
6. *Ibid.*, II, 17, 45, p. 295.
7. *Ibid.*, II, 18, 47, p. 303.
8. *Ibid.*, II, 12, 35.

plus, cette présentation des arts libéraux s'inscrit dans une classification plus vaste des activités rationnelles :

> Donc il y a trois sortes de domaines où apparaît cet élément rationnel : en premier lieu, dans les actions rapportées à une fin, ensuite dans l'art de la parole, en troisième lieu dans la jouissance. Il nous invite, pour le premier cas, à ne rien faire au hasard, dans le second, à enseigner correctement, dans le dernier cas, à contempler dans la béatitude. La première exigence est valable dans les mœurs, les deux autres dans les études dont nous traitons à présent [1].

Augustin propose ainsi une véritable nouveauté : une distinction entre les arts qui facilitent l'existence et ceux dont la fin spéculative permet la contemplation [2]. La classification proposée quelques décennies plus tard par Cassiodore découle directement de celle de Quintilien. Tout comme l'orateur romain le propose dans *L'institution oratoire* [3], le disciple de Boèce et ministre de Théodoric divise les arts en arts théoriques, pratiques et poïétiques dans sa *Rhétorique*. Les premiers sont ceux dont la fin est la connaissance des choses et ne requièrent aucun acte, les seconds ceux qui produisent un acte sans laisser aucun résultat de l'acte lui-même (comme Quintilien, il cite en exemple la danse). Enfin, les arts poïétiques ont pour fin la production d'un objet (par exemple la peinture) [4]. Joseph Mariétan souligne que l'on peut faire remonter à Cassiodore la distinction entre trivium et quadrivium qui a encore une fois son origine chez Boèce : les arts libéraux sont divisés en arts proprement dits (la grammaire, la rhétorique et la logique), et en sciences ou disciplines libérales (l'arithmétique, la géométrie, la musique et l'astronomie) [5]. Ce schéma sera ensuite repris par Cassiodore dans ses *Institutions des lettres divines et humaines*, destinées, dans un but pédagogique, aux moines du monastère Vivarium en Calabre, qu'il avait lui-même fondé après avoir arrêté son activité politique. Tandis que le premier livre propose une introduction aux Ecritures Saintes, le second est dédié aux arts libéraux en suivant, chapitre par chapitre, le schéma présenté plus haut.

1. *Ibid.*, p. 271.
2. Cet aspect est mis en évidence par J. Mariétan, *Problème de la Classification des Sciences d'Aristote à St Thomas*, Paris, Alcan, 1901, p. 57 : « Parmi ces arts libéraux, St Augustin distingue ceux qui servent à l'usage de la vie et ceux qui nous aident à connaître la nature des choses et, par là, nous permettent de nous livrer à la contemplation », puis p. 60 : « St. Augustin a posé le fondement de la distinction entre les arts et les sciences libérales. Il distingue en effet, parmi les arts libéraux ceux qui servent à l'usage de la vie et ceux qui ont un but spéculatif ». Bien que le texte de Mariétan soit désormais un peu daté, il reste une des études les plus abouties sur les classifications antiques et médiévales.
3. Quintilien, *Institutiones oratoriae*, II, 18, 1.
4. Nous renvoyons à E. De Bruyne, *Études d'esthétique médiévale*, Paris, Albin Michel, 1998, vol. 1, p. 38-39.
5. J. Mariétan, *Problème de la Classification des Sciences d'Aristote à St Thomas*, *op. cit.*, p. 77.

Isidore de Séville suit la disposition de Cassiodore. Le plus grand effort de ce docteur de l'Eglise érudit est de recueillir tout le savoir de son époque dans un incroyable projet encyclopédique, dans lequel toutefois rares sont les véritables innovations. Il suffit de parcourir les vingt livres de ses *Etymologiae*, mis en ordre par Braule, pour remarquer qu'Isidore se propose surtout de compiler des index [1]. Toutefois, cette tentative de ramener le savoir et le visible à l'unité peut être comprise comme l'adoption d'une perspective historique et scientifique bien que sa méthode étymologique soit « loin d'être scientifique au sens moderne du mot » [2]. Toujours dans le sillage de Cassiodore, Isidore considère l'art et la science comme deux formes de la connaissance. L'art a cependant en quelque sorte un statut ambigu : d'un côté, en tant que connaissance et activité intellectuelle, il est libéral; de l'autre, en tant que production d'œuvres, il est de nature vulgaire. La musique en est un bon exemple. Isidore distingue la musique scientifique qui a pour fin la connaissance des proportions dans les sons et les gestes, et la musique artistique, qui a pour fin de produire des modulations. Cette distinction entre l'art en tant que savoir non finalisé et l'art en tant qu'action finalisée vers la production sera en un certain sens cruciale dans le processus de légitimation socio-culturelle des arts et des artistes à partir de la Renaissance : l'annulation de cette distinction et la reconnaissance d'une forme de savoir propre à la production et présent dans l'œuvre modifieront le statut des pratiques artistiques.

Certes, cette double caractérisation de l'art, en tant que *savoir* d'un côté, en tant que *faire* de l'autre, perdurera durant des siècles et continuera à être bien présente chez les *encyclopédistes* médiévaux [3]. Nous avons déjà fait allusion aux

1. Pour donner une idée des *Etymologiae*, nous présentons ici le sommaire des livres. Les trois premiers sont dédiés aux arts libéraux (I. Grammaire, II. Rhétorique et Dialectique, III. Arithmétique, Géométrie, Musique et Astronomie) ; puis le quatrième à la Médecine, le cinquième aux Lois et à l'Histoire, le sixième aux Livres et aux offices ecclésiastiques, le septième à la Théologie, le huitième à l'Eglise et aux sectes, le neuvième aux Langues, aux peuples, au règnes et aux parentés, le dixième est un Index des termes rares, le onzième est dédié à l'Homme et aux monstres, le douzième aux Animaux, le treizième au Monde et à ses parties, le quatorzième à la Terre et à ses parties, le quinzième aux Edifices, aux champs et aux routes, le seizième aux Pierres et aux métaux, le dix-septième à l'Agriculture, le dix-huitième à la Guerre et aux jeux, le dix-neuvième aux Bateaux, aux constructions et aux coutumes, le vingtième aux Bois et aux outils.

2. E. De Bruyne, *Études d'esthétique médiévale*, *op. cit.*, p. 75. L'auteur poursuit : « Il ne s'agit pas ici d'une analyse objective et scrupuleuse des mots réels, mais d'une élaboration étymologique basée sur l'imagination subjective; il semble dans beaucoup de cas, que l'auteur a son idée faite sur la chose ».

3. De Bruyne utilise cette définition pour qualifier les auteurs ayant voulu offrir des systèmes complets des savoirs en cherchant à intégrer toutes les activités humaines, en les distinguant des *spéculatifs purs* et des *juristes* (*Ibid.*, p. 746 *sq.*). Il n'est évidemment pas possible d'analyser ici les nombreux exemples d'encyclopédies médiévales. Nous avons préféré nous limiter aux cas dans lesquels le rôle des arts mécaniques ou de ceux qui seront ensuite les arts au sens moderne présente un intérêt particulier. A titre d'exemple, il suffit de citer le

deux classifications qui sont peut-être les plus exhaustives de la culture médiévale, celles d'Hugues de Saint-Victor et celle de Rodolphe de Longchamp. Nous pouvons leur ajouter celle de Dominique Gondissalvi. Ensemble, ces trois classifications parviennent, avec leurs différences, à synthétiser les positions médiévales principales sur l'organisation des savoirs. Comme le souligne De Bruyne : « le premier [Hugues de Saint Victor] synthétise les courants traditionnels, le second [Dominique Gondissalvi] introduit l'aristotélisme arabe, le troisième [Rodolphe de Longchamp] trahit les nouvelles influences néo-platoniciennes et semble le dernier représentant des humanistes chartrains » [1]. Dans le cadre d'un projet de formation, le schéma d'Hugues de Saint-Victor apparait clairement dans un passage du *Didascalicon* où il organise la totalité du système du savoir, au sein duquel la philosophie a le rôle de *scientia scientiarum* [2] :

> La philosophie se divise en théorique, pratique, mécanique et logique. La théorique se divise en théologie, physique, mathématique. La mathématique se divise en arithmétique, musique, géométrie, astronomie. La pratique se divise en individuelle, privée, publique. La mécanique comprend le travail de la laine, l'armement, la navigation, l'agriculture, la chasse, la médecine, le théâtre. La logique se divise en grammaire et en science du raisonnement. La science du raisonnement se divise en démonstration, art de la preuve, sophistique. L'art de la preuve se divise en dialectique et rhétorique. Dans cette répartition ne figurent que les parties constituant les divisions de la philosophie [3].

Arrêtons-nous un instant sur la *Mechanica*. De façon emblématique, Hugues de Saint-Victor fait remonter son nom au terme grec *moichòs* et au terme latin *moechus* qui signifient « adultère » : « l'œuvre de l'homme, qui n'est pas la nature

cas de l'encyclopédie médiévale qui est peut-être la plus célèbre, le *Speculum maius* de Vincent de Beauvais, rédigé entre 1247 et 1259. La deuxième partie en particulier, le *Speculum doctrinale*, se présente comme une encyclopédie des arts et des disciplines de son temps. Parmi les dix-sept livres qui le composent, le premier est consacré à la philosophie, le deuxième et le troisième à la grammaire, à la logique, à la rhétorique et à la poésie. Les livres suivants abordent toutes les autres pratiques humaines, de l'agriculture au droit et à la médecine; enfin, le seizième livre porte sur les disciplines mathématiques : la musique, la géométrie, l'astronomie et l'astrologie. Le *Speculum* n'apporte toutefois pas de nouveautés significatives à notre objet d'étude. Les *Livres du Trésor* de Brunetto Latini se basent sur l'exemple de l'œuvre de Vincent de Beauvais, mais avec une intention de vulgarisation déclarée.

1. *Ibid.*, p. 746.
2. Faisant référence à Isidore de Séville : « "La philosophie est l'art des arts, la discipline des disciplines", c'est-à-dire ce à quoi tendent tous les arts et toutes les disciplines. », H. de Saint-Victor, *L'Art de lire, Didascalicon*, trad. fr. M. Lemoine, Paris, Éditions du Cerf, 1991, II, I, p. 92. Le rôle de la philosophie est d'organiser et de comprendre les principes de tous les savoirs : « C'est qu'un même acte peut se rattacher à la philosophie du point de vue de son principe et en être exclu du point de vue de son application. », *Ibid.*, I, IV, p. 76. A ce propos, nous renvoyons aussi à J. Mariétan, *Problème de la Classification des Sciences d'Aristote à St Thomas*, *op. cit.*, p. 141.
3. H. de Saint-Victor, *L'Art de lire*, *Didascalicon*, *op. cit.*, III, I, p. 127.

mais qui l'imite, est appelée "mécanique" c'est-à-dire "adultérine" »[1]. Cette étymologie lui sert à souligner, en distinguant les œuvres de Dieu de celles de la nature et de l'artisan humain, que les arts mécaniques ont tous la caractéristique d'être des arts d'imitation[2]. Hugues de Saint-Victor n'est certainement pas insensible à ceux qui seront les beaux-arts et lorsqu'il célèbre l'œuvre humaine, il renvoie à la peinture et à la sculpture, mais dans sa classification elles apparaissent sous la *venustatoria*, une branche de l'*architectonica* qui est à son tour une branche de l'*armatura*.

La classification d'Hugues de Saint-Victor fait constamment référence à deux textes. Le premier est l'*Asclepius* d'Hermès Trismégiste, dans lequel les activités de l'homme du monde sont l'agriculture, l'élevage, l'architecture, la construction des ports, la navigation, les relations sociales et les commerces[3]. La deuxième référence est au texte de Martianus Capella : « Voilà les sept servantes que Mercure a reçues en dot de Philologie, tant il est vrai que toute action humaine est au service de l'éloquence à laquelle a été associée la sagesse »[4]. Cette référence apparaît chez Hugues de Saint-Victor lorsqu'il tente d'établir une correspondance entre les arts libéraux et les arts mécaniques : de même que les arts du trivium se réfèrent à des termes externes à celui qui les prononce, trois arts mécaniques (*lanificium*, *armatura*, *medicina*) concernent la protection de l'homme contre ce qui lui est extérieur; et tandis que les arts du quadrivium s'occupent de notions internes à celui qui les étudie, quatre arts mécaniques concernent le support intérieur que nous donnons à notre vie[5]. Dans ce rapport se révèle un second sens de l'« adultère » des arts mécaniques. Au-delà du fait qu'ils ne pourront être qu'« infidèles » dans leur rapport à la nature, on peut aussi déceler leur infériorité dans leur rapport aux arts libéraux qui ont une fonction de connaissance en toute liberté d'esprit, tandis que l'usage du corps limite cette liberté dans les arts mécaniques qui peuvent être considérés comme des connaissances imparfaites.

En ce qui concerne les arts mécaniques, le schéma proposé par Rodolphe de Longchamp est en somme identique à celui d'Hugues de Saint-Victor[6]. La

1. H. de Saint-Victor, *L'Art de lire, Didascalicon*, *op. cit.*, I, IX, p. 83.
2. *Ibid.*
3. Hermès Trismégiste, *Corpus hermeticum et Asclepius*, *op. cit.*, p. 306.
4. H. de Saint-Victor, *L'Art de lire, Didascalicon*, *op. cit.*, II, XX, p. 114.
5. *Ibid.*, II, XX, p. 114-115.
6. Rappelons en outre une autre classification élaborée probablement dans une période située entre Hugues de Saint-Victor et Rodolphe de Longchamp : celle qui est proposée dans le *Speculum Universale* par Raoul l'Ardent (Tatarkiewicz commet une bévue en assimilant les deux auteurs). Les arts mécaniques sont classés ainsi par l'Ardent : *victuaria* (qui comprend *agricoltura* et *venatio*), *lanificaria*, *architectoria* (qui comprend

petite différence, qui est plus lexicale que conceptuelle, est la substitution du terme *cirugia* à celui de *medicina* pour en souligner l'aspect pratique. Pour cerner la différence entre Hugues de Saint-Victor et Rodolphe de Longchamp, il faut observer les classifications dans leur ensemble, en particulier la place occupée par la poésie. Chez Hugues de Saint-Victor, *poësis* et *literatura* sont des appendices de la logique, précédées par la grammaire et la théorie de l'argumentation (*dissertiva*), dont une ramification est la *demostratio probabilis*, elle-même subdivisée en *dialectica*, *rhetorica* et *sophistica*. Dans la classification de Rodolphe de Longchamp au contraire, son autonomie est évidente : la *Poësis* (qui est divisée en *Fabula*, *Historia*, *Satirica*, etc.) constitue à elle seule un groupe de disciplines, comme la *Philosophia*, l'*Eloquentia* et la *Mechanica*. Rodolphe de Longchamp présente sa classification dans le commentaire à l'*Anticlaudianus* d'Alain de Lille qui, avec Bernard Silvestre, marque l'apogée de la poétique de l'Ecole des Chartres [1]. Leur effort se concentre sur la construction de poèmes qui, à travers la parabole, la fable, la mythologie, présentent les connaissances scientifiques de l'époque. Il s'agit d'une extraordinaire fusion d'art et de science sous le signe de la contemplation, d'œuvres dans lesquelles on perçoit immédiatement la fonction de guide que les arts libéraux pouvaient avoir dans le parcours vers la vérité [2]. Ces conclusions de l'École des Chartres, sans vouloir forcer l'histoire, constituent une ouverture remarquable sur la culture humaniste et sur l'élargissement à la Renaissance des *studia humanitatis*, où la poésie tient une place centrale, tout en étant ancrées dans l'esprit du temps.

Comme les auteurs de l'Ecole des Chartres, Dominique Gondissalvi garde à l'origine de sa réflexion sur l'organisation du savoir le binôme de l'éloquence et du savoir. Inspiré par la lecture d'Avicenne et d'Al-Fârâbî, il intercale toutefois la logique, *scientia media*, entre les deux. Il en résulte donc un schéma tripartite qui place sous la catégorie de l'éloquence la grammaire, la poétique et la rhétorique (divisée ensuite en art oratoire et en droit), puis la logique et enfin le savoir subdivisé en savoir théorique et en sagesse pratique. La théorie comprend

toutes les fabrications de moyens de transport), *suffragatoria*, *medicinaria*, *negotiatoria* (c'est-à-dire les diverses branches du commerce), *patrocinaria* ou *militaria* (l'art de la fortification et des armures). Ce schéma apporte peu aux modèles bien plus élaborés d'Hugues de Saint-Victor et Rodolphe de Longchamp.

1. Sur l'esthétique de l'École des Chartres et en particulier sur l'influence de Thierry de Chartres sur Alain de Lille et Bernard Silvestre, nous renvoyons de nouveau à E. De Bruyne, *Études d'esthétique médiévale*, *op. cit.*, livre III, chap. VI, p. 625-671.

2. Le rapport entre la peinture et la vérité est aussi profondément réhabilité par Alain de Lille. Au-delà des comparaisons fréquentes, l'aspect mensonger de la peinture lui est souvent ôté pour qu'elle devienne elle-même un objet de contemplation : « Cette peinture révèle des mystères par ses signes », *Anticlaudianus*, v. 502, cité par E. De Bruyne, *Études d'esthétique médiévale*, *op. cit.*, p. 667.

la physique, les mathématiques et la théologie tandis que la sagesse pratique s'articule en arts de la morale (privés, domestiques et civils), et en arts mécaniques. La valeur sociale et civile des savoirs et des arts émerge de manière originale du schéma de Gondissalvi. De Bruyne souligne qu'en un certain sens, Gondissalvi est le premier phénoménologue des arts. D'une part en effet il insiste sur la dimension civile et sociale des arts [1], et d'autre part il anticipe une classification des arts fondée sur les matériaux adoptés [2].

Les arts mécaniques entrent donc pleinement dans le système du savoir, contribuant le cas échéant à la formation complète de l'homme. Nous ne devons toutefois jamais négliger la structure hiérarchique forte de ces classifications. Cette observation peut sembler banale, mais dans le cheminement vers l'autonomie des beaux-arts, l'élimination lente (voire même une relative inversion) de cette hiérarchie sera décisive. Proposons encore deux exemples tirés des principaux auteurs de la culture médiévale. Robert Grosseteste écrit dans un de ses premiers opuscules, en reprenant directement Hugues de Saint-Victor : « Parmi les activités humaines, les sept arts libéraux sont la purification de l'erreur et les moyens pour atteindre la perfection, et par conséquent ce sont les seules parties de la philosophie à être appelés arts, car eux seuls, en guidant les activités humaines, ont pour objectif de les diriger vers la perfection » [3]. Les arts du trivium en particulier conduisent à la perfection de l'intellect (*aspectus mentis*) et de la volonté (*affectus mentis*), où l'erreur s'insinue plus profondément. Les arts du quadrivium, au contraire, guident l'homme dans la connaissance et dans l'étude de la nature. Comme pour de nombreux prédécesseurs de Robert Grosseteste, « ces sept arts sont les serviteurs de la philosophie naturelle et de la philosophie morale » [4].

L'organisation de la hiérarchie est parfaitement évidente dans la théorie des illuminations de Saint Bonaventure, d'après lequel la totalité du processus de connaissance trouve son aboutissement dans la théologie :

> Même si toute l'illumination de notre connaissance est intérieure, il est cependant raisonnable d'introduire la distinction suivante : il existe une lumière extérieure, celle

1. E. De Bruyne, *Études d'esthétique médiévale*, *op. cit.*, p. 759.
2. *Ibid.*, p. 763.
3. R. Grosseteste, « De Artibus liberalibus », in *Die Philosophischen Werke des Robert Grosseteste, Bischofs von Lincoln*, Münster i. W., Aschendorff, 1912, p. 1, en ligne http://www.grosseteste.com/ : « In humanis vero operibus erroris purgationes et ad perfectionem deductiones sunt artes septenae, quae solae inter partes philosophiae ideo censentur artis nomine, quia earum est tantum effectus operationes humanas corrigendo ad perfectionem ducere ».
4. *Ibid.*, p. 4 : « Hae septem naturalis et moralis sunt ministrae ».

> de l'habileté technique, une inférieure, celle de la connaissance sensible, une intérieure, celle de la connaissance philosophique, une supérieure, celle de la grâce et de l'Ecriture Sainte. La première éclaire les formes créées par l'homme, la deuxième la forme naturelle, la troisième la vérité intelligible, la quatrième et dernière la vérité qui nous sauve.
> La première lumière éclaire les formes créées par l'homme qui lui sont comme extérieures et furent inventées pour suppléer aux déficiences de son corps. Elle reçoit le nom de lumière de l'habileté technique : la condition de celle-ci est en quelque sorte celle d'un esclave, elle est dépourvue de la noblesse de la connaissance philosophique, aussi peut-on correctement la qualifier d'extérieure. Elle se diversifie en fonction des sept arts mécaniques dénombrés par Hugues (de Saint-Victor) dans son Didascalicon : l'art textile, l'armurerie, l'agriculture, la chasse, la navigation, la médecine, les spectacles [1].

Dans tous les cas, on ne reconnaît aucune valeur particulière à l'œuvre d'art en soi, dans sa matérialité concrète. Elle peut être appréciée comme satisfaction d'un besoin, parce qu'elle conduit à la contemplation ou parce qu'elle exalte les capacités de l'homme. L'idée d'un rapport privilégié entre l'art, le plaisir et la beauté reste lointaine. Comme le souligne J. Huizinga :

> Ajoutons d'ailleurs que l'amour de l'art pour lui-même ne s'est pas développé par l'éveil du besoin de beauté, mais par la surabondance de la production artistique. Dans le trésor des princes et des nobles, les objets d'art s'accumulaient de manière à former des collections. Plus tard, ne servant plus à une destination pratique, ils furent peu à peu admirés comme objets de luxe et de curiosité ; ainsi est né le goût de l'art, qu'a développé la Renaissance [2].

Cette observation de Huizinga est fondamentale pour comprendre l'évolution des classifications entre le XVe et le XVIe siècle. Par ailleurs, il serait improductif de considérer les mondes du Moyen Âge et de la Renaissance comme des opposés. L'absence d'une théorie générale des arts invite au contraire à analyser l'évolution continue des discours sur les arts qui est liée par sa structure à de longues mutations socio-culturelles plutôt qu'à des révolutions imprévues. D'après Kristeller :

> La période de la Renaissance suscita plusieurs changements importants pour la situation culturelle et sociale des divers arts et prépara ainsi le terrain pour le développement ultérieur de la théorie esthétique. Mais contrairement à une opinion largement répandue,

1. Bonaventure, *De Reductione Artium ad Theologiam*, traduit par M. l'abbé Berthaumier, curé de Saint-Pallais, Paris, Louis Vivès, 1854 ; numérisation par Abbaye Saint Benoît de Port-Valais, 2005, http://www.abbaye-saint-benoit.ch/saints/bonaventure/divers/045.htm
2. J. Huizinga, *Herfsttij der middeleewen*, Haarlem, 1919 ; trad. fr. J. Bastin, *L'automne du Moyen Âge*, Paris, Payot, 1975, p. 305-306.

> la Renaissance n'a formulé ni un système des beaux-arts ni une théorie complète de l'esthétique [1].

D'une part, ce que nous pourrions qualifier par une tournure générique de « culture de l'art » naît entre la période de l'Humanisme et la Renaissance : les premières collections et les premières formes de marché sont constituées, les premières académies sont instituées, le statut de l'artiste prend forme. D'autre part, fleurit une riche production de traités sur les arts singuliers qui s'efforcent souvent d'étudier les relations entre certains d'entre eux (le cas du *Paragone* sera traité ultérieurement), mais sans parvenir à construire de théorie générale. Cependant, les tensions encyclopédiques ne disparaissent pas, et au contraire la renaissance au XVIe siècle du lullisme et ses élaborations (pensons à Agrippa ou Bruno) constitueront une des bases de l'organisation des savoirs que le XVIIe siècle offrira à l'époque moderne, en particulier Bacon [2]. Les exemples de répertoires d'ensemble des savoirs et des arts, y compris de nature philologique, ne manquent pas (nous en avons cité certains dans le chapitre précédent) : Laurent Valla (*Elegantiae linguae latinae*, 1444) ou Politien (*Panepistemon*, 1491), qui à son tour rappelle l'œuvre de Giorgio Valla, *De fugiendis ac expetendis rebus*, que Manuce publiera ensuite en 1501.

Il semble qu'en voulant adopter la distinction entre classifications macrocosmiques et microcosmiques, l'Humanisme et la Renaissance révèlent *in nuce* une nécessité d'isoler certaines pratiques sans avoir encore trouvé les instruments théoriques pour organiser l'ensemble des arts. La naissance des Académies peut peut-être éclairer ce passage où la théorie et la pratique présentent des rythmes différents. « La nouvelle conception de la position de l'artiste dans la société impliquait nécessairement une nouvelle conception de l'enseignement de l'art » [3]. Sans approfondir la question de l'existence réelle d'une *Académie Léonard de Vinci*, cette révolution dans l'enseignement des arts a comme présupposé une maxime de de Vinci : « Etudie d'abord la science, et la pratique née de cette science suit ». Presque cinquante ans seulement après la mort de Léonard (1516), grâce à Vasari, naît la première académie d'art au sens moderne. L'Académie du Dessin destinée aux peintres, aux sculpteurs et aux architectes naît sous la protection de Côme de Médicis, un prince, et de Michel-Ange, un artiste. « Le fait que

1. P. O. Kristeller, *Le Système moderne des arts : histoire de l'esthétique*, *op. cit.*, p. 31.
2. P. Rossi, *Francesco Bacone. Dalla magia alla scienza*, *op. cit.*, chapitre II, "Enciclopedismo e combinatoria nel Cinquecento", p. 63-102.
3. N. Pevsner, *Academies of Art. Past and Present*, Cambridge, Cambridge University Press, 1940 ; trad. fr. J. J. Bretou, *Les académies d'art*, Paris, G. Monfort, 1999, p. 55.

ses membres œuvraient à partir de matériaux variés, ce pour quoi ils avaient jusqu'alors relevé de corporations différentes, n'était plus un critère de classement parce qu'ils étaient tous concernés par le « *disegno* »[1]. Or, le terme *disegno* est polysémique[2]. Au moment de la naissance de l'Académie du Dessin, le terme a semblé univoque : il indique la pratique du dessin commune aux trois arts. Cependant, lors des réunions qui suivirent la naissance de l'Académie de Saint Luc, en 1593, la question de la définition du dessin était à l'ordre du jour, à l'initiative de Zuccari. Dans son œuvre principale, *L'Idea de' pittori, scultori ed architetti* (*L'Idée des peintres, des sculpteurs et des architectes*), le terme prend aussi le sens d'idée, signifiant finalement aussi bien le processus que l'objet (que nous pouvons qualifier de « mental ») de l'acte du dessin[3]. Il s'agit peut-être de la plus grande contribution que la Renaissance et le Maniérisme aient apportée à la classification au sens strict. Nous verrons par la suite l'amplitude du débat autour de la comparaison des arts[4]. En faisant un pas en arrière vers le *Paragone*, Benedetto Varchi fut le premier à s'intéresser plus que les autres au problème de l'organisation des arts. Dans la première dispute de la *Lezzione della maggioranza delle arti* (*Leçon sur la primauté des arts*), Varchi commence par s'interroger sur ce qu'est l'art, avant de pouvoir déterminer quel art est le plus

1. *Ibid.*, p. 60.
2. N.d. T : Dessin et dessein.
3. F. Zuccari, *L'idea de' pittori, scultori et architetti del Cavalier Federico Zuccaro*, Torino, Disserolio, 1607, inséré partiellement dans l'édition des *Trattati d'arte del Cinquecento* (*Traités d'art du XVIe siècle*), P. Barocchi, Bari, Laterza, 1960, vol. II, p. 2062-2118, p. 2066 : « Le *disegno* n'est pas une matière, ni un corps, ni l'accident d'une quelconque substance, mais c'est une forme, une idée, un ordre, une règle ou un objet de l'intellect, dans lequel sont exprimées les choses qui ont été entendues ; et cela se retrouve dans toutes les choses extérieures, aussi bien divines qu'humaines, comme nous l'énoncerons par la suite. En suivant maintenant la doctrine des philosophies, je dis que le *Disegno* interne est en général une idée et une forme dans l'intellect qui représente expressément et distinctement la chose entendue par celui-ci, qui est pourtant la fin et l'objet de celui-ci. Et pour mieux comprendre cette définition il faut observer que comme il existe deux sortes d'opérations, d'une part externes, comme celles de dessiner, de tracer des lignes, de former, de peindre, de sculpter, de fabriquer, et d'autre part internes, comme celles de comprendre, de vouloir, puisqu'il est nécessaire que toutes les opérations externes aient une fin [...] ainsi il est aussi nécessaire que les opérations internes aient une fin, pour qu'elles puissent également être achevées et parfaites ; cette fin n'est autre que la chose entendue ». A propos du rapport entre le dessin et l'idée et du rôle qu'il revêt pendant le Maniérisme, nous renvoyons à E. Panofsky, *Idea. Ein Beitrag zur Begriffgeschichte der älteren Kunsttheorie*, Leipzig-Berlin, Teubner, 1924 ; trad. fr. H. Joly, *Idea : contribution à l'histoire du concept de l'ancienne théorie de l'art*, Paris, Gallimard, 1989.
4. Pour un cadre général des classifications des arts visuels durant la période de la Renaissance (présentées dans les divers chapitres de cette première partie), nous renvoyons à C. J. Sarago, « The Classification of the Visual Arts in the Renaissance », *The Shapes of Knowledge from the Renaissance to the Enlightenment*, D. R. Kelley, R. H. Popkin (eds.), Archives Internationales d'Histoire des Idées, n° 124, Dordrecht, Springer, 1991.

noble. En répondant, il parcourt un nombre important de classifications des arts antiques sans apporter d'importante nouveauté, si ce n'est le fait de les entrecroiser les unes avec les autres pour parvenir graduellement à celles qu'il considère les plus nobles (la médecine et l'architecture) [1]. L'exemple de Varchi est déterminant, surtout pour comprendre que la Renaissance, du point de vue de la théorie de l'art, est un moment d'émergences et de passage entre un discours antique parvenu jusqu'au Moyen Âge, et un discours moderne en cours de définition.

Le rêve pansophique et encyclopédique ne s'arrête pas, mais parvient même jusqu'au XVIIe siècle en devenant une somme théorique. Au contraire, on pourrait envisager un parcours commençant en 1605 avec la publication en anglais de *The Advancement of Learning (Du progrès et de la promotion des savoirs)*, traversant ensuite l'école de Herborn, en particulier à travers les figures d'Alsted et de Comenius, ou l'œuvre d'Athanasius Kircher, pour aboutir enfin aux premiers écrits de Leibniz. Cela permettrait de comprendre le passage qui conduit du pansophisme à l'appréhension scientifique des savoirs au sens moderne, et d'instaurer les bases pour le nouveau programme encyclopédique du XVIIIe siècle.

Nous pouvons trouver chez Bacon les éléments clefs de ce parcours. La structure d'ensemble de son œuvre et le nouveau concept de science qu'il propose reflètent les exigences d'un monde en transformation, un monde qui devient plus « dynamique » et dans lequel le savoir technique acquiert une position sociale, économique et culturelle toujours plus centrale. A ce changement profond devait nécessairement correspondre une nouvelle idée d'encyclopédie abandonnant tout intérêt pour les « choses curieuses » des herbiers et des bestiaires médiévaux pour offrir au contraire une description ponctuelle des faits naturels. La science n'est plus pour Bacon l'apanage exclusif des érudits et n'a pas pour finalité la contemplation des vérités ultimes. Le savoir est au contraire un bien collectif et joue un rôle strictement fonctionnel dans le progrès de l'ensemble de la société. Le système du savoir est un tout homogène au sein duquel les sciences se soutiennent l'une l'autre. A partir de ce principe, Bacon réhabilite la fonction des arts mécaniques dont « le caractère de collaboration et de progressivité fournit [...] à Bacon un modèle dont il se sert d'une part pour comprendre les caractéristiques de la recherche technico-scientifique et pour la différencier de

1. B. Varchi, « *Lezzione* », *in* P. Barocchi (ed.), *Trattati d'arte del Cinquecento*, Bari, Laterza, 1960, vol. I, p. 2-82, notamment la première dispute, p. 5-33 ; trad. fr. (partielle) L. Fallay d'Este et N. Bauer dans *Le Paragone : le parallèle des arts*, Paris, Klincksieck, 2009, p. 96-116.

la magie, d'autre part pour évaluer l'ensemble du champ du savoir humain, dans tous ses domaines »[1]. Les arts mécaniques interagissent entre eux et sont caractérisés par un changement vital constant, par un développement libre de toute contrainte. Ces deux aspects seront déterminants pour Bacon dans la construction d'une classification des sciences. Ainsi, bien que Bacon ne présente pas ceux qui seront ensuite les beaux-arts comme un ensemble, sa classification constitue une vraie révolution car, pour la première fois, la hiérarchie des savoirs est annulée. D'après Rossi :

> L'édifice de la science, écrit Bacon, est symétrique, et en son sein les parties singulières se soutiennent l'une l'autre : la force des sciences singulières, comme celle du fagot du vieil homme des fables, ne se trouve pas en des rameaux singuliers, mais en un faisceau de toutes les branches. Aucune proposition scientifique n'a de valeur en soi, mais seulement en rapport à l'ensemble des propositions qui sont à la base d'une construction scientifique déterminée[2].

Puisque les sciences représentent les modalités à travers lesquelles l'homme se rapporte à la nature et au monde, la classification de Bacon se fonde sur une tripartition des facultés humaines[3]. « Les parties du savoir humain correspondent respectivement aux trois parties de l'entendement de l'homme, qui est le siège du savoir : l'histoire correspond à sa mémoire, la poésie à son imagination, et la philosophie à sa raison »[4]. Pour Bacon, toute l'organisation du savoir se déploie à partir de ce schéma fondamental. Il n'existe plus de division ni de hiérarchie entre théorie, praxis et production, comme le soutenait la tradition aristotélicienne millénaire. Il s'agit, en un certain sens, d'un présupposé pour la naissance de l'esthétique : on reconnaît à la poésie et aux arts mécaniques (y compris une partie de ceux qui deviendront les beaux-arts) une valeur gnoséologique et la possibilité d'interaction avec d'autres savoirs.

Trois œuvres des premières décennies du XVIIe siècle nous permettent d'identifier les thèmes clefs de l'encyclopédisme du siècle. La première est celle de Goclénius, le *Lexicon Philosophicum* apparu en 1607. La seconde est celle de l'abbé Pierre Grégoire, le *Syntaxeon artis mirabilis* (1610), et la troisième est celle d'Alsted,

1. P. Rossi, *Francesco Bacone. Dalla magia alla scienza, op. cit.*, p. 94-95.
2. *Ibid.*, p. 185.
3. A propos de la classification des savoirs chez Bacon, nous renvoyons à S. Kusukawa : « Bacon's classification of knowledge », *in* M. Peltonen (ed.), *The Cambridge Companion to Bacon*, Cambridge, Cambridge University Press, 1996.
4. F. Bacon, *Du progrès et de la promotion des savoirs*, trad. fr. M. Le Dœuff, Paris, Gallimard, 1991, p. 89.

le *Trigae canonicae* (1612), suivi de l'*Encyclopedia* publiée à Herborn en 1630 [1]. Ces travaux d'ampleur mériteraient d'être analysés attentivement, non seulement parce qu'ils renvoient un reflet heureux de leur temps, mais aussi parce qu'ils proposent des développements stimulants sur des questions spécifiques (citons celles qui ont la plus grande portée esthétique : le rôle des images, la mnémotechnique, la magie, les structures rhétoriques, les relations entre les arts et les sciences). Les trois traités sont étroitement liés : par exemple, Alsted, comme Bruno, Cicéron et Lulle, voit dans le *Syntaxeon* une des œuvres de référence de son travail (qui est aussi un indice du succès immédiat du texte de Grégoire), et il est presque certain qu'Alsted connaissait Goclénius, son contemporain et son compatriote. Mais, au-delà de ce réseau d'influences réciproques difficile à démêler, le problème principal réside dans le fait que les critères de classification adoptés dans ces œuvres sont toujours articulés de manière complexe. Dans le *Lexicon* de Goclénius, au moins trois classifications sont à l'œuvre (elles sont à vrai dire peu originales : la classification entre les arts purs et les arts mécaniques, entre les arts principaux et les arts subordonnés, entre les arts productifs et les arts instrumentaux), toujours au sein d'un système d'ensemble du savoir [2]. En outre, tout le premier tome du *Syntaxeon* (chapitres I à VII) de Pierre Grégoire est dédié aux critères de distinction et de ressemblance, qui instaurent les bases méthodologiques du discours [3]. Foucault, par exemple,

1. Dans l'ensemble, presque toute la production d'Alsted peut être lue en un sens encyclopédique. Rappelons au moins trois œuvres : l'essentiel *Systema mnemonicum* (Prostat, 1610), l'*Artium liberalium, ac facultatum omnium systema mnemonicum de modo discendi* (Prostat, 1610) et le *Teatrum scholasticum* (Herborn, 1610).
2. R. Goclénius, *Lexicon Philosophicum quo tanquam clave philosophiae fores aperiuntur. Lexicon Philosophicum Graecum*, Hildesheim, New York, Georg Olms Verla, 1980 (réédition anastatique de l'édition du *Lexicon Philosophicum*, Francfort, 1613 et de l'édition du *Lexicon Graecum*, Marburg, 1615). Nous renvoyons en particulier à l'entrée « Ars », p. 125-126.
3. Il est très difficile de consulter le texte, c'est pourquoi il nous semble opportun de rapporter l'exorde du *Syntaxeon*, le chapitre I du livre I intitulé précisément « De cognitione distinctionis », où Grégoire commence immédiatement le réseau de distinction qui marquera tout son traité. « Duae sunt cognoscendi species, quibus, veluti lumine quodam praelucente, abdita et incognita manifesta fiunt. Atque in summa, omnis cognitio erit vel divina, vel humana. Divina est, quae a divino numine fluit vel mediate, vel immediate. Mediate illa est fluens, quae est ad nos delata per Angelos sive bonos, seu malos : per Prophetas, per Sacramenta, per reuleationes : quae quidem fiunt per mysteria, insomnia, per visiones. Porro visionum aliae sunt sensibiles, aliae imaginariae, aliae intellectuales. Sensibles sunt, quando aliquid videtur exterius, et intelligitur significatum eius : sicuti dum Daniel vidit inscribi parieti ab Angelo, Mane, Thetel, Phares, et mysterium intellexit. In prophetia Danielis. Imaginariae, quando in vis imaginativa formantur imagines virtute divina, ad aliquid significandum occultum : ut quando Daniel vidit quatuor animalia ascendentia de mari, et mysterium agnovit. Daniel 7. Intellectuales sunt, quando fine imaginibus et figuris visiones apparent. Immediate fluens a Deo cognitio, est illa quae infundiatur Angelis superioris ordinis, Prophetis : Lex a Deo Moysi in monte Sinai concessa : et Evangelium ab ore Dei Domini nostri Iesu Christi traditum. Potestque huiusmodi dici,

cite Grégoire pour illustrer dans quelle mesure « la trame sémantique de la ressemblance au XVI e siècle est fort riche » [1]. Dans le deuxième tome en revanche se dessine une véritable classification des arts dont la qualité est de ne pas les figer dans une hiérarchie (le présupposé étant toujours que Dieu est la fin ultime de la connaissance) et de proposer un groupe d'arts assez complet [2]. En outre, il faut souligner deux faits importants pour les « beaux-arts » : l'autonomie de la peinture et, bien qu'elle soit indiquée dans la catégorie de la peinture, la reconnaissance de la sculpture en fonction de son usage de matériaux différents. Dans les trente-cinq livres de l'encyclopédie de 1630, Alsted présente la totalité du système des savoirs de son temps [3]. Si dans les premiers livres dédiés aux arts libéraux sont présents, comme d'habitude, la rhétorique, l'art oratoire et la musique, parmi les dix derniers, trois sont dédiés aux arts mécaniques et les sept livres restants se rapportent à des disciplines supplémentaires, parmi lesquelles l'architecture. Il est néanmoins peut-être possible de parvenir à une réelle compréhension de la structure de la réflexion d'Alsted grâce au premier livre auquel nous avons fait allusion, le *Trigae canonicae* qui la présente à travers

ratio et vis intelligendi insita animae : de qua scriptum, Signatum est super nos lumen vultus tui, Domine. Humana autem cognitio vel est Naturalis, vel Rationalis. Naturalis illa, cuius et partecipia animalia bruta vel ex insita vi vel ex sensuali notione. Nam insita, et veluti conatavi, omnia animalia fere, sibi contraria, utilia et propria norunt. Sensualisque notio per sensus, et obiecta illis oblata, facile accedit : ut per auditum, visum, gustum, odoratum, tactum. Rationalis illa est, quae solius est hominis. Et haec nascitur, vel accedit aut ex propria vi intellectuali indita animali : vel ex discursu, et actione rationis : vel ex observatione, sive experietia, inquisitione et collatione rationabili rerum, causarum, temporum, actorum, ende et praesagia et alia : vel ex praeceptis artificium : vel ex disciplina, et institutione peritorum ».

1. M. Foucault, *Les mots et les choses*, Paris, Gallimard, 1966, p. 32.

2. Nous proposons un schéma des thèmes abordés dans le second tome. Livre VIII : l'Astrologie, livre IX : l'Origine de l'homme, livre X : la Métaphysique, livre XI : la Physique, livre XII : les Disciplines mathématiques, la musique en particulier, livre XIII : la Géométrie, livre XIV : l'Optique, livre XV : l'Arithmétique, livre XVI : la Grammaire, livre XVII : la Dialectique, livre XVIII : le Geste et la voix en rhétorique, livre XIX : la Poétique, livre XX : l'Histoire, livre XXI : la Politique et le droit, livre XXII : l'Ethique, livre XXIII : l'Economie, livre XXIV : les Arts mécaniques (la mécanique, l'art de la laine, la manufacture), livre XXV : l'Art militaire, livre XXVI : la Navigation, livre XXVII : l'Agriculture, livre XXVIII : la Médecine, livre XXIX : la Chasse, livre XXX : l'Architecture, livre XXXI : la Peinture (qui comprend la sculpture, l'art plastique, la fabrication des pièces de monnaie, le travail du métal), livre XXXII : la Psychologie, livre XXXIII : la Zoologie, livre XXXIV : la Botanique, livre XXXV : la Physique astronomique, la géographie, la météorologie. Le traité s'achève par cinq livres dédiés respectivement aux mélanges des éléments dans la nature, aux métaux, aux matériaux, à la justice et aux vices.

3. Pour une présentation générale du projet d'Alsted, nous renvoyons à C. Vasoli, *L'enciclopedismo del Seicento*, Naples, Bibliopolis, 1978, 2005, p. 21-29 et à P. Rossi, *Francesco Bacone. Dalla magia alla scienza*, *op. cit.*, p. 199-203.

l'organisation des arts *memorativae*[1] (la logique, la médecine, la rhétorique et la topique[2]) et des arts *lullianae* (la théologie en tant qu'*ars generalis ultima*). La référence à Lulle permet d'identifier un double niveau dans l'encyclopédie : celui des principes, des prérequis de toutes les disciplines, et celui des disciplines elles-mêmes. Si, comme pour Lulle, les éléments simples sont les fondements mêmes de la réalité, nous remarquons aussi chez Alsted la superposition entre l'*ordo doctrinae* et l'*ordo naturae*, en raison de laquelle, dans l'Encyclopédie, « l'organisation formelle des contenus des arts correspond à la hiérarchie des essences du monde naturel, de sorte que la *dispositio* des concepts scientifiques se superpose comme un *ordo methodicus* à la méthode démonstrative »[3]. Le projet d'Alsted, qui sera poursuivi par son élève Comenius[4], est donc celui de constituer une *méthode* et un *organe* unique de connaissance utile à l'analyse des disciplines et des arts dans leur spécificité mais selon l'unique dessein suprême de la volonté divine. La division du savoir en six grands ensembles doit être insérée dans cet ordre général : philologie, philosophie, théologie, droit, médecine et arts non libéraux. Comme le rappelle Rossi : « La séparation rigide entre les sciences n'est que provisoire ; cette forêt touffue pourra s'avérer être la ramification ordonnée d'un unique arbre »[5]. Leibniz sera lui aussi confronté, à plusieurs reprises, à une exigence semblable. Son œuvre de jeunesse, *Nova Methodus discendae docendaeque Jurisprudentiae*[6] (1666), est marquée par la tradition encyclopédique née avec Bacon. Il y a toutefois une différence

1. J. H. Alsted, *Trigae canonicae*, Francfort, 1612, p. 1 : « Mnemologica est ars tradens sensualia instrumenta ediscendi : eodenque sensu Mnemonica dicta est ».

2. *Ibid.*, p. 5 : « Ars mnemologica topica est, quae tradit instrumenta externa aliquid ediscendi ».

3. F. Luisetti, *Plus Ultra. Enciclopedismo barocco e modernità*, Turin, Trauben, 2001, p. 47.

4. J. Amos Komensky effectua une partie importante de sa formation à Herborn. Son projet encyclopédique et pansophique se basa sur la conviction selon laquelle une réforme générale du savoir et une unité retrouvée des sciences pouvaient libérer le monde du vice et de la corruption, rétablir l'harmonie et fonder une société profondément chrétienne (projet explicite de sa *Didactica magna*). S'il hérite donc d'Alsted l'idée d'une méthode unique et universelle, son œuvre est profondément influencée par Bacon, notamment dans la nécessité de construire un inventaire du savoir capable de refonder les classifications scientifiques et de constituer une base pour des développements futurs. Un tel inventaire ne pouvait qu'être construit avec un esprit de collaboration entre tous les hommes unis dans la recherche de la vérité. (Nous renvoyons aussi, pour une première approche bibliographique sur Comenius, à C. Vasoli, *L'enciclopedismo del Seicento*, *op. cit.*, p. 29-38, et à la Note Bibliographique de M. Fattori dans l'édition italienne des *Opere* de Comenius, Turin, UTET, 1974).

5. P. Rossi, *Francesco Bacone. Dalla magia alla scienza*, *op. cit.*, p. 202.

6. G. W. Leibniz, « Nova Methodus discendae docendaeque Jurisprudentias », *Philosophische Schriften*, herausgegeben von der Preuss. Akad. Der Wissenschaften, Sechste Reihe, I Bd, 1663-1667, Darmastadt, 1930, p. 257-364.

profonde : Leibniz est déjà conscient du fait que les sciences naturelles et les arts mécaniques ont changé l'horizon entier de la culture, et dans cette optique il sent la nécessité d'un renouvellement du droit en particulier, et des sciences humaines en général, car, comme Bacon ou Alsted, il considère que toutes les disciplines doivent être liées entre elles dans le système du savoir. Cette perspective coïncide avec un programme de renouvellement éthique qui se traduisait d'une part dans une réforme de l'enseignement du droit, et reflétait d'autre part le désir d'une correspondance entre l'ordre des sciences et l'ordre cosmique. De cette manière Leibniz propose une classification fondée surtout sur la distinction entre dispositions de l'âme et du corps. En ce qui concerne le parcours d'autonomisation des beaux-arts, Leibniz n'a pas beaucoup à ajouter, si ce n'est peut-être un élément. En classant ensuite les *habitus corporis*, il place la peinture et la sculpture parmi les arts qui produisent d'eux-mêmes leurs propres œuvres en transformant la nature, en les distinguant de celles qui opèrent *dans la nature*, agissant à l'intérieur des processus naturels, comme l'agriculture ou la médecine. Mais il est plus intéressant de voir que Leibniz construit un pont entre le XVII e et le XVIII e siècle, puisque, clairement conscient de l'achèvement d'une révolution de la connaissance, il conserve pour les savoirs appliqués un intérêt prononcé, par ailleurs central dans la réflexion de Bacon [1].

Les exigences de la culture traditionnelle et celles d'un monde nouveau se rencontrent dans les encyclopédies du XVII e siècle dans lesquelles nous trouvons à la fois l'émergence de l'appréhension scientifique et une sorte d'explosion des savoirs. Les encyclopédies baroques sont les dernières tentatives, grandioses et vertigineuses, d'unifier toutes les disciplines et toutes les connaissances. Après elles, au XVIII e siècle, les encyclopédies deviendront un outil pour se repérer, une fois admise l'idée que l'omniscience est un rêve passé. La position des arts peut être considérée comme symptomatique de ce changement.

1. G. W. Leibniz, « Discours touchant la méthode de la certitude et l'art d'inventer pour finir les disputes et pour faire en peu de temps de grands progrès », *Philosophischen Schriften*, heraugegeben von C. DJ. Gerhardtn Siebenter Band, Berlin 1890 ; Hildesheim, New York, Georg Olms, 1978, p. 174-183 : « Il n'y a point d'art mécanique si petit et si méprisable qui ne puisse fournir quelques observations ou considérations remarquables, et toutes les professions ont certaines adresses ingénues dont il n'est pas aisé de s'aviser et qui néanmoins peuvent servir à des conséquences bien plus relevées » (p. 181). Mais dans le même texte Leibniz ne semble pas très intéressé par les beaux-arts et lorsqu'il parle des arts mécaniques, il y pense évidemment comme à des arts dans lesquels sont appliqués les progrès de la physique et des mathématiques. Il écrit dans la partie introductive : « Je ne dirai rien de l'éloquence, de la poésie, de la peinture et des autres arts d'embellissement, ni de la science militaire et de toutes celles qui apprennent aux hommes à faire du mal, qui avancent avec tant de succès, qu'il serait à souhaiter que les sciences du réel et du salutaire pussent suivre celles du fard et du nuisible » (p. 175).

Ce passage peut être mieux expliqué grâce à deux éléments qui seront des références pour l'*Encyclopédie*. Le premier est encore une fois emprunté à Bacon. Rossi synthétise ainsi l'importance de cette influence :

> Cette réforme du concept, de la pratique et des idéaux de la science est sans aucun doute la contribution la plus significative que la pensée de Bacon ait offerte à la culture européenne. C'est seulement en gardant à l'esprit le poids exercé par l'attitude de Bacon que l'on peut se rendre compte des origines précises du « devoir » ou de la « fonction » que les encyclopédistes conférèrent à l'homme de culture. Lorsqu'ils « s'adressaient aux artisans de France » et qu'ils se rendaient dans les laboratoires pour interroger les techniciens et les ouvriers « en écrivant sous leur dictée », et cherchaient ensuite à définir avec exactitude les termes, les méthodes et les procédés propres aux différents arts pour les insérer dans un corpus organisé et systématique de connaissances, et qu'ils participaient aux polémiques en faveur d'un travail continuellement éclairé par la conscience de principes théoriques qui en sont à la base et en faveur d'une recherche scientifique capable de donner lieu à des applications pratiques et de se reconvertir en « œuvres », les encyclopédistes se positionnaient, consciemment, comme les héritiers et les continuateurs de la réforme initiée par Bacon. Du reste, la protestation de D'Alembert contre la « supériorité des arts libéraux » et son programme d'une histoire des arts en tant qu'« histoire des usages faits par les hommes des productions de la nature afin de satisfaire leurs besoins et leur curiosité » faisaient explicitement référence à l'évaluation baconienne des arts mécaniques [1].

Ce sera en ce sens que Bacon deviendra une référence centrale pour Diderot dans l'entrée « Art » de l'*Encyclopédie*.

Quoique cette dernière nous informe peu sur le statut des beaux-arts, elle nous offre toutefois plusieurs éléments qui nous permettent de reconnaître les termes du débat auquel participe Batteux (malgré la froideur de son rapport aux encyclopédistes en général, et à Diderot en particulier [2]) et donc d'en déterminer la fonction. Diderot définit immédiatement la relation entre l'art et la science :

> Ces points de réunion de nos différentes réflexions ont reçu les dénominations de *Science* et d'*Art*, selon la nature de leurs objets *formels*, comme disent les Logiciens. Si l'objet s'exécute, la collection & la disposition technique des règles selon lesquelles il s'exécute, s'appellent *Art*. Si l'objet est contemplé seulement sous différentes faces, la collection & la disposition technique des observations relatives à cet objet s'appellent *Science* [3].

1. P. Rossi, *Francesco Bacone. Dalla magia alla scienza*, *op. cit.*, p. 122.

2. Il suffit de penser au ton polémique qu'emploie Diderot en s'adressant à Batteux dans sa *Lettre sur les sourds et muets*.

3. D. Diderot, *Encyclopédie, ou Dictionnaire raisonné des sciences, des arts et des métiers, par une Société de gens de lettres*, Paris, Briasson, 1751, t. 1, p. 714.

A partir de cette distinction, l'absence d'une hiérarchie entre les sciences et les arts est plutôt évidente. Tous les arts ont une théorie et une pratique, et tous se fondent sur des raisonnements élevés et complexes, comme les sciences. Cette position devient encore plus explicite dans la distinction entre les arts libéraux et les arts mécaniques. Diderot critique la hiérarchie entre les deux classes et cite Bacon pour mettre en évidence l'égale dignité de l'étude des arts mécaniques. « Bacon regardait l'histoire des *Arts mécaniques* comme la branche la plus importante de la vraie Philosophie ; il n'avait donc garde d'en mépriser la pratique » [1].

L'entrée « Art, Arts libéraux » de Marmontel, dans le premier volume du *Supplément* (1776), a un caractère très différent. Après avoir distingué les arts utiles et les arts du plaisir, l'auteur reprend la distinction entre les arts libéraux et les arts mécaniques, mais à l'aide d'une variation significative, qui offre au lecteur une idée assez précise des conclusions de Batteux et de l'influence qu'il a exercée. Les arts libéraux s'assimilent aux arts du plaisir. Pour Marmontel les arts libéraux sont l'éloquence, la poésie, la musique, la peinture, la sculpture, l'architecture et la gravure. D'autres distinctions sont possibles entre ces arts : certains s'adressent principalement à l'âme, d'autres aux sens, certains emploient des signes artificiels, d'autres des signes naturels, d'autres encore n'utilisent pas de signes mais l'apparence même des objets, certains sont des arts d'imitation, d'autres non, ou imitent par ressemblance ou par analogie (la musique par exemple). En somme, la tentative de Batteux de les unifier sous un même principe semble échouer [2] face à l'exigence de Marmontel de synthétiser les termes du débat en cours.

Le deuxième épisode historique significatif précédant de quelques années l'*Encyclopédie* est la *Cyclopedia* de Chambers, dont la première édition date de 1728. En 1745 commence le projet de traduction de l'œuvre de Chambers, dans le cercle de l'éditeur parisien Le Breton. Après plusieurs épisodes, au milieu de l'année 1746 Diderot et D'Alembert deviennent les conseillers du projet avant d'en devenir en 1747 les co-directeurs. Mais en 1748 le projet s'élargit, la *Cyclopedia* paraît trop limitée, l'idée d'une *Encyclopédie* plus vaste naît. De notre point de vue, la nécessité d'un tel élargissement semble claire : le système des savoirs présenté dans l'introduction de la *Cyclopedia* ne s'occupe pratiquement pas des arts, à l'exception de la poésie, tandis qu'il organise les sciences naturelles

1. *Ibid.*
2. D. Diderot, *Encyclopédie, op. cit.*, p. 218-219.

avec une extrême attention [1]. Grâce à cette comparaison, il est possible de mieux cerner la nouveauté de l'*Encyclopédie*. Il semble presque que les raisons pour lesquelles la voix de Diderot sur les arts fut longuement négligée par l'esthétique soient les mêmes que celles qui permettent d'en cerner l'ouverture dans le cadre de l'étude des arts. L'esthétique sera intégrée dans des schémas scientifiques afin de traiter des arts, comme par exemple dans la *Chrestomathia* [2] de Bentham ou chez Coleridge qui, après avoir divisé les arts en arts purs, mixtes et appliqués, ne parlera jamais d'art mais de théorie des beaux-arts à propos de ces derniers [3]. Certes, il est curieux de remarquer la place qu'occupe l'esthétique dans le schéma de Bentham : conçue comme la science qui étudie le goût, elle est précédée de la ramification eudémonisme-idioscopie-pneumatologie-pathoscopie-haplopathoscopie. Elle est finalement incluse dans cette dernière catégorie, en renvoyant à son rapport complexe à la physiologie au XVIIIe siècle. L'*Encyclopédie* établit ainsi le passage des classifications macrocosmiques aux classifications microcosmiques, et l'impossibilité d'élaborer un discours unique sur les diverses pratiques humaines. Pour cette raison, à partir du XIXe siècle, la distinction entre classifications et systèmes peut sembler forcée, si ce n'est même arbitraire. Nous croyons toutefois utile de conserver cette différence : tandis que le système permet d'identifier un ensemble homogène autour de propriétés communes, la classification tend à établir des différences au sein d'un ensemble déjà constitué.

Le jugement de Croce sur les nombreuses classifications des auteurs allemands de l'Ecole de Schelling et d'Hegel n'est pas tendre : « A quoi bon encombrer une histoire générale de l'esthétique [...] avec les théories des Krause, des Trahndorff, des Weisse, des Deutinger, des Oersted, des Zeising, des Eckardt, et de tant d'autres fabricants de manuels et de systèmes? » [4]. Les critiques de Croce, bien qu'elles soient plus nuancées, n'épargneront pas non plus Herbart (qui « nous donne un mysticisme absurde, compassé, infécond, privé de tout souffle artistique » [5]).

1. E. Chambers, *Cyclopedia : or, an Universal Dictionary of Arts and Sciences*, Londres, 1728. Nous proposons, à la fin de ce chapitre, la table des sciences de Chambers afin de fournir au lecteur un élément de comparaison.

2. J. Bentham, *Chrestomathia*, Oxford, Clarendon Press, 1983.

3. Pour un schéma plus exhaustif des classifications de Bentham et Coleridge, nous renvoyons à R. Flint, *Philosophy as Scientia Scientiarum and a History of Classifications of the Sciences*, Edimbourg et Londres, William Blackwood and Son, 1904, p. 162-166.

4. B. Croce, *Esthétique comme science de l'expression et linguistique générale*, trad. fr. H. Bigot, Paris, V. Giard et E. Brière, 1904, p. 334.

5. *Ibid.*, p. 310. Carole Maigné souligne très justement comment Croce mitigera par la suite son jugement sur Herbart (*Cf.* B. Croce, « L'état présent de la critique et de l'histoire des arts figuratifs » (1919), trad. fr.

Les opinions de Croce, souvent tranchantes, doivent évidemment être comprises à l'intérieur d'une histoire de l'esthétique élaborée en fonction de sa théorie esthétique. À nos yeux, elles semblent assez réductives, pour au moins trois raisons. La première est que parmi les auteurs de tradition schellingienne et hégélienne, à côté de reformulations du système hégélien des beaux-arts, on peut parfois trouver quelques ouvertures inattendues à la psychophysiologie de la sensation ou aux sciences de la vie pour penser les relations entre les arts. La deuxième raison est que le XIXe siècle allemand est traversé par un magma hétérogène dans lequel sciences de la nature et sciences de l'esprit se croisent constamment pour dépasser tant le kantisme que les hégélianismes et pour refonder une science rigoureuse de la connaissance. Dans cette perspective générale, les phénomènes esthétiques (sensation, perception et sentiment surtout) occupent une place privilégiée. Dans un réseau complexe d'héritages et d'objectifs, des tensions différentes et apparemment contradictoires se tressent : le formalisme et le spiritualisme de Lotze, le positivisme et la religiosité de Bolzano ou de Theodor Vischer, l'expérimentalisme et le mysticisme de Fechner [1]. La troisième raison, qui est peut-être la plus évidente, est que bien au-delà des auteurs schellingiens et hégéliens, dans l'esthétique allemande du XIXe siècle commence à prendre forme un noyau formaliste et expérimental qui, d'une certaine manière, aboutira au projet d'une science générale de l'art.

Un regard rapide sur ce moment peut donc révéler les raisons de l'épuisement des classifications au début du XXe siècle, ainsi que certains éléments "préparatoires" à la *Kunstwissenschaft* et à la réflexion systémique sur les concepts fondamentaux de la science de l'art.

La classification de Johann Friedrich Herbart [2], successeur de Kant à la chaire de philosophie de Königsberg et pionnier du formalisme, exemplifie très

G. Tiberghien dans *Essais d'esthétique*, Paris, Gallimard, 1991). *Cf.* C. Maigné, *Forme, formalisme, science de la forme*, dans C. Maigné (éd.), *Formalisme esthétique. Prague et Vienne au XIXe siècle*, Paris, Vrin, 2012, p. 7-51, p. 8. Nous renvoyons à cette introduction pour une reconstruction ponctuelle du formalisme esthétique issu de Bolzano et de Herbart.

1. Fechner ne proposera pas une classification des arts car son esthétique est concentrée sur les principes psychophysiologiques qui règlent les phénomènes esthétiques. En revanche, il avance une comparaison entre la poésie et la peinture sur la base du principe d'association qu'il considère comme un des principes fondamentaux de l'esthétique expérimentale (*cf.* G. Fechner, *Vorschule der Ästhetik*, Leipzig, Breitkopf & Härtel, 1876, chap. XI, p. 136-149).

2. Nous renvoyons à J. F. Herbart, *Lehrbuch zur Einleitung in die Philosophie* (1813 [1], 1837 [4]), éd. W. Henckmann, Hamburg, Meiner, 1993 ; trad. fr. partielle de C. Maigné, « Manuel d'introduction à la philosophie. Troisième partie : introduction à l'esthétique ; particulièrement en sa partie la plus importante, la philosophie pratique », dans C. Maigné (éd.), *Formalisme esthétique. Prague et Vienne au XIXe siècle*, *op. cit.*, p. 79-114. B. Croce,

justement ce caractère. Le critère sur lequel est fondé sa classification est la modalité de présentation des œuvres d'art en relation avec les modalités de réception, critère qui pousse Herbart à reprendre la distinction de Lessing entre les arts de la simultanéité et les arts de la succession :

> Les rapports esthétiques élémentaires se divisent en deux catégories principales : leurs termes sont soit simultanés, soit successifs. Ceci se reconnaît très facilement dans la différence entre harmonie et mélodie, la musique montrant très clairement que les entrelacements artistiques les plus riches peuvent naître, quand plusieurs séries du beau successif (plusieurs voix mélodiques) se développent de concert, au point de répondre progressivement aux exigences de l'harmonie. On trouve le beau simultané principalement dans l'espace, dans la peinture, les arts plastiques, et les objets de la nature qui lui correspondent ; il n'y a pas que la musique qui y participe, au nom de l'harmonie, mais aussi la poésie. L'art dramatique le montre très clairement : plusieurs acteurs ne parlent certes pas tous en même temps, mais se retrouvent tous sur scène, illustrant leurs caractères et leurs intentions. Le spatial accepte cependant aussi le mouvement, et même la succession, comme dans les arts mimétiques. Il faudrait ici distinguer plus avant entre la suspension du temps dans un processus continu et le regroupement de ce qui est simultanément donné à voir. En poésie règne le beau successif. La poésie dépeint les sensations en mouvement, les caractères en action et les situations elles-mêmes comme n'étant pas absolument immobiles. Dans sa présentation du simultané, elle reste en retrait par rapport à la peinture et aux arts plastiques. La durée du temps qu'elle remplit par ses œuvres la place par contre devant tous les autres arts. Une difficulté se fait jour, celle d'indiquer avec fermeté les rapports esthétiques dont les membres sont trop éloignés temporellement [1].

Successif et simultané, temporel et spatial fonctionnent ici comme des polarités toujours actives dans toute œuvre d'art [2]. Comme chez Lessing, peut-être plus que chez Lessing, la classification en soi n'a pas d'importance pour Herbart :

qui lit le *Lehrbuch* dans l'édition de *Sämtliche Werke* de G. Hartenstein de 1850, synthétise ainsi la classification de Herbart : « Herbart conservait les deux groupes lessingiens des arts *simultanés* et des arts *successifs*, ajoutant que les premiers sont ceux "qui se laissent apercevoir de tous les côtés", et les seconds ceux "qui ne permettent pas l'exploration complète, et restant comme dans la pénombre". Le premier groupe est constitué par l'architecture, par la plastique, par la musique d'église et par la poésie classique. Le second par le beau jardinage, par la peinture, par la musique d'agrément, et par la poésie romantique » (*Esthétique comme science de l'expression et linguistique générale*, *op. cit.*, p. 454). Cette synthèse est reprise par B. Bosanquet (*A History of Aesthetic*, Londres, S. Sonnenschein & Co., 1892, p. 371-372) et ensuite, via Bosanquet, par Th. Munro, (*The Arts and their interrelations*, *op. cit.*, p. 160).

1. J. F. Herbart, *Manuel d'introduction à la philosophie*, *op. cit.*, p. 91.

2. « De même que le spatial relève du successif, le temporel est souvent pensé de manière spatiale, et jugé à cette aune. A la fin de toute présentation (*Darstellung*) des arts progressant successivement, un tout flotte devant nous, dont les parties doivent posséder une sorte de proportion spatiale, bien que nous ne soyons que graduellement parvenus à connaître ces parties ». (J. F. Herbart, *Manuel d'introduction à la philosophie*, *op. cit.*, p. 94).

ce qui compte est la reconnaissance d'une tension formelle de tout phénomène artistique tant du côté de l'objet et des ses modalité de présentation que du côté du spectateur et du jugement objectif du beau. La poésie occupe une place exemplaire dans l'analyse herbartienne, les genres comme les pratiques artistiques suivent le développement des formes, en modifiant constamment les frontières : « Les genres de la poésie et aussi de manière analogue les genres des arts existants, se mêlent les uns les autres, si bien qu'il est difficile d'entreprendre de poser des limites fixes à la multiplicité des formes artistiques » [1].

L'autre source de l'esthétique formaliste du XIXe siècle est certainement la réflexion de Bernard Bolzano. Les deux textes principaux que Bolzano consacre à l'esthétique ont pour objet le beau (*Vom Begriff des Schönen* [2] de 1843) et la classification des arts (*Über die Einteilung der schönen Künste* [3] de 1849). Ces deux textes doivent être lus, en quelque sorte, dans le cadre d'un effort plus large de Bolzano de clarifier les fondements de l'esthétique, dépassant à la fois l'analytique de la faculté de juger esthétique de Kant et les obscurités du romantisme. Le point de départ de la classification de son traité posthume trace une véritable ontologie de l'œuvre d'art. Pour Bolzano l'art est, avant d'être un produit, une activité libre et intentionnelle finalisée au beau et les œuvres d'art ne sont rien d'autre que les productions d'une telle activité. Les œuvres sont donc le résultat de l'activité de l'artiste qui « possède l'aptitude à produire par son activité libre et intentionnelle des objets dépendant avec certitude du concept du beau, de telle manière que leurs belles qualités sont la conséquence directe du procédé de production » [4]. Le rôle central conféré à l'activité de l'artiste implique que les propriétés artistiques sont à chercher moins dans l'objet produit que dans la production, en particulier sa durée, et dans l'activité de réception et la communication qu'elle engage. Les œuvres sont donc causées par l'activité de l'artiste et causes de l'activité du spectateur. Pour cette raison, la matérialité de l'objet artistique n'est pas une nécessité intrinsèque mais plutôt une modalité de présentation de l'activité artistique qui peut s'adresser tant aux sens internes (donc à la pensée) qu'aux sens externes. Dans les dernières pages

1. *Ibid.*, p. 104.
2. B. Bolzano, *Abhandlungen zur Ästhetik. Über den Begriff des Schönen. Eine philoso phische Abhandlung*, Prague, Borrosch et André, 1843.
3. B. Bolzano, *Über die Einteilung der schönen Künste*, Prague, J. G. Calve-Gottlieb Haase, 1849.
4. *Ibid.*, § 2, p. 5. Cité par E. Utitz, « Bernard Bolzano Ästhetik », *Deutsche Arbeit*, VIII, 1908, p. 89-94, trad. fr. de M. Theinhardt, « L'esthétique de Bernard Bolzano », dans C. Maigné (éd.), *Formalisme esthétique. Prague et Vienne au XIXe siècle, op. cit.*, p. 267-277, p. 274.

du traité [1], Bolzano résume ainsi sa classification : d'une part les arts du sens interne ou arts de la simple pensée, de l'autre les arts des sens externes. Ces derniers sont articulés en six catégories : les arts pour l'oreille, les arts pour l'oreille associés à la pensée, les arts pour l'œil, les arts pour l'œil et la pensée, les arts pour l'oreille et pour l'œil et enfin les arts pour l'œil, l'oreille et la pensée. Cette division peut sembler forcée, même si elle offre certains avantages heuristiques dans la combinatoire des arts. Au-delà du schématisme de la classification, sens internes et sens externes convergent vers un point commun, nos représentations mentales. L'activité artistique et la réception des œuvres sont essentiellement cognitives et toutes les facultés (intuition, mémoire, imagination, entendement, jugement et raison) y participent [2].

Dans son ouvrage principal d'esthétique, Deutinger, après avoir reconnu que l'opposition de l'espace et du temps permet de subdiviser l'art en arts singuliers, cherche à établir un parallèle étroit entre la nature subdivisée en quatre règnes et l'art :

> Tout comme la nature se divise en quatre domaines d'après une loi qui lui est intrinsèque et justifiant de cette classification, de la même manière, l'art doit être ordonné selon quatre niveaux en fonction de ses possibilités d'expression, lui qui doit s'en tenir à l'unité des apparitions de la nature qui s'exprime dans ces lois naturelles, afin de jouir d'une matière contraire à l'esprit créateur et achevée en soi [3].

Parmi les quatre règnes (élémentaire, minéral, végétal et animal), les deux premiers sont déterminés principalement de façon spatiale, tandis que les deux autres le sont de façon temporelle. Quatre lois règlent ces règnes : la gravitation, l'extension, la structure et la transformation temporelle. La classification de Deutinger s'articule autour de ces critères ; il est possible d'y découvrir les étapes d'une annulation progressive de la matière dans l'art, une libération par rapport à l'extérieur. L'architecture tente de dépasser la gravité ; la sculpture est tournée vers l'extension (« Cette corporéité n'est plus seulement une prolongation du corps, mais le corps au service de l'esprit, qui apparaît effectivement encore comme une prolongation. » [4]) ; la peinture effectue un rapprochement vers l'intérieur libéré de l'extension et la musique représente ce dépassement de

1. B. Bolzano, *Über die Einteilung der schönen Künste*, *op. cit.*, p. 43-46.
2. Voir E. Utitz, « L'esthétique de Bernard Bolzano », *op. cit.* p. 268-272.
3. M. Deutinger, *Grundlinien einer positiven Philosophie als vorläufiger Versuch einer Zurückfürung aller Teiler der Philosophie auf christliche Prinzipien. Die Kunstlehre*, Regensburg, 1843-1853, § 120, p. 168. Sur l'esthétique de Deutinger, voir W. Henckmann, *Das Wesen der Kunst in der Ästhetik Martin Deutingers. Ein Beitrag zur romantischen Kunstphilosophie*, München, A. Pustet, 1966.
4. *Ibid.*, § 122, p. 171.

l'espace et l'acte d'intériorisation du temps (« Avec le son, l'espace est dépassé complètement dans son extériorité, et le temps saisi dans son unité la plus profonde, au commencement et au centre de son mouvement. »[1]) ; enfin la poésie est une force qui dépasse l'espace et le temps[2]. La conception suivante domine toujours chez Deutinger : les arts sont tous un « langage de l'esprit » qui se libère progressivement du poids de la matière, qui est définitivement éliminée tout d'abord par le son, puis par lc mot[3].

La classification des arts de Friedrich Theodor Vischer dans son *Aesthetik*[4], une œuvre « colossale » publiée entre 1846 et 1847, dont le sous-titre est *Wissenschaft des Schönen* (*La science du beau*), deviendra une référence incontournable. La place occupée par les arts, ainsi que leur subdivision et leur articulation sont déterminées par la dialectique entre l'existence objective et l'existence subjective qui conduit le beau vers sa vérité. Après avoir dédié le premier volume de l'œuvre à la métaphysique du beau et repris le traitement du sublime et du comique[5], Vischer traite d'abord du beau naturel conçu comme l'existence objective du beau (à son tour divisé en beauté de la nature inorganique, organique et humaine), puis de l'imagination comme existence subjective du beau. Cette opposition se résout d'abord dans l'art qui est la manifestation de la vérité subjective et objective du beau. Le principe de division des arts reflète fidèlement ce processus. Vischer lui-même, dans *Das Schöne und die Kunst* (*Le Beau et l'Art*) propose une synthèse efficace des critères de sa classification :

> L'art se divise en « les arts ». Les raisons internes de cette division impliquent une triple partition qui, si elle n'échappe pas au désordre, apparaît comme la plus adéquate des classifications : 1) Les arts plastiques. Le matériau au sens de matière corporelle. L'espace. La vue. 2) La musique. Le son à partir de la matière corporelle. Le temps. L'ouïe. 3) La poésie. La langue comme simple véhicule (dispositif) et non plus comme matériau. Image intérieure, et donc les sens dans leur ensemble. Forme temporelle, pourtant en elle une intuition spatiale. Le premier genre est objectif et repose essentiellement sur l'imagination comme intuition ; le deuxième est subjectif, art de l'imagination sentante ; le troisième est à la fois objectif et subjectif. Art de l'imagination au sens le plus étroit comme force créatrice capable d'insuffler de l'esprit[6].

1. *Ibid.*, § 124, p. 174-175.
2. Cf. *Ibid.*, § 125, p. 175.
3. Cf. *Ibid.*, § 125, p. 175-176.
4. F. T. Vischer, *Aesthetik oder Wissenschaft des Schönen*, Reutlingen und Leipzig, Carl Macken's Verlag, 1846 – 1847 – 1851 – 1857.
5. Dans l'*Aesthetik*, dans la deuxième partie de *Die Metaphysik des Schönen*, Vischer reprend fidèlement sa thèse de 1836, *Über das Erhabene und Komische. Ein Beitrag zu der Philosophie des Schönen*, Stuttgart, Imle & Krauß, 1837 ; trad. fr. M. Espagne, *Le sublime et le comique. Projet d'une esthétique*, Paris, Kimé, 2002.
6. F. T. Vischer, *Das Schöne und die Kunst*, Stuttgart, Cotta, 1907, p. 286.

De fait, dans l'*Aesthetik*, la forme objective (les arts figuratifs) comprend l'architecture, la sculpture (« die Bildernerkunst » deviendra « Sculptur » dans *Das Schöne und die Kunst*) et la peinture ; la forme subjective est constituée par la musique ; la forme subjective et objective est constituée par l'art poétique (« Dichtkunst », qui s'étend de l'art dramatique à la rhétorique). En tant que synthèse dialectique de l'objectif et du subjectif, c'est-à-dire objectivation de l'imagination, le schéma de classification des arts répond à trois formes de l'imagination : l'imagination figurative (les arts objectifs), sensible (l'art subjectif) et poétique (l'art objectif et subjectif).

La classification proposée par Adolf Zeising dans l'*Aesthetische Forschungen* (*La recherche esthétique*) [1] est intéressante à d'autres égards. Après deux parties dédiées à l'analyse du beau, y compris le beau naturel et ses liens avec le vrai et le bien, et ses variantes, le comique, le tragique, le sublime (« Erhabene »), le gracieux (« Reizende ») et l'humoristique, l'auteur expose dans la troisième partie de son *Aesthetische Forschungen* sa classification des arts. En réalité sa proposition se subdivise *presque* en trois classifications, car Zeising présente un schéma unique dans lequel il utilise deux critères croisés, avant d'étudier les relations que les arts singuliers instaurent avec la beau pur, avec le comique, avec le tragique et avec les autres variantes (le sublime, le gracieux et l'humoristique). Le schéma toutefois ne change pas :

	Arts figuratifs (Bildende Künste)	Arts musicaux (Tonische Künste)	Arts mimiques (Mimische Künste)
Arts macrocosmiques (Makrokosmische Künste)	Architecture (Architektur)	Musique instrumentale (Instrumentalmusik)	Danse (Tanzkunst)
Arts microcosmiques (Mikrokosmishe Künste)	Sculpture (Skulptur)	Chant (Gesang)	Pantomime (Pantomimik)
Arts historiques (Geschichtliche Künste)	Peinture (Malerei)	Poésie (Poesie)	Art dramatique (Schauspielkunst)

Le premier critère (qui est cité dès le début du chapitre sur la classification) a une empreinte clairement hégélienne. Les références à Solger et Vischer, dont il analyse la tripartition des arts en fonction de l'imagination, sont très présentes. Les trois dimensions, macrocosmique, microcosmique et historique, coïncident avec les trois grandes étapes de la manifestation du beau et de ses formes, en attestant ainsi d'un lien étroit entre l'art et le beau. La division ultérieure utilise un critère assez employé dans la deuxième moitié du XIXe siècle, celui du sens

1. A. Zeising, *Aesthetische Forschungen*, Francfort a. M., Meidinger Sohn & Comp., 1855, notamment les § 484 à 520, p. 465-510.

sollicité : les arts figuratifs sont optiques, les arts du son, acoustiques, tandis que les arts du mime sont optiques et acoustiques.

Robert von Zimmermann, un des maîtres de Riegl, élève d'Herbart et premier grand historien de l'esthétique, poursuivra le travail de son maître, en croisant lui aussi le rapport entre les modalités de la représentation et les systèmes de perception sollicités chez le spectateur. Zimmermann distingue avant tout les arts « simples » et les arts « composés », qui seront ensuite décomposés en fonction des sens dominants, de la simultanéité, de la succession et de la perception directe ou indirecte [1]. Les arts simples [2] se subdivisent alors en arts perçus de façon simultanée, entière et tactile (l'art plastique, auquel appartiennent la sculpture et l'architecture), en arts qui se présentent de façon simultanée mais partielle et optique (la peinture [3]) et les arts perçus de façon acoustique et dans la succession (la musique et la poésie). Avec les mêmes critères (quoiqu'en les forçant peut-être plus) Zimmerman classera les arts « composés » [4] en arts plastiques (l'architecture et la sculpture) polychromes, en arts théâtraux, en arts rhétoriques, en arts d'illustration et en arts oratoires. Zimmermann articule donc sa classification en ligne avec Herbart et comme Herbart il est principalement intéressé par les rapports entre les formes comme fondement d'une esthétique scientifique :

> L'état de choses que nous avons mentionné, selon lequel des représentations dont le rapport mutuel doit fournir la base d'un jugement esthétique doivent se mettre l'une l'autre en tension du fait de leurs contenus qui se trouvent en opposition, éclaire le point suivant : pour devenir les termes d'un rapport esthétique, ces représentations doivent entretenir une certaine relation l'une avec l'autre du point de vue de leur contenu ; par exemple, elles doivent appartenir au même genre. Des représentations disparates ne peuvent entretenir l'une avec l'autre un rapport d'opposition. Des sons ne forment pas un rapport avec des couleurs, ni l'inverse. Il est par conséquent à prévoir que les rapports esthétiques qui constituent la base de l'esthétique scientifique se divisent en groupes distincts, et fondent précisément de ce fait autant de domaines différents de l'originairement plaisant, qui se séparent donc les uns des autres en tant que beau du son, beau de la couleur, beau architectural, beau plastique etc. La présentation, par l'art, des différents genres du beau obtenus de cette manière, fonde précisément autant de secteurs artistiques qui se différencient en fonction du mode spécifique de beau à représenter [5].

1. R. von Zimmerman, *Allegemeine Aesthetik als Formwissenschaft*, Wien, Braumüller, 1865, § 903.
2. *Ibid.*, § 904-938.
3. Il est intéressant de remarquer qu'au paragraphe 926, Zimmerman se pose déjà le problème du rapport entre la peinture et la photographie.
4. *Ibid.*, § 939 à 969.
5. R. Zimmermann, « Zur Reform der Aesthetik als exakter Wissenschaft », *Studien und Kritiken zur Philosophie und Aesthetik*, Bd. 1, Wien, W. Braumüller, 1870, p. 223-265 ; trad. fr. J.-O. Bégot et M. Galland-

La classification présentée par Max Schasler dans *Das System der Künste* (*Le système des Arts*) mérite aussi d'être relevée [1]. L'auteur croise deux critères de distinction : le premier est celui de la simultanéité et de la succession. Les arts de la perception simultanée sont l'architecture, la sculpture et la peinture ; ceux de la perception successive sont la musique, le mime et la poésie. Cependant une dialectique constante lie la simultanéité et la succession de sorte que les six arts, disposés selon l'ordre proposé par Schasler, représentent un parcours d'affirmation progressive de la succession par rapport à la simultanéité qui n'est toutefois jamais entièrement éliminée. Il applique en parallèle un second principe à cette classification, lui aussi dialectique, entre le matériel et le spirituel. Même en ce sens, la classification peut être lue comme une affirmation progressive du spirituel. Au-delà de ces deux critères, deux aspects sont assez intéressants dans le schéma de Schasler. Le premier est la distinction entre les arts productifs et les arts reproductifs ou auxiliaires, présente dans les arts de la succession. Ainsi la musique (productive) se distingue de la virtuosité (reproductive) ; la danse mimique de l'exécution ; au sein de la poésie, distinguée en trois genres, la poésie lyrique s'articule avec la déclamation, la poésie épique avec la rhapsodie, la poésie dramatique avec la récitation et la représentation. Le second aspect concerne les analogies particulières qui, en vertu des deux processus dialectiques, s'instaurent entre les arts des deux groupes. Schasler trouve un parallélisme entre les trois genres de poésie (lyrique, épique et dramatique), et trois genres de la peinture (de paysage, de genre, d'histoire), entre la sculpture et le mime, entre l'architecture et la musique.

La proposition d'Eduard von Hartmann est très proche de celle de Schasler. Dans son *Aesthetik* [2] de 1887, il divise les arts en arts de la perception et en arts de l'imagination ou arts poétiques. Au premier groupe appartiennent les arts de la forme, les arts spatiaux (la peinture et la sculpture), la musique comme

Szymkowiak, « Pour une réforme de l'esthétique comme science exacte », dans C. Maigné (éd.), *Formalisme esthétique. Prague et Vienne au XIXe siècle*, Paris, Vrin, 2012, p. 115-159, p. 156.

1. Pour synthétiser brièvement la classification des arts proposée par Schasler, nous faisons surtout référence à l'édition *Das System der Künste*, Leipzig et Berlin, Wilhelm Friedrich, 1885, notamment aux deux premiers chapitres. Il nous semble utile, afin de vérifier la continuité de la réflexion esthétique de Schasler par rapport à ses prédécesseurs, de renvoyer également à son *Äesthetik. Grundsünge der Wissenschaft des Schönen und der Kunst*, Leipzig, Frentag, 1886, une œuvre entièrement dédiée à l'idée du beau, en particulier du beau naturel. Nous trouvons aussi des synthèses de la classification de Schasler chez B. Croce (*Esthétique comme science de l'expression et linguistique générale*, *op. cit.*, p. 455-456) et Th. Munro (*The Arts and their interrelations*, *op. cit.*, p. 162-163).

2. E. von Hartmann, « Aeshetik : Zweiter systematischer Teil : Philosophie des Schönen », *Ausgewählte Werke*, Band IV, Leipzig, Wilhelm Friedrich, 1885.

art temporel, et les arts du mime spatio-temporels, dans lesquels Hartmann inclut la récitation, la danse et la pantomime. Les arts de l'imagination ne sont autres que les trois genres de la poésie déjà indiqués par Schasler : la poésie épique, la poésie lyrique et la poésie dramatique. En proposant cette classification Hartmann exclut toutefois d'autres arts, en particulier l'architecture, car il souhaite se limiter aux arts libres, dissociés de l'utile.

En 1906, Max Dessoir publie la première édition de son *Ästhetik und allegemeine Kunstwissenchaft* (*Esthétique et Science générale de l'Art*) et rédige le *Zeitschrift für Ästhetik und allgemeine Kunstwissenchaft* (*Journal d'esthétique et de science générale de l'art*). Comme nous le déduisons des deux titres, Dessoir distingue l'esthétique de la science de l'art, nécessité qui répond à aussi bien à une nouvelle réflexion profonde sur l'esthétique et sur sa fonction qu'à une véritable fondation d'une science de l'art. Les pages du *Zeitschrift* de Dessoir seront décisives pour les deux disciplines, mais aussi pour l'histoire des classifications et des systèmes des arts car c'est à partir de celles-ci que s'effectuera le passage du système des arts à une systématique des concepts du discours sur les arts qui constitue le présupposé de notre réflexion. Nous dédierons le chapitre « Du système à la systématique » à cette question capitale. Dans l'immédiat, arrêtons-nous sur quelques pages, ensuite augmentées dans l'édition de 1923, que Dessoir consacre à la classification des arts. Après avoir examiné la question de l'origine des arts, comme s'il voulait en suivre le développement génétique (par exemple en dédiant quelques réflexions à l'art infantile et à l'art primitif), Dessoir aboutit à la question de la classification comme une conséquence presque nécessaire de ce parcours. Dessoir écrit : « La façon dont nous avons jusqu'à maintenant considéré le développement historique, peut finalement nous aider à ce qu'une vue d'ensemble sur le rapport naturel d'affinité entre les arts soit réalisée. »[1], puis peu après : « Supposons que les différents arts qui ont existé dans l'histoire se soient formés par différenciation à partir d'une disposition germinale, la question alors est de savoir comment l'on peut se représenter cette disposition initiale et avec lesquels parmi les arts celle-ci s'exprime de la manière la plus ressemblante »[2]. Dans cette perspective, il se réfère avant tout à Adam Smith qui avait vu dans la danse un état embryonnaire de l'art, comprenant la musique et la poésie. La reconnaissance du mime en tant qu'origine des arts est un élément intéressant dans les observations de Dessoir sur Adam Smith, bien que cette hypothèse ne puisse être appuyée par des données historiques. Dessoir

1. M. Dessoir, *Ästhetik und allegemeine Kunstwissenchaft*, Stuttgart, Verlag von Ferdinand Enke, 1906, p. 302.
2. *Ibid.*

cherche ensuite à la vérifier aussi chez Spencer et Schmarsow. Il est particulièrement fasciné par l'hypothèse de Spencer selon laquelle il existe une parenté originelle entre la musique, la poésie et la danse d'un côté, et entre la littérature, la peinture et la sculpture de l'autre. La raison de cette fascination réside, pour Dessoir, dans le fait que cette théorie montre, même dans le domaine de l'esthétique, la validité du principe étiologique fondamental de Darwin : ce qui est de la même espèce a aussi la même origine [1]. Dans cette perspective évolutionniste, Dessoir intègre aussi la proposition de Schmarsow qui, dans le cadre d'une réflexion plus générale sur les concepts fondamentaux de la science de l'art et de la philosophie de la culture (mais aussi sur la nature de l'ornement), accorde une valeur originaire à l'activité mimique du corps, à laquelle il reconnaît la capacité de révéler certes les valeurs corporelles pures mais aussi – à travers le mouvement et le geste expressif – les valeurs de vie. La mimique représente ainsi une dimension essentielle du phénomène artistique, duquel Schmarsow trace une sorte de morphologie; elle constitue donc une polarité avec la sculpture, « formatrice de corps », qui exprime justement la beauté idéelle et éternelle des corps à travers « l'immortalisation de l'individu historique, du contemporain, le portrait d'une personne particulière » [2]. À la mimique et à la sculpture (qui intègre aussi l'architecure, car « l'essence plastique serait si complètement et exclusivement présente qu'on ne saurait en réalité parler de configuration spatiale [Raumgestaltung] » [3]) suit la peinture qui révèle l'« unité supérieure entre les corps et l'espace » et la poésie qui réalise l'unité du son et du geste.

Sans vouloir ici entrer dans un débat sur les rapports entre esthétique et sciences de la vie qui, dans ces premières décennies du XXIe siècle, devient de plus en plus riche et complexe, il est intéressant de remarquer que Dessoir perçoit à la fois les apports méthodologiques que le darwinisme offrirait à la réflexion sur l'art ainsi que la nécessité de penser les phénomènes artistiques à travers un évolutionnisme « anthropologique », où les formes de représentations symboliques correspondent aux activités psycho-physiques. Par ailleurs, la « généalogie des arts » tracée par Schmarzow va très précisément dans cette direction.

1. M. Dessoir, *Ästhetik und allegemeine Kunstwissenchaft*, *op. cit.*, p. 303.
2. A. Schmarsow, « Kunstwissenschaft und Kulturphilosophie mit gemeinsamen Grundbegriffen », *Zeitschrift für Ästhetik und allgemeine Kunstwissenschaft*, 1919, 13, p. 165-190 et 225-258; trad. fr. F. Joly, *La science de l'art et la philosophie de la culture et leurs concepts fondamentaux communs*, Trivium, 6, 2010 (http://trivium.revues.org/3599).
3. *Ibid.*

Le parcours de Dessoir continue avec la classification de Hörnes, qui divise les arts en trois groupes et qui est elle-aussi fondée sur la corporéité : le premier groupe concerne le corps (l'art de l'habillage et la danse), le second la représentation spatiale faite en fonction de l'œil (la décoration et la sculpture), et le troisième la représentation temporelle en fonction de l'oreille (la musique et la poésie). Dessoir met en avant – tout en critiquant son caractère arbitraire – la proposition de Konrad Lange qui classifie les arts sur la base des jeux des enfants et des animaux : « Aux jeux de mouvement, aux jeux de construction et aux jeux sensoriels correspondent la danse, la musique, la lyrique, l'architecture et l'art de l'ornement; aux jeux d'illusion et d'imitation correspondent chez l'homme cultivé les arts de l'illusion, c'est-à-dire le théâtre, l'art dramatique, l'épique, la plastique, la peinture »[1]. Ensuite, après avoir examiné les théories de Rousseau, Spencer, Jacob Grimm et Adam Smith, Dessoir arrive à la conclusion qu'il ne faut conserver de l'ensemble des classifications (complexes et souvent artificielles) que « la différence entre les arts statiques et les arts du mouvement, ainsi que la différence entre les arts subjectifs et les arts d'imitation »[2]. Une synthèse des ces deux oppositions fondamentales est offerte par la théorie de Richard Wagner :

> Ensuite, il y a trois sortes d'art exclusivement humaines : la mimique, la musique et l'art poétique, puis trois sortes d'art liées à la nature : l'architecture, la sculpture et la peinture. Etant donné que les arts plastiques ne peuvent produire le mouvement dans l'espace – moment le plus important, car il s'agit de l'expression de l'homme intérieur – qu'au moyen de l'imagination, il s'ensuit que ces derniers ne sont pas en mesure de produire la vie dans toute sa fraîcheur, mais seulement une apparence de celle-ci[3].

Cette classification se combine avec sa distinction entre les arts de genre féminin (la peinture et la musique) et de genre masculin (la poésie). Avant de présenter son modèle de classification Dessoir consacre quelques pages à Max Schasler qui « classe selon le rapport de mélange entre contenu et apparition sensible »[4], révélant ainsi une inspiration clairement hégélienne. Ce modèle créé une sorte de hiérarchie des arts en fonction de leur lien avec la réalité, dans lequel l'architecture et la musique sont considérées comme les formes d'art les plus pures, puisqu'elles sont créatrices de nouvelles formes. Dessoir est assez critique à l'égard de ce modèle, surtout parce qu'il finit par marginaliser la peinture, la sculpture et la poésie.

1. M. Dessoir, *Ästhetik und allegemeine Kunstwissenchaft*, *op. cit.*, p. 304.
2. *Ibid.*, p. 306.
3. *Ibid.*, p. 307.
4. *Ibid.*

Tout ce parcours ne satisfait toutefois pas l'auteur :

> Les rapports de mélange sont tellement variés et fluides. Il ne semble pas qu'il y ait de système qui satisfasse toutes les exigences. Que ce soit parmi les classifications génétiques ou bien parmi les autres, nous n'en avons pas rencontré une seule irrévocable. Et toute classification devient par ailleurs impossible, si les formes de mélange doivent être prises en considération [1].

Dessoir semble alors vouloir faire table rase et repartir d'une notion du sens commun, en parlant d'« arts authentiques », comme pour signifier « les arts au sens strict » :

> Mais combien y a-t-il d'arts et quelle sont les propriétés à partir desquelles nous pourrions les délimiter ? Lorsque nous tentions de dresser un panorama de la variété des tentatives de classification des arts, nous nous heurtions au problème des arts décoratifs et industriels. Ces derniers peuvent-ils être laissés de côté en tant qu'arts dont les caractéristiques sont différentes de celles des autres ? Je dirai d'abord : non, et je ferai pour un temps l'économie de définitions plus étroites. Car déjà afin que les arts puissent être distingués des innombrables autres activités esthétiques et que l'on puisse différencier les artistes du styliste et de ses semblables, nous nous contenterons pour l'instant de la classification des arts établie depuis longtemps. Par conséquent, nous nous référons à cette classification : mimique, musique, poésie, architecture, sculpture, peinture [2].

Il propose finalement son propre schéma de classification qui se veut une synthèse des principales classifications traditionnelles [3] :

arts spatiaux (arts du repos et de la juxtaposition) **art plastique** **peinture**	arts temporels (arts du mouvement et de la succession) **mimique** **poésie**	arts de l'imitation, des associations déterminées, des formes réelles
architecture	**musique**	arts libérés des associations indéterminées et des formes irréelles
arts figuratifs (moyen : espace-figure)	arts musicaux (moyen : son-geste)	

Pour Dessoir le principal critère de classification est celui de la dernière ligne, la distinction entre arts figuratifs et arts musicaux, comme si l'exigence principale était de simplifier et de réduire au minimum les critères de classification pour

1. M. Dessoir, *Ästhetik und allegemeine Kunstwissenchaft*, *op. cit.*, p. 308.
2. *Ibid.*, p. 309.
3. *Ibid.*, p. 310.

obtenir une base solide, capable d'accueillir les développements des arts. Enfin, Dessoir fait référence à une classification presque contemporaine à la sienne, celle d'Urries y Azara (Dessoir lui-même traduisit les écrits de cet auteur dans *Zeitschrift*[1]), à laquelle Thomas Munro fera aussi référence. Urries y Azara adopte un critère semblable à celui de Dessoir, en unissant différents éléments de classification, mais en structurant plus son schéma. Au contraire, nous pourrions presque dire que le schéma d'Urries y Azara parvient à condenser en une unique structure de nombreux critères de classification différents. Le premier critère utilisé est le couple de l'objectif et du subjectif qui équivaut, dans ce cas, à une distinction entre l'imitation et la créativité libre (mais l'auteur tient à préciser que l'une n'exclut pas l'autre) ; la deuxième distinction divise les arts concrets et les arts abstraits ; la troisième les arts plastiques (divisés à leur tour en arts en deux dimensions et en trois dimensions, subdivisés ensuite en arts ayant un espace intérieur et en arts des corps solides) et les arts musicaux. Ces derniers sont articulés en arts d'exécution (distingués en arts optiques, arts optiques et acoustiques, et arts acoustiques), et en arts de la parole. Enfin, le dernier critère est traditionnel : arts spatiaux, arts spatio-temporels et arts temporels[2]. L'ensemble est à la fois un succès et un échec. D'une part, cela marque la fin de l'utilisation d'un critère unique de classification et propose des critères qui portent sur de nombreux aspects des productions artistiques. Cela permet en outre à Urries y Azara d'inclure, par exemple, les arts mineurs ou les arts décoratifs, mais aussi de découvrir de nombreuses correspondances et analogies en proposant, pour ainsi dire, une lecture verticale et une lecture horizontale du schéma, et en parvenant à restituer la complexité qui découle d'une classification des arts. D'autre part, il révèle l'échec, ou du moins la limite, de la classification : le schéma reste fermé ; il conserve un équilibre parfois un peu forcé qui serait difficilement en mesure d'accueillir d'autres pratiques. En somme, si l'auteur espagnol comprend la limite et le caractère illusoire d'une classification linéaire, il crée un enchevêtrement si touffu qu'il ne parvient pas à cerner le caractère changeant du réel.

En conclusion, la réflexion de Dessoir indique trois éléments importants : la nécessité de considérer ce qui est accepté comme étant de l'art au sein d'une

1. J. J. de Urries y Azara, « Über das System der Künste », *Zeitschrift für Aesthetik und allgemeine Kunstwissenschaft*, XV, 1921, p. 456-459.

2. Pour un schéma synoptique complet de la classification de J. Jordàn de Urries y Azara, nous renvoyons à Th. Munro, *The Arts and their interrelations*, *op. cit.*, p. 177, et aussi à l'édition de 1923 de M. Dessoir, *Ästhetik und allegemeine Kunstwissenchaft*.

culture à une époque donnée; le besoin d'abandonner la complexité de certaines classifications pour aboutir à une classification adroite et fonctionnelle; la place centrale que la classification occupe dans le développement des arts, et donc le rôle fondamental qu'elle doit avoir dans la réorganisation du discours sur les arts.
Au même moment que Dessoir et Urries y Azara, Oswald Külpe intervient dans le débat, proposant une construction « non-philosophique » originale. En tant que psychologue, sa classification échappe à toute implication métaphysique et se concentre exclusivement sur les organes sensoriels impliqués dans la réception des œuvres [1]. Ainsi, sa classification comporte principalement des arts optiques, des arts acoustiques, et des arts optiques et acoustiques. Celle-ci fut bien accueillie, et Piper, en 1946, en souligne l'efficacité dans son article sur la classification des arts contenu dans l'*Encyclopédie des Arts*, et va jusqu'à reprendre son schéma pour l'augmenter [2]. La classification qui en découle est la suivante : les arts optiques se divisent en arts de la superficie (monochromes : le dessin, les arts graphiques et la photographie; polychromes : la peinture, la tapisserie, l'art du verre, la mosaïque; animés : le cinéma), en arts du volume (semi-plastiques : les bas-reliefs; plastiques : la sculpture et la céramique; animés : la pantomime, la gymnastique rythmique, les feux d'artifices) et en arts mixtes, c'est-à-dire l'architecture dans ses diverses acceptions (du jardinage à la décoration d'intérieur) qui combine les effets de la superficie à ceux du volume. Les arts acoustiques s'articulent en arts du son (la musique), en arts de la parole (la poésie et la littérature), et en arts qui combinent le son et la parole (le chant et le mélodrame). L'élaboration de la classification de Külpe présentée presque trente ans après par Ogden dans sa *Psychologie de l'art* [3] est tout aussi intéressante que celle de Piper. L'auteur, conservant le critère des sens, l'étend aussi au goût, à l'odorat et au toucher.
Le point de vue adopté dans cette ligne de pensée psychologique se révélait partiel, car le critère des sens ne réussissait peut-être pas à rendre compte des changements linguistiques en acte dans les arts. Johannes Volkelt, dans son

1. O. Külpe, « The conception and classification of the arts from a psychological standpoint », *University of Toronto Studies, Psychological Series*, II, 1907, p. 1-23.
2. R. F. Piper, « Classification of the arts », *Encyclopaedia of Arts*, New York, Philosophical Library, 1946. Nous devons le lien établi entre Külpe et Piper au texte de Th. Munro, *The Arts and their interrelations*, *op. cit.*, p. 165-168.
3. R. M. Ogden, *The Psychology of Art*, New York, Charles Scribner's Sons, 1938.

System der Ästhetik (*Système de l'esthétique*) [1], en était peut-être conscient, ce qui explique sa prudence et son ouverture. Volkelt, célèbre pour sa contribution à la théorie de l'empathie et du symbole, perçoit lui-aussi la nécessité d'utiliser différents critères de classification, tantôt en en retrouvant certains chez ses prédécesseurs, tantôt en en remodelant d'autres avec originalité. Il en utilise six : le premier, dans la lignée de Külpe, est celui de la perception sensorielle (il divise lui-aussi les arts en arts optiques, en arts acoustiques et en arts optiques et acoustiques, auxquels il ajoute toutefois l'art de l'imagination, pour rendre compte de la poésie). Le deuxième critère est constitué par le contenu psychique de l'œuvre, c'est-à-dire le type d'émotions qu'elle exprime : c'est sur cette base que l'on distingue les arts objectifs qui offrent des représentations précises et les arts non-objectifs, qui n'ont pas de contenu précis. Le troisième est lié aux matériaux utilisés par l'artiste, divisés en matériaux informes sur lesquels agissent les arts producteurs de forme de premier degré (la peinture, par exemple), et ceux qui possèdent déjà une forme et qui sont propres aux arts producteurs de forme de second degré (la danse, car elle utilise le corps humain, mais aussi la poésie). Le caractère de repos ou de mouvement des œuvres est lié à ce dernier critère. Volkelt observe ensuite le rôle des intentions utilitaires dans le processus de production. Les deux derniers critères sont appliqués exclusivement aux arts producteurs de formes de premier degré, c'est-à-dire la peinture, la sculpture et les arts graphiques, et concernent les effets de volume, de profondeur et l'utilisation des couleurs. Peu avant le travail de Volkelt, en 1923, une des dernières classifications des arts du XXe siècle fut publiée sur le *Zeitschrift*, œuvre de Léo Adler [2]. Les critères, là aussi, sont multiples : l'utilisation (ou la non-utilisation) que les arts singuliers font des outils, la distinction entre arts abstraits ou subjectifs, et arts concrets ou objectifs, l'insertion des concepts d'apollinien (les arts plastiques) et de dionysiaque (les arts musicaux), la différentiation en fonction des thèmes exprimés (l'âme, le monde, le corps).

Les classifications de Volkelt ou d'Adler peuvent certainement sembler inadaptées et peut-être trop artificielles pour épouser les exigences de la réalité des arts, mais elles acceptent le « défi de la complexité », non sans offrir, au moins à une observation de type comparatiste, des éléments d'analyse intéressants. Si nous

1. J. Volkelt, *System der Aesthetik*, Munich, C. H. Beck'sche Verlagsburchhandlung, 1927, notamment V, III, chapitres 8 et 12.
2. L. Adler, « Über das System der Künste », *Zeitschrift für Aesthetik und allegmeine Kunstwissenschaft*, XVI, 3, 1924, p. 258-261.

les comparons à l'article « Art » de Sydney Colvin, apparu en 1910 dans l'*Enciclopedia Britannica*, dans lequel les arts sont simplement divisés en arts imitatifs et arts non-imitatifs, en arts utiles et en arts non-utiles, en arts de la forme, du mouvement et de la parole, nous nous rendons bien compte du degré d'avancement dans la réflexion d'auteurs comme Volkelt, Külpe, Urries y Azara ou Dessoir. Il s'agit aussi des dernières classifications complètes du XXe siècle. Après ces tentatives, quelques autres parvinrent rarement à reconstituer une classification d'ensemble des arts. Au contraire, la dernière classification à avoir une prétention à l'exhaustivité est peut-être celle de Theodor Meyer Greene qui, en 1940, propose un schéma très articulé dans lequel les critères principaux sont la matière, la forme et le contenu des arts, et la distinction entre arts abstraits, arts représentatifs et arts symboliques [1].

La classification récente qui a peut-être suscité le plus de discussions est celle que Nelson Goodman a proposée en 1968 dans *Languages of Art* :

> Désignons une œuvre comme *autographique* si et seulement si la distinction entre l'original et une contrefaçon a un sens ; ou mieux, si et seulement si même sa plus exacte reproduction n'a pas, de ce fait, statut d'authenticité. Si une œuvre d'art est autographique, nous pouvons aussi qualifier cet art d'autographique. Ainsi la peinture est autographique, la musique est non-autographique ou *allographique* [2].

Goodman distingue ainsi les œuvres d'art dont l'identité change lors de la copie ou de la reproduction de celles dont l'identité ne change pas. Les œuvres d'art autographiques, comme les œuvres d'art allographiques peuvent comporter un ou deux niveaux : la peinture est un art autographique à un niveau (la copie d'un tableau ou sa reproduction photographique ne sont pas le tableau authentique et la réalisation de l'œuvre comporte un seul niveau) ; la gravure est un art autographique à deux niveaux (la préparation de la plaque et l'impression, mais

1. Nous renvoyons à la table insérée dans l'ouvrage de Th. Meyer Greene, *The Arts and the Art of Criticism*, Princeton, Princeton University Press, 1940. Greene utilise une métaphore intéressante lorsqu'il compare l'œuvre d'art à un organisme biologique, p. 29 : « Un organisme biologique est une entité vivante composée de parties qui, tout en contribuant à la vie du tout, dépendent également les unes des autres et de l'ensemble en ce qui concerne leur propre être. Un arbre est ainsi un organisme vivant parce que sa vie dépend de l'activité saine de ses branches, de ses feuilles et de ses racines, et parce que celles-ci, à leur tour, dépendent de l'arbre en tant que tout, et par conséquent dépendent les unes des autres, en ce qui concerne leur vitalité et leur croissance propres. Une œuvre d'art n'est évidemment pas un organisme vivant au sens biologique strict ; au niveau pré-artistique elle est, hormis en danse, une chose inanimée. Mais, en tant qu'œuvre d'art, elle a une vitalité qui lui est propre. ».

2. N. Goodman, *Languages of Art*, Indianapolis, Bobbs-Merrill, 1968 ; trad. fr. de J. Morizot, *Langages de l'art. Une approche de la théorie des symboles*, Paris, Hachette, 2005, p. 147.

toute copie obtenue à partir d'une plaque différente n'est pas l'original) ; la littérature est un art allographique à un niveau (la copie d'un roman n'est pas plus ou moins authentique qu'une autre copie du même texte) ; la musique est un art allographique à deux niveaux (la partition et l'exécution). La classification de Goodman ne peut toutefois pas être extraite de son argumentation sur l'identité de l'œuvre d'art, de son analyse de l'authenticité, de la théorie des symptômes de l'esthétique et de sa réflexion d'ensemble sur la représentation et le symbole.

Bien qu'on ne trouve pas chez lui une véritable classification, il est opportun de rappeler la réflexion de Langer qui avait présenté, dans *Feeling and Form (Sentiment et Forme)*, le degré d'illusion comme étant un critère implicite de classification des arts. Elle met cependant en avant l'idée suivante : « il y a un niveau déterminé auquel aucune distinction ne peut être faite ; tout ce qu'on peut dire au sujet d'un art particulier peut également être dit au sujet de tout autre art. *C'est là que repose l'unité*. Toutes les divisions s'achèvent à cette profondeur, qui est le fondement philosophique de la théorie de l'art » [1]. Langer identifie un tournant fondamental dans la formulation du discours sur les arts, auquel une théorie capable d'agir sur les différents arts confère son unité. La valeur de la classification se redéfinit ainsi dans sa fonction instrumentale préliminaire : établir l'objet de la recherche théorique.

Il ne faut pas perdre de vue que les composantes des classifications et l'élaboration des critères ne doivent pas devenir l'objet de la recherche. L'avertissement d'Adorno et d'Horkheimer demeure pertinent pour la suite de nos recherches : « La classification est une condition de la connaissance, elle n'est pas la connaissance même, et la connaissance détruit à son tour toute classification » [2].

1. S. K. Langer, *Feeling and Form*, London, Routledge and Kegan Paul Limited, 1967, p. 103.
2. M. Horkheimer, T. W. Adorno, *Dialektik der Auflärung. Philosophische Fragmente*, Francfort a. M., Fischer Verlag, 1969 ; trad. fr. E. Kaufhloz, *La Dialectique de la raison. Fragments philosophiques*, Paris, Gallimard, 1983, p. 233.

Classification des savoirs dans E. Chambers, *Cyclopedia : or, an Universal Dictionary of Arts and Sciences* (*Cyclopaedia ou Dictionnaire universel des arts et des sciences*), Londres, 1786.

La connaissance :
I – *Naturelle*, et *scientifique* ; soit
A – *Sensible*, consistant en la perception de phénomènes, ou d'objets extérieurs – appelée PHYSIOLOGIE ou HISTOIRE NATURELLE ; et qui, selon les différentes sortes d'objets, se divise en
MÉTÉOROLOGIE
HYDROLOGIE
MINÉRALOGIE
PHYTOLOGIE
ZOOLOGIE
B – *Rationnelle*, consistant en la perception des caractères intrinsèques ou des habitudes des objets sensibles, soit de leurs
a – *Pouvoirs*, et *Propriétés*, appelée PHYSIQUE, et PHILOSOPHIE NATURELLE
Abstraits, appelée METAPHYSIQUE
qui se subdivise en
ONTOLOGIE
PNEUMATOLOGIE
b – *Quantités*, appelée MATHÉMATIQUE PURE,

qui se divise, au sujet de la quantité, en
– ARITHMÉTIQUE, d'où
l'ANALYTIQUE
l'ALGÈBRE
– GÉOMÉTRIE, d'où
la TRIGONOMÉTRIE
l'étude des CONES
l'étude des SPHÈRES
c – *Relations* à notre bonheur, appelée RELIGION, ou la doctrine des OFFICES, qui se subdivise en
– ÉTHIQUE, ou RELIGION NATURELLE, d'où
la POLITIQUE
le DROIT
– THÉOLOGIE, ou RÉVÉLATION

II – *Artificielle* et *Technique*,
qui consiste en l'application d'observations sur la nature à d'autres fins, qui est
A – *Interne*, employée pour découvir leurs concordances et discordances ; ou leurs relations à la vérité, appelée LOGIQUE
B – *Externe*, qui est
Réelle, employée pour découvrir et appliquer
– les *pouvoirs latents* et *propriétés* des corps appelée CHIMIE,
d'où
l'ALCHIMIE

la Magie naturelle, etc.

– les *Quantités* des corps, appelées Mathématiques mixtes, qui, selon des différents sujets, se découpent en

Optique, Catoptrique, Dioptrique, d'où
la Perspective
la Peinture
Acoustique, d'où la Musique
Hydrostatique, Hydraulique
Pneumatique
Mécanique, d'où
l'Architecture
la Sculpture
les Échanges et la Manufacture
Pyrotechnie, d'où
les Arts militaires
la Fortification
Astronomie, d'où
la Chronologie
la Numération
Géographie, Hydrographie, d'où
la Navigation
le Commerce

– la *Structure* et l'*Economie* des corps organiques, appelée Anatomie

– les *Relations* par conséquent à la préservation et à l'amélioration, ou bien

des Animaux, appelée
Médecine
Pharmacie
des Végétaux, appelée
Agriculture
Jardinage
des Animaux sauvages, appelée
Ferrure
Dressage, d'où
la Chasse
la Fauconnerie
la Pêche, etc.

III – *Symbolique*, utilisée pour former et appliquer des *Mots*, et des signes d'idées articulés, appelée Grammaire

des *Armoiries*, appelée Héraldique
des *Tropes* et des *Figures*, appelée Rhétorique
des *Fables*, appelée Poésie

comparaison

La comparaison a un statut différent de celui des trois autres modèles d'organisation des arts. Tandis que les catalogues, les classifications et les systèmes peuvent être élaborés selon des critères et des méthodes chaque fois différents dans le but d'identifier les éléments d'un ensemble, la comparaison est en soi une stratégie précise d'enquête sur les relations entre les composantes d'un ensemble. Dans le cadre d'un parcours historique sur les arts et leurs relations il est inévitable d'évoquer la comparaison, le parallèle, les correspondances. Par ailleurs, la comparaison est un processus élémentaire de notre exploration du monde. C'est précisément en vertu de sa dimension élémentaire qu'elle intervient dans notre discours, en tant qu'acte qui met en lumière les affinités et les différences entre les objets, les évènements, les ensembles.

Il faudra toutefois comprendre à quelles conditions la comparaison est valide. La possibilité de ne comparer que ce qui est proche pourrait être une première règle. En d'autres termes, si par principe tout est comparable, cela ne signifie pas qu'il soit utile de tout comparer et que la comparaison ne soit *analytique* que si les choses comparées appartiennent déjà à un même ensemble. Ainsi la comparaison assure une fonction de *vérification* et de *redéfinition* d'un domaine déjà défini. Il est indubitable que la méthode comparatiste ait souvent été à la base d'articulations complexes qui, tout compte fait, se sont proposées en tant que système. Toutefois cela ne suffit pas. Le trait le plus intéressant se réduit au fait qu'ait existé un discours autonome de légitimation des art et de leurs spécificités fondé sur une comparaison, avant, « durant » (chez Lessing) et après la naissance du système des beaux-arts.

Derrière les comparaisons se sont souvent cachés bien des conflits. Ce n'est pas un hasard si la relation entre la poésie et les arts figuratifs a toujours été centrale dans l'histoire des comparaisons. Cela s'explique, comme chacun sait, par le fait que la poésie était le seul art à jouir depuis l'Antiquité d'un statut autonome. Parmi les beaux-arts, seule la poésie a toujours fait partie des disciplines libérales et les autres arts, dans leur parcours vers l'autonomie, devaient s'y confronter, ce qui a eu des conséquences, au-delà du plan théorique, dans l'histoire sociale des arts et des artistes. Il faut rappeler en outre un mobile historiographique évident. A la Renaissance, durant laquelle la question de la comparaison a été centrale, de riches sources littéraires antiques ainsi que des traités de poétique et de rhétorique étaient disponibles, tandis que les sources et les traités sur les arts figuratifs antiques étaient limités. Ainsi, le point de départ, la base des discours sur les arts, ne pouvait être que littéraire.

L'identification de différences plutôt que d'affinités à travers l'histoire de la comparaison nous rappelle que cette dernière est loin d'être sereine. Il est vrai par exemple que la Renaissance trouva dans le dessin un élément commun à trois arts (la peinture, la sculpture et l'architecture), mais les artistes impliqués dans le *Paragone* ou Léonard, dans la comparaison, cherchaient à établir la supériorité de leur art sur les autres. Il suffit sinon de rappeler le sous-titre du *Laocoon* de Lessing, qui porte justement sur les limites de la poésie et de la peinture.

La comparaison a agi comme une forme d'organisation en établissant un réseau (qui était parfois en réalité une échelle) des arts, jusqu'à apparaître comme une méthode, mais aussi comme un modèle. Elle a en outre eu une fonction de vérification de certaines propriétés et de certaines relations. Ce type de procédés est loin d'avoir été éliminé dans les débats plus ou moins récents. Par exemple, la recherche dans le domaine de l'art vidéo en a incité plus d'un à mener une réflexion sur l'occasion de conférer un statut autonome à l'art-vidéo. Cela a été fait le plus souvent en comparant le langage de ce dernier avec celui de la photographie, du cinéma, du théâtre ou de la peinture. Avant lui, le cinéma et encore avant la photographie avaient joui d'un sort semblable. La question se pose à nouveau dans toute son actualité dans l'étude des œuvres qui mêlent plusieurs médias.

Notre recherche doit partir de l'Antiquité, mais pas uniquement pour des raisons chronologiques. En effet, s'il est assurément vrai que la conception des arts en tant que *téchnai* morcelait fortement les savoirs artistiques, il est tout aussi vrai que certains d'entre eux vivaient dans une symbiose si forte qu'elle rendait leur comparaison évidente. C'est le cas de la poésie, de la musique et de la danse d'une part, et de l'architecture, de la sculpture et de la peinture d'autre part. Bien que les informations à notre disposition sur la Grèce antique soient limitées, il est possible d'émettre l'hypothèse d'un dualisme entre un art de l'expression et un art de la construction. Le premier comprend en une unique pratique cultuelle la poésie, la musique et la danse, dans cette unité définie par Tadeutz Stefan Zielinski « choréia une et trine »[1]. Le second est dominé par l'architecture (toujours conçue dans son rapport avec le sacré, c'est-à-dire avec la construction des temples) où la peinture et la sculpture constituaient les ornements du travail architectonique. Ce dualisme pourrait être considéré comme une constante de l'époque grecque, et il souligne que la confrontation décisive, dès l'origine de la culture occidentale, était celle qui opposait la peinture et la poésie. Le premier témoignage en notre possession d'une comparaison entre la poésie et la peinture peut être attribué, à travers Plutarque, à Simonide et sa devise (il « appelle la peinture une poésie muette et la poésie une peinture parlante »)[2]. En effet, dans le premier groupe en particulier, les relations entre les arts sont durables. La poésie lyrique et la poésie tragique étaient chantées, de même qu'il est probable, si l'on en croit encore une fois Plutarque, qu'Archiloque fut le premier à introduire un accompagnement instrumental dans la musique qui jusque-là était équivalente au chant.

Nous trouvons encore chez Platon la propriété privilégiée au cours de l'histoire par la comparaison (et l'unification) des arts, à savoir l'imitation. Au-delà de sa célèbre critique de l'imitation des arts, Platon offre en plusieurs occasions d'importantes comparaisons. Ainsi, il écrit dans un passage de l'*Epinomis* :

> Ainsi, puisque, comme nous le constatons, l'acquisition des choses nécessaires à la vie passe par la technique, sans qu'aucune technique ne rende personne sage, ce dont il nous reste à parler après cela, c'est d'une sorte de jeu qui se réduit le plus souvent à une imitation et qui ne présente aucun caractère de sérieux [...]. Il y a encore les imitations qui relèvent du langage et du domaine des Muses en général, et encore toutes celles qui

1. W. Tatarkiewicz, *History of Aesthetics. I : Ancient Aesthetics*, Warszawa, Panstwowe Wydawnictwo Naukowe, 1970, p. 16.

2. Plutarque, « Gloire des Athéniens », *Œuvres morales*, tome V, 1re partie, trad. fr. F. Frazier, Paris, Les Belles Lettres, 1990, 3, p. 189.

> sont filles de la représentation graphique, et où un grand nombre de figures de toutes sortes sont exécutées à l'aide de matières humides ou sèches. Aucune de ces formes d'imitation n'a permis à qui que ce soit de devenir savant en quelque domaine que ce soit, même quand l'artiste pratique son art avec le plus grand sérieux [1].

Ce passage célèbre continue en se concentrant sur les arts utiles, de la guerre à la médecine, de l'art nautique à l'éloquence. Sur ces derniers, ainsi que sur les arts d'imitation (mais en réalité Platon n'inclut pas la poésie inspirée parmi les arts de la parole imitative), pèse le sévère jugement exprimé au début de la citation mentionnée, c'est-à-dire qu'« aucune technique ne rend personne sage ». La perspective exprimée par Aristote dans la *Rhétorique* est différente :

> Puisque apprendre et s'étonner sont des choses plaisantes, les choses de cet ordre, nécessairement, le sont aussi, comme la représentation d'un objet (par exemple par la peinture, par la sculpture, par la poésie) et généralement tout ce qui est bien représenté, même si l'objet représenté en lui-même est désagréable. Ce n'est pas cet objet qui réjouit mais le raisonnement selon lequel on se dit : ceci, c'est telle chose, et il en résulte qu'on apprend quelque chose [2].

Cette perspective est absolument centrale non seulement pour l'Antiquité mais aussi pour les développements principaux de la comparaison des arts et pour toute la théorie de l'*ut pictura poësis*. De fait, dans la *Poétique* en particulier, nous pouvons trouver toutes les propriétés qui serviront constamment d'arrière-plan au *Paragone* pendant la Renaissance. Comme le souligne plusieurs fois Lee [3], c'est entre le Stagirite et Horace que nous pouvons trouver tous les arguments principaux des traités sur l'art de la Renaissance, en premier lieu le thème de l'imitation. Le début de la *Poétique* propose une synthèse de la position aristotélicienne :

> L'épopée, et la poésie tragique comme aussi la comédie, l'art du poète de dithyrambe et, pour la plus grande partie, celui du joueur de flûte et de cithare, se trouvent tous être, d'une manière générale, des imitations. Mais ils diffèrent les uns des autres par trois aspects : ou bien ils imitent par des moyens différents, ou bien ils imitent des objets différents, ou bien ils imitent selon des modes différents, et non de la même manière. Car si certains, les uns grâce à l'art, les autres grâce à l'habitude, imitent par des couleurs et des figures nombre d'objets en reproduisant leur image, si d'autres le font grâce à la voix, il en est également ainsi dans les arts dont nous avons parlé : tous réalisent l'imitation

1. Platon, *Epinomis*, trad. fr. L. Brisson, *op. cit.*, 975 c-d, p. 314.
2. Aristote, *Rhétorique*, trad. fr. P. Chiron, Paris, GF-Flammarion, 2007, I, 11, 1371 b 1-10, p. 219-220.
3. R. W. Lee, *Ut Pictura Poesis, The Humanistic Theory of Painting*, New York-London, Norton, 1967 ; trad. fr. M. Brook, *Ut Pictura Poesis. Humanisme et Théorie de la Peinture. XVe-XVIIIe siècles*, Paris, Macula, 1991.

> par le rythme, le langage et la mélodie, que ces derniers soient employés séparément ou combinés entre eux [1].

Privée de la qualité négative que lui conférait Platon, l'imitation, en plus d'être le principe d'une des premières classifications des arts, devient aussi l'outil qui permet d'identifier la spécificité des arts. De fait, les questions qui se posent immédiatement portent sur la chose à imiter, sur la façon de l'imiter, sur l'imitateur. Le lieu de la relation entre la poésie et les arts figuratifs se constituera sur ces questions. C'est sur fond de ces questions que se constituera la relation entre la poésie et les arts figuratifs.
L'autre référence constante du débat sur la relation entre la peinture et la poésie est l'*Art poétique* d'Horace, qui établit le rapport avec la peinture afin d'expliciter la spécificité de la poésie :

> Si un peintre voulait ajuster sous une tête humaine le cou d'un cheval et appliquer des plumes de diverses couleurs sur des membres pris de tous côtés, dont l'assemblage terminerait en hideux poisson noir ce qui était par en haut une belle femme, pourriez-vous, introduits pour contempler l'œuvre, vous empêcher de rire, mes amis ? [2]

Les raisons pour lesquelles Horace commence par cette comparaison sont toutefois bien différentes de celles que nous verrons chez Lessing : il n'a pas l'intention d'indiquer la capacité de la poésie à raconter ce qui n'est pas représentable en peinture, mais d'expliciter la nécessité de l'unité et de la simplicité de l'œuvre, qu'elle soit picturale ou poétique. Toute la lettre aux Pisons est marquée par les thèmes qui seront centraux à la Renaissance, comme nous le verrons : l'invention, l'expression et l'ornement. Rappelons-en le passage suivant, célèbre au point de devenir une devise :

> Il en est d'une poésie comme d'une peinture : telle, vue de près, captive davantage, telle autre vue de plus loin ; l'une veut le demi-jour, l'autre la lumière, car elle ne redoute pas le regard perçant du critique ; l'une a plu une fois, l'autre, si l'on y revient dix fois, plaira encore [3].

Horace affirme implicitement que dans la production comme dans la réception, les exigences auxquelles les deux arts se mesurent sont les mêmes, et il concentre son attention sur l'expérience esthétique de l'œuvre vécue par le spectateur. C'est peut-être aussi du fait de cette parité (mais qui ne met évidemment pas

1. Aristote, *Poétique*, trad. fr. M. Magnien, Paris, Le livre de poche classique, 1990, I, 1447 a, p. 85.
2. Horace, *Art poétique in Epîtres*, trad. fr. F. Villeneuve, Paris, Les Belles Lettres, 1941, v. 1-5, p. 202.
3. *Ibid.*, v. 361-365, p. 221.

en question la supériorité de la poésie dans la hiérarchie des activités humaines) que la lettre d'Horace devient une référence pour la culture de la Renaissance. Le *Discours Olympique* de Dion Chrysostome [1] nous offre peut-être au contraire la comparaison la plus importante entre la sculpture et la poésie de l'Antiquité. Pour les arts plastiques en particulier, le discours de Dion est un cas presque unique. Lorsque Phidias expose à la fois ses difficultés et ses ressources dans la production de la célèbre statue de Zeus, il fait référence à plusieurs reprises à Homère, en engageant une étroite comparaison entre les capacités de représentation et de figuration de la poésie et de la sculpture. Bien que Phidias finisse par concéder beaucoup à la poésie, son discours souligne la plus grande capacité représentative de la sculpture par rapport à la poésie, à la lumière de nombreux arguments qui confèrent une grande noblesse à l'art plastique.

L'histoire du parallèle entre les arts figuratifs et la poésie a fait l'objet d'un grand nombre d'études minutieuses [2]. Nous nous limiterons donc aux cas dans lesquels cette correspondance a joué un rôle décisif dans l'organisation de l'ensemble des arts. Bien avant le *Paragone* de la Renaissance, les procédés ekphrastiques constituent des moments centraux dans l'histoire de ce rapport. Tandis que l'aspect descriptif de l'*ekphrasis* offre des exemples de catalogues d'œuvres d'art, sa dimension la plus intrinsèque, éminemment rhétorique, est une source importante d'inspiration dans l'étude de la comparaison des arts. Employer l'image pour enrichir le discours rhétorique et l'intensifier, utiliser la force de la représentation picturale afin de susciter la curiosité de l'auditeur, faire des images des mots, puis faire des images avec des mots dévoile, par certains aspects, le double sens de l'*eidos*. Le discours rhétorique n'est pas un discours critique sur les images mais au contraire un discours autonome propre à un art, comme la rhétorique capable d'enrichir son propre langage par son rapport avec les œuvres d'art figuratives. Pour renforcer sa propre représentation, un discours analogue s'offre donc parallèlement à la disparition des représentations picturales qui deviennent des images du discours rhétorique. A propos des *Images* de

1. Dion Chrysostome, *Discourses 12-30*, trad. angl. J. W. Cohoon, Loeb Classical Library, Cambridge, Massachusetts, Harvard Universtity Press, p. 5-87.

2. Nous faisons référence aux deux principales histoires de l'*ut pictura poesis* : J. H. Hagstrum, *The Sister Arts. The Tradition of Literacy Pictorialism*, Chicago, Chicago University Press, 1958, et R. W. Lee, *Ut Pictura Poesis*, *op. cit.*, ainsi que J. D. Merriman, « The Parallel of the Arts. Some Misgivings and a Faint Affirmation », *Journal of Aesthetics and Art Criticism*, vol. 31, n° 3, 1972/73, p. 154-164 et p. 309-321, et M. Praz, *Mnemosine, parallelo tra la letteratura e le altre arti*, Milano, Mondadori, 1971 ; trad. fr. C. Maupas, *Mnemosyne : parallèle entre littérature et arts plastiques*, Paris, G.-J. Salvy, 1986. Signalons en outre le volume récent de M. Cometa, *Parole che dipingono*, Roma, Meltemi, 2004.

Philostrate l'Ancien, un des exemples les plus célèbres d'*ekphrasis* antique, Françoise Graziani souligne comment Philostrate finit par produire des « icônes verbales » qui imitent moins l'image réelle que la façon dont l'image est construite. Ainsi, « s'adressant à l'imagination, [l'*ekphrasis*] tend précisément à éviter de décrire pour mieux suggérer. L'icône verbale s'attache ainsi à faire voir d'abord ce qui ne saurait être visible »[1]. Philostrate n'est pas un historien mais un écrivain qui, dans la fiction de son livre, se trouve à Naples « en tournée », comme il est d'usage parmi les sophistes de l'époque alexandrine. C'est la particularité de l'*ekphrasis* des œuvres d'art : un artiste parle avec son propre langage d'une œuvre produite par un art différent du sien. Le mécanisme discursif redouble et fournit des outils pour une critique extrêmement intéressante : l'artiste explore les œuvres des autres arts pour approfondir les possibilités du sien[2].

Les exemples qui sont sans doute les plus célèbres de l'*ekphrasis* dans l'Antiquité sont la description offerte par Homère dans le livre XVIII de l'*Iliade* du bouclier d'Achille et les œuvres sophistes tardives de Callistrate (*Descriptiones*), Philostrate l'Ancien (*Eikones*), Philostrate le Jeune (*Eikones*) et Lucien de Samosate. Arrêtons-nous en particulier sur ce dernier car parmi les auteurs mentionnés, il est celui qui, en plus de proposer des descriptions des œuvres, pose directement des questions concernant la comparaison des arts.

Le dialogue dans lequel la question est posée en termes explicites est celui qui est dédié aux images. Lycinus invite Polystrate, afin de lui décrire les beautés d'une jeune fille, à penser aux plus belles œuvres de Praxitèle, d'Alcamène, de Calamide et de Phidias, et à en retenir les parties les plus belles. Alors que Polystrate s'étonne de savoir comment cela est possible, il lui répond : « Ce n'est pas difficile, Polystrate. Confions ces statues à l'éloquence : chargeons-la de transporter ces beautés, de les disposer, de les fondre dans les proportions les plus exactes, en observant à la fois et l'ensemble et la variété »[3]. Après avoir pris les traits des diverses statues, Polystrate fait remarquer qu'il manque un aspect fondamental au portrait de Lycinus : la couleur. Ce dernier lui répond alors :

1. Fr. Graziani, *Introduction* à Philostrate, *Les images ou tableaux de platte-peinture*, trad. fr. et com. Blaise de Vigenère (1578), éd. Fr. Graziani, Paris, Champion, 1995, tome 1, p. IX.

2. Voir R. Webb, « Ekphrasis Ancient and Modern. The Invention of a Genre », *Word & Image*, vol. 15, n° 1, 1999, p. 7-18.

3. Lucien de Samosate, « *Les portraits* », *Œuvres complètes*, tome 2, trad. fr. E. Talbot, Paris, Hachette, 1882, p. 4.

> Comment nous [la] procurer, si ce n'est en invoquant le secours des peintres qui se sont le plus distingués par le mélange habile des couleurs et par leur emploi judicieux ? Appelons donc ici Polygnote, Euphranor, Apelle, Aétion : ils se partageront la besogne [1].

Polystrate comprend finalement de quelle femme parle Lycinus et déclare qu'outre la beauté extérieure, celle-ci est digne de louange en raison de ses vertus. Dès lors il lui reviendra d'utiliser sa voix, sur le modèle d'Orphée, pour louer la beauté. Il continue à l'orner de « toutes les séductions et toutes les grâces » [2] des Muses. Il propose enfin :

> nous réunirons tous nos portraits, et ceux que tu a faits de ses attraits physiques et ceux que j'ai tracés des beautés de son âme : nous en formerons une seule image, et nous la déposerons dans un livre, pour être l'objet de l'admiration commune du siècle présent et des sièces à venir. Tableau plus durable que ceux d'Apelle, de Parrhasius et de Polygnote, puisque, indépendamment des beautés qui le composent, il a le privilège de n'être fait ni de bois, ni de cire, ni de couleurs, mais inspiré de la pensée même des Muses, et de donner ainsi une image fidèle, qui représente à la fois et les charmes du corps et les vertus de l'âme [3].

C'est une façon de reconnaître le pouvoir des images sans détrôner l'éloquence. L'intention de Lucien, nous l'avons dit à propos de Philostrate, est de solliciter l'imagination de son auditeur, et il sait que la description des images possède une force rhétorique spécifique (ce n'est pas par hasard qu'il choisit, comme le souligne Sonia Maffei [4], des œuvres bien connues de son public).

Lucien revient sur la comparaison entre l'Eloquence et la Sculpture dans son célèbre *Songe*, dans lequel l'auteur, alors qu'il n'était encore qu'un jeune homme, reste indécis quant à l'art à choisir. Parvenu à l'âge d'apprendre un métier, et n'étant pas issu d'une famille riche il est envoyé chez un oncle maternel sculpteur, afin d'y apprendre cet art. Le premier jour de son apprentissage, Lucien brise une plaque de marbre et son oncle, peu tendre, lui donne des coups de bâton. De retour chez lui, Lucien rêve de se retrouver disputé par deux femmes, l'une couverte de poussière et mal vêtue, l'autre au contraire élégante et de bel aspect. Il n'est pas difficile de deviner laquelle est la sculpture, et laquelle est l'éloquence, ni celle que Lucien choisit de suivre.

Deux exemples médiévaux de comparaison mettent en revanche en évidence la fonction que la musique occupe dans les relations entre les arts. Le premier

1. *Ibid.*, p. 5.
2. *Ibid.*, p. 9.
3. *Ibid.*, p. 12.
4. S. Maffei, introduction à l'édition italienne de *Descrizioni di opere d'arte*, Turin, Einaudi, 1994, p. 87.

est tiré de Cassiodore. De Bruyne souligne que « la psychologie esthétique de Cassiodore est avant tout une psychologie musicale »[1]. Il est toutefois important de noter que dans certains passages cette psychologie musicale concerne la totalité de la sphère esthétique et constitue le terrain de comparaison (qui est en quelque sorte implicite) entre la musique et les arts figuratifs. De Bruyne remarque comment pour Cassiodore l'âme est « douée d'une sensibilité diversifiée et son plaisir fondamental se spécifie d'après les sens. [...] Cassiodore ne distingue pas dans les plaisirs ceux qui sont esthétiques et ceux qui ne le sont pas »[2]. Il ressort clairement à plusieurs reprises que la musique symbolise l'harmonie morale et qu'elle peut être le moyen pour l'âme d'atteindre la perfection. Il est ainsi possible d'associer la musique aux arts figuratifs, dans la mesure où la beauté des corps provient de la beauté de l'âme, beauté qui répond précisément à l'harmonie représentée par la musique. Lorsque Cassiodore s'attache à analyser la valeur symbolique des nombres, il le fait en tenant compte d'une part de la théorie musicale, de l'autre de la disposition des corps humains visibles, dans une tentative d'unir ainsi le mysticisme chrétien et l'idéal de la sculpture antique. Nous trouvons le deuxième exemple dans l'opuscule de jeunesse sur les arts libéraux de Robert Grosseteste. Après avoir limité la sphère d'action de l'homme à l'intellect, à la volonté, aux mouvements et aux modifications des corps, il fait de ces domaines l'origine de l'articulation des arts libéraux. La musique est au centre de l'ensemble de la construction, puisqu'elle a le pouvoir de servir d'intermédiaire entre les diverses sphères :

> Puisque donc l'harmonie modère et régule les proportions de la voix humaine et les mouvements du corps humains, à partir desquels nous jugeons les sons et les mouvements des autres corps, ainsi l'harmonie de la voix humaine et du geste, celle des instruments et de tout ce qui procure du plaisir par le mouvement ou par le son, celle de l'harmonie des corps célestes et des corps non célestes, sont donc assujettis à l'étude de la musique[3].

L'étude de la musique a ainsi une valeur cognitive qui investit toutes les activités et toutes les facultés humaines, parmi lesquelles la mémoire. La comparaison avec les autres arts est mise en avant avec clarté, si elle n'est explicitée directement. Toutefois, la base sur laquelle elle s'articule n'est pas l'imitation mais plutôt

1. E. De Bruyne, *Études d'esthétique médiévale*, *op. cit.*, p. 62.

2. *Ibid*, p. 65.

3. R. Grosseteste, *De Artibus liberalibus*, *op. cit.*, p. 3 : « Cum itaque eisdem proportionibus humanae vocis et gesticulationibus humani corporis modulatio temperetur, quibus soni et motus corporum reliquorum, speculationi musicae subjacet non solum harmonia humanae vocis et gesticulationis, sed etiam instrumentorum et eorum, quorum delectatio in motu sive in sono consistit et cum his harmonia coelestium sive noncoelestium ».

l'harmonie et le rythme qui, étant des objets privilégiés de la musique, font de cette dernière un instrument de compréhension des règles de tous les arts.
La comparaison prend une valeur centrale dans le débat de la Renaissance où la comparaison entre la peinture et la sculpture en particulier, et entre la peinture et la poésie marquent une étape centrale dans le parcours des arts vers leur entière autonomie. Il s'agit d'un débat complexe auquel prirent part pas seulement les savants mais aussi les principaux artistes du XVIe siècle.
La comparaison entre la poésie et la peinture, avec les références à Aristote et à Horace, débute sur le plan de l'imitation. De Dolce à Léonard de Vinci jusqu'à Vasari, c'est toujours une idée d'imitation qui oscille entre l'idéal et le naturel. Nous trouvons un exemple de cette oscillation chez Dolce qui, dans son *Dialogue sur la peinture*, définit d'abord la peinture comme une imitation de la nature avant de corriger la définition en affirmant que son but n'est pas seulement d'imiter mais de dépasser la nature même. Rappelant le célèbre exemple du portrait d'Hélène effectué par Zeuxis grâce au choix de traits de plusieurs modèles, il l'accompagne de l'exemple de Praxitèle qui trouva en Phryne un unique modèle idéal. Mais un peintre moderne, comme le souligne encore Dolce, ne peut trouver un tel modèle, et pour atteindre les meilleurs résultats

il doit se tourner vers l'imitation des Anciens, moins pour les imiter que pour améliorer son propre niveau d'imitation [1]. Ainsi, tandis que pour les arts figuratifs nous remarquons trois niveaux d'imitation (l'imitation fidèle de la nature, l'imitation idéale et l'imitation des Anciens), l'injonction d'Aristote à représenter la vie non pas telle qu'elle est mais telle qu'elle devrait être constitue l'arrière-plan de ces développements, et un motif pour les confronter avec la poésie. Par ailleurs, à partir d'Alberti [2], auquel se ramène fréquemment le débat sur l'*ut pictora poësis*, l'idée d'imitation a toujours été un modèle complexe dans lequel la nature était déjà divisée en *natura naturata* et *natura naturans*, auxquelles s'ajoutait le modèle idéal des Anciens. Mais si le peintre et le poète pouvaient partager le terrain de l'imitation, sur d'autres aspects, comme celui du choix du sujet, le peintre se trouvait encore dans une position subalterne par rapport au poète. Lee fait observer que :

1. L. Dolce, « Dialogo della pittura intitolato l'Aretino », Venezia, 1557, in *Scritti d'Arte del Cinquecento*, Milan-Naples, Riccardo Ricciardi Editore, 1971, vol. I, p. 792-833 ; trad. fr. L. Fallay d'Este et N. Bauer, *Dialogue de la peinture intitulé l'Arétin*, Paris, Klincksieck, 1996.

2. En ce qui concerne la position d'Alberti, nous renvoyons à l'étude d'E. Di Stefano, *L'altro sapere. Bello, Arte, Immagine in Leone Battista Alberti*, Palerme, Centro Internazionale Studi di Estetica, Supplementa n. 4, 2000, notamment p. 92-98.

> La théorie du peintre érudit, frère jumeau du poète érudit dont le prototype était le *doctus poeta* de l'Antiquité, constitue un élément important dans la doctrine de l'*ut pictura poesis.* D'une grande vitalité, il crut et embellit au XVI e siècle et, vers la fin du XVIII e, il avait à peine perdu sa vigueur. Pourtant, le personnage du peintre érudit est une élaboration toute théorique des critiques italiens du Cinquecento : sans être à proprement parler un pur produit de l'imagination, il n'a jamais eu qu'un fondement très partiel dans la réalité. Souvent, il n'en avait même pas du tout [1].

En suivant le développement du célèbre essai de Lee dédié à l'histoirc de l'*ut pictura poësis*, nous nous rendons compte qu'outre l'imitation, d'autres concepts ont été récurrents dans l'élaboration de la réflexion, à la Renaissance, au XVII e comme au XVIII e siècle, sur les rapports entre la poésie et la peinture. En premier lieu, nous pouvons mentionner l'invention. Le rapport entre la peinture et la poésie, avec la volonté de conférer de la noblesse à la première, est inauguré précisément par le choix du sujet à représenter. En ce sens Aristote et Horace restaient des références indispensables. Deux positions étaient fondamentales à la Renaissance : la première selon laquelle l'histoire nourrissait une bonne composition, et la seconde, assez répandue, qui considérait que les thèmes mythologiques et bibliques fournissaient de nobles sujets pour la peinture (en raison de la fonction pédagogique attribuée à la peinture). Il faut attendre le XVII e siècle pour que les sujets *des petites choses*, la peinture de genre, le paysage et la nature morte soient reconnus [2]. Lee considère le rôle attribué à l'expression comme un autre aspect fondamental des théories de l'*ut pictura poësis* :

> Si, comme le disait Aristote, ce sont les êtres humains en action qui constituent le sujet de la peinture, il s'ensuit que les mouvements corporels qui expriment les affects et les passions de l'âme constituent la vie même de l'art et le but auquel tend toute la science de la peinture. Lomazzo souligne que c'est précisément en cela que la peinture ressemble le plus à la poésie, car le génie inspirant ces deux arts réside dans la connaissance des passions et dans le pouvoir de les exprimer; et quelle que soit la perfection de son style ou de sa technique, le peintre dépourvu d'expression doit se préparer à encourir le blâme de la postérité [3].

La notion d'ornement est un autre aspect propre au débat de la Renaissance qu'il faut faire remonter à Horace. Nous en trouvons une première formulation dans le *De pictura* d'Alberti, aussi bien dans le sens des choix appropriés dans la représentation d'un personnage que dans le sens de la proportion de chaque partie du corps par rapport aux autres. Nous retrouvons cette double signification

1. R. W. Lee, *Ut Pictura Poesis*, *op. cit.*, p. 97.
2. Voir V. I. Stoichita, *L'instauration du tableau*, Méridiens Klincksieck, 1993.
3. R. W. Lee, *Ut Pictura Poesis*, *op. cit.*, p. 53.

chez Dolce lorsqu'il parle d'« ordre et convenance » ou chez Léonard qui souligne dans son *Traité de la peinture* l'importance de la convenance des gestes, des vêtements et du lieu en fonction de la dignité ou de la vulgarité de la figure représentée. Un autre sens de l'ornement particulièrement bien accepté est celui qui émerge du passage d'Horace que nous venons de citer, c'est-à-dire la peinture et la poésie en tant que sources d'instruction. Cette valeur morale de l'art établit une claire différence entre la peinture et la poésie, à propos des limites et de la *licence* de la représentation, qui accompagnera le débat au-delà de Lessing.

Il est intéressant de remarquer en marge qu'il est possible de découvrir chez Dolce une forme de comparaison plus subtile, liée aux modalités de construction de la poésie et de la peinture. Dans le *Dialogue sur la peinture*, l'auteur avance une division du travail du peintre en trois phases : l'invention, le dessin et la couleur.

> Toute la somme de la peinture est, à mon avis, divisée en trois parties : l'invention, le dessin et la couleur. L'invention est la fable, ou l'histoire, que le peintre se choisit, ou que d'autres lui donnent en guise de thème sur lequel travailler. Le dessin est la forme avec laquelle il la représente. La couleur sert à obtenir les teintes que la nature adopte pour dépeindre (si l'on peut s'exprimer ainsi) différemment les choses animées et inanimées [1].

Lee étudie justement le parallèle entre cette tripartition et la tripartition classique de la rhétorique en *inventio*, *dispositio* et *elocutio*. Dans la rhétorique de la Renaissance, comme pour Dolce, l'*inventio* indique le choix du matériau, la *dispositio*, tout comme le dessin, indique l'organisation de ce matériau, et l'*elocutio*, tout comme la couleur, indique le résultat final du discours ou du tableau. En ce sens, en adoptant des processus communs, la poésie et la peinture peuvent faire l'objet d'une comparaison rigoureuse.

Auparavant, Léonard de Vinci avait soutenu, presque avec véhémence, la supériorité de la peinture sur la poésie. Pour lui, la peinture est avant tout une activité intellectuelle. Comme l'écrit Claudio Scarpati, dans le sillage de Cesare Luporini, « d'une certaine manière, la peinture avait déjà été soustraite au catalogue des arts mécaniques en fait, si ce n'est en droit » [2]. Mais Léonard de Vinci est peut-être le premier à vouloir soutenir *de droit* la noblesse de la peinture.

1. L. Dolce, « Dialogo della pittura intitolato l'Aretino », *op. cit.*, p. 66.

2. C. Scarpati, introduction à Léonard de Vinci, *Il Paragone delle arti*, Milan, Vita e Pensiero, 1993, p. 11 ; Scarpati fait référence à l'essai de C. Luporini, *La mente di Leonardo*, Florence, Le lettere, 1953.

Si nous lisons le début du chapitre 15 du « Parallèle des arts », la première partie du *Traité de la peinture*, intitulé « La peinture surpasse toutes les œuvres humaines, grâce aux subtiles spéculations qui lui sont propres », nous trouvons une synthèse des principaux thèmes avancés par Léonard en faveur de la peinture :

> L'œil, que l'on dit fenêtre de l'âme, est le principal chemin par lequel l'intelligence peut, avec le plus d'abondance de magnificences, considérer les œuvres infinies de la nature. L'oreille vient ensuite, s'ennoblissant des choses racontées et que l'œil a perçues. Si vous, historiographes, poètes ou mathématiciens, vous n'aviez vu les choses de vos propres yeux, vous pourriez mal les définir par l'écriture. Et si toi, poète, tu imagines une histoire dépeinte par ta plume, le peintre avec son pinceau la rendra de façon plus satisfaisante, et moins fastidieuse à comprendre. Si tu prétends que la peinture est poésie muette, le peintre pourra dire de la poésie qu'elle est une peinture aveugle. Considère quelle est l'infirmité la plus néfaste : le mutisme, ou bien la cécité ?
> Si le poète est aussi libre que le peintre dans ses inventions, ses fictions ne donnent pas autant de satisfactions aux hommes que les peintures, car si la poésie cherche à figurer, par des mots, formes, actes et sites, le peintre se sert des ressemblances mêmes des formes pour les copier. Vois donc, qu'est-ce qui est le plus proche de l'homme, le nom d'homme ou la ressemblance de ce même homme ? Le nom d'homme varie d'un pays à l'autre, mais sa forme n'est changée que par la mort [1].

L'argumentation de Léonard de Vinci se base sur trois arguments. Le premier, que l'on déduit du titre du chapitre 19 mais qui est l'objet des premiers chapitres du traité puis des chapitres 33 et 34, est que la peinture est surtout *mentale* : elle requiert des connaissances scientifiques vastes et approfondies, elle a sa théorie et ses principes rigoureux. Elle n'est pas une science pure mais en un certain sens elle est plus qu'une science puisqu'elle se mesure à l'expérience (« Mais il me semble, à moi, que les sciences sont vaines et pleines d'erreurs, qui ne sont pas nées de l'expérience » [2]). Le deuxième argument concerne le pouvoir d'imitation. La représentation picturale est plus efficace, plus vive et plus compréhensible que la représentation poétique. Le troisième argument, étroitement lié au second, est la reconnaissance d'une véritable hiérarchie des sens, nettement dominée par la vue, suivie par l'ouïe et le toucher. La comparaison entre la peinture et la musique (« sœur cadette de la peinture » [3]) est élaborée

1. Léonard de Vinci, *Traité de la peinture*, trad. fr. A. Keller, Paris, Jean de Bonnot, 1977, p. 15-16.
2. *Ibid.*, chap. 29, p. 28.
3. *Ibid*, chap. 25, p. 25. Le caractère éphémère des œuvres musicales est l'autre motif de supériorité de la peinture sur la musique : « Mais la peinture est supérieure à la musique et la domine, parce qu'elle ne meurt pas dès sa création, comme la malheureuse musique ».

à partir de celui-ci, tandis que la comparaison entre la peinture et la sculpture, qui reste un « art très mécanique » [1], renvoie surtout au premier argument. Le traité sur la sculpture de Pomponio Gaurico pourrait servir de pendant, dans le même climat culturel, à la théorie provocante de Léonard de Vinci. Il reconnaît à tous les arts la *nécessité* du travail intellectuel, se montrant plus conciliant que la théorie anti-poétique de Léonard de Vinci et cherchant à rapprocher la peinture et la sculpture. « Les écrivains agissent avec les mots, les artistes avec les choses ; ceux-ci narrent, ceux-là représentent et exposent ; ceux-ci ne charment pas toujours une ouïe raffinée et intransigeante, ceux-là satisfont la vue et captivent tous les hommes comme un spectacle splendide » [2]. Pomponio Gaurico cherche à démontrer l'affinité entre les arts par une démarche philologique en remontant à la matrice commune du verbe *graphein*, employé aussi bien pour l'écriture que pour le dessin, tentative peut-être insuffisamment structurée mais qui annonce la nécessité d'identifier un dénominateur commun à un ensemble de pratiques qui sont déjà perçues comme étant proches ou du moins liminaires.

L'enquête encouragée par Benedetto Varchi, qui culminera dans sa célèbre *Leçon* de l'Académie Florentine en 1546, constitue le moment central de la comparaison à la Renaissance entre la peinture et la sculpture, et entre la peinture et la poésie, en en proposant une synthèse aboutie.
Dans l'incipit de la première dispute, *Della maggioranza e nobiltà delle arti* (*De la primauté et de la noblesse des arts*), Varchi déclare ses intentions :

> Notre intention dans ce premier débat est de trouver parmi tous les arts lequel est le plus noble, tâche qui est tout aussi pénible qu'utile ; et bien que nous puissions dire en très peu de mots notre opinion, néanmoins, comme nous voulons procéder philosophiquement et être compris par chacun, il est nécessaire de dire, tout d'abord, ce qu'est l'art, puis de quelle manière et par quoi on peut connaître qu'un art est plus ou moins noble qu'un autre [3].

1. Léonard de Vinci, *Traité de la peinture*, *op. cit.*, chap. 31, p. 30. Encore une fois, au chapitre 36 : « Je ne trouve pas d'autre différence entre la peinture et la sculpture, si ce n'est le fait que le sculpteur exécute son œuvre avec une plus grande fatigue physique que le peintre, alors que celui-ci la réalise avec une plus grande fatigue mentale ».
2. Pomponio Gaurico, *De sculptura*, retranscrit en partie dans *Scritti d'arte del Cinquecento*, tome 1, éd. P. Barocchi, *op. cit.*, p. 253.
3. B. Varchi, « *Lezzione* », *op. cit.*, p. 9.

Ainsi Varchi doit offrir une définition (aristotélicienne) de l'art, pour indiquer avec précision, « philosophiquement », le cadre dans lequel la discussion advient (« L'art est un habitus factuel, qui repose sur la raison vraie, dont les productions ne sont pas nécessaires, et dont le principe ne réside pas dans les choses que l'on fait, mais dans celui qui les fait » [1]), avant d'indiquer un principe au moyen duquel distinguer les arts entre eux :

> Comme chaque science tire son unité de son sujet, c'est-à-dire qu'elle est unique et distincte de toutes les autres, parce que son sujet est unique et distinct de tous les autres, ainsi chaque art tire son unité non pas de son sujet, mais de sa fin, c'est-à-dire qu'il est unique et distinct de tout autre parce qu'il a une fin unique et distincte de toute les autres [2].

Suit un long examen des classifications les plus traditionnelles des arts, de la classification en arts utiles et arts de plaisir (selon les termes de Varchi « certains furent trouvés par nécessité, d'autres pour être utiles, d'autres pour l'amusement » [3]), à la classification en arts libéraux et arts mécaniques (qui a ses yeux a perdu sa validité), jusqu'à reconnaître dans la médecine et l'architecture les deux arts les plus nobles, comme nous le disions dans le chapitre précédent. Il passe ainsi à la deuxième dispute, le cœur de la comparaison, *Qual sia più nobile, o la scultura o la pittura* (*De la sculpture ou de la peinture, laquelle sera la plus noble ?*). Varchi commence par une déclaration prudente, en attribuant l'autorité du jugement au seul Michel-Ange (« celui qui est le plus parfait dans l'un et l'autre art ») et en illustrant la modalité de son analyse :

> J'ai écrit à presque tous les sculpteurs et les peintres les plus éminents qui se trouvent aujourd'hui à Florence, et j'ai reçu leur opinion et leur jugement. Et si le temps, trop bref, me l'avait permis, j'aurais écrit aussi à tous ceux que je connais en dehors de la ville. Et, en vérité, j'ai tiré de leur opinion aussi bien utilité que plaisir, les voyant non moins avertis qu'ingénieux, et voyant qu'ils savent utiliser non seulement le ciseau et le pinceau, mais aussi la plume, suivant ainsi, dans l'un et l'autre art, les traces de leur Maître. Et j'ai été conforté dans la croyance que quiconque est très éminent dans un art noble ne peut manquer de jugement dans un autre [4].

Varchi pressent qu'il évolue sur un terrain où le dernier mot revient à ceux qui ont une expérience productive des arts, en leur reconnaissant un *esprit* qui

1. *Ibid.*
2. *Ibid.*, p. 11.
3. *Ibid.*, p. 12.
4. B. Varchi, « *Lezzione* », in *Trattati d'arte del Cinquecento*, trad. fr. L. Fallay d'Este, N. Bauer, *Le Paragone : le parallèle des arts*, Paris, Klincksieck, 2009, p. 103.

donne le droit au jugement. Varchi implique véritablement dans l'entreprise de la comparaison les figures les plus éminentes du panorama artistique florentin de l'époque : Giorgio Vasari, le Bronzino, le Pontormo, Maître Tasse, Francesco di Giuliano da Sangallo, Maître Tribolo, Benvenuto Cellini et enfin Michel-Ange. Il ne peut se dispenser de louer deux illustres prédécesseurs :

> En ce qui concerne les témoignages, disons d'abord que le comte Baldassare de Castiglione lança cette dispute à la fin du Premier Livre de son très savant et très judicieux *Courtisan.* Alléguant de nombreuses raisons en faveur de l'un et de l'autre parti, il conclut finalement que la peinture était la plus noble. Pareillement, Leon Battista Alberti, homme très noble et très savant dans tous les arts et sciences, ayant été à son époque à la fois un très grand architecte et un très grand peintre, soutient, dans le livre qu'il a écrit sur la Peinture, que celle-ci est plus distinguée et plus noble que la sculpture [1].

La position d'Alberti est assez directe : il souligne d'abord d'une manière générale la dignité de la peinture [2], puis revendique la supériorité de la peinture sur la sculpture en vertu du plus grand effort d'esprit qu'elle requiert [3]. Baldassare Castiglione en revanche, à la fin du premier livre du *Courtisan* (XLIX-LII), propose, au-delà de la solution finale (la peinture est « plus capable d'art » [4], c'est-à-dire qu'elle possède une plus grande capacité de composition), une analyse plus articulée de la comparaison. Tout d'abord, en se référant aux Anciens, il ne compte plus la peinture parmi les arts mécaniques puis il indique clairement la base commune aux deux arts, avant que Ioan Cristoforo Romano, sculpteur qui ne pourra que défendre son art, et le comte de Canossa, qui prendra la défense de la peinture : « Et quoique la peinture soit différente de la sculpture, l'une et l'autre pourtant sortent d'une même source, qui est le bon dessin » [5].

1. B. Varchi, « *Lezzione* », in *Le Paragone : le parallèle des arts, op. cit.*, p. 104.
2. Leon Battista Alberti, *Della pittura*, livre II ; trad. fr. D. Sonnier, *De Pictura*, Paris, Allia, 2007, p. 38 : « Il se peut que l'étude de cette discipline semble trop ardue aux jeunes gens : je voudrais leur montrer ici comme la peinture mérite que nous lui consacrions tout notre soin et toute notre étude. C'est que la peinture possède en soi une vertu presque divine qui *permet aux absents d'être présents* - on le dit pareillement de l'amitié -, mais aussi de donner les morts à voir aux vivants, après de longs siècles, en telle façon qu'on les reconnaisse, pour le plus grand renom de l'artiste et pour le plus grand plaisir des spectateurs ».
3. *Ibid*, p. 41-43 : « Un auteur fort ancien, Hermès Trismégiste, affirme que la peinture et la sculpture sont nées avec la religion. [...] Mais qui le niera? Dans la vie publique et privée comme dans la vie civile et religieuse, la peinture s'est si bien arrogé le rôle le plus noble que je ne trouve chez les mortels aucun *art pratique* qui jouisse d'un crédit aussi universel. [...] Ce sont, bien sûr, des arts étroitement liés que la peinture et la sculpture, et nourris au même génie. Mais je mettrai toujours au premier rang celui du peintre parce qu'il accomplit une tâche bien plus difficile ».
4. B. Castiglione, *Le livre du courtisan, op. cit.*, p. 95.
5. *Ibid.*, p. 93.

Ainsi, Varchi continue en présentant les positions principales de la tradition et celles qui seront exprimées dans les lettres de réponse. Evidemment, le ton de ces réponses des artistes est assez variable, de même que la plupart des contenus : tandis que le Bronzino tente une analyse attentive (quoique parfois confuse) des motifs des deux arts, Sangallo expose avec franchise les difficultés matérielles de son travail ; au ton enflammé de Cellini en faveur de la sculpture (avec la célèbre argumentation des huit vues qu'offre la statue tandis que la peinture n'en possède qu'une seule), s'oppose l'ironie de Pontormo qui comme Varchi voit dans le dessin la base des deux arts, au point de reconnaître en Michel-Ange un illustre peintre plus qu'un sculpteur. Mais Pontormo, avec un ton de feinte modestie, établit une certaine distance entre lui, artiste, et le théoricien Varchi qui synthétise ainsi et clôt la revue des opinions relevées :

> Je dis donc procédant sur le mode philosophique que j'estime - quant à moi, et mieux même je suis certain - que, dans leur substance, la sculpture et la peinture sont un seul et même art, et conséquemment, elles sont aussi nobles l'une que l'autre. A présent chacun confesse que non seulement leur fin, à savoir une imitation artificielle de la nature, est la même, mais que leur principe, à savoir le dessin, l'est également [1].

Cette synthèse de médiation est bien éloignée de certaines des positions les plus célèbres qui précédaient l'enquête de Varchi et l'équivalence entre la peinture et la sculpture constitue un aboutissement significatif. La conclusion de la troisième dispute, *En quoi les poètes et les peintres sont semblables ou différents*, va elle-aussi dans le sens d'une conciliation. Varchi semblerait ne pas vouloir mettre sur le même plan la poésie et la peinture, en assignant un statut « spécial » à la poésie, qui est « proprement infaisable » [2], même si elle possède elle-aussi un système de règles. Toutes deux imitent la nature, mais avec des moyens et des objectifs différents :

> Ainsi nous avons vu pourquoi la poésie est appelée art, et qu'elle est semblable à la peinture, car toutes deux imitent la nature ; mais il faut remarquer que le poète l'imite par les mots, et les peintres par les couleurs et, ce qui est plus important, que les poètes imitent principalement l'intérieur, c'est-à-dire les concepts et les passions de l'âme, bien que souvent ils décrivent et peignent presque par les mots les corps et tous les traits de toutes les choses, animées et inanimées ; et que les peintres imitent principalement l'extérieur, c'est-à-dire les corps et les traits de toutes les choses [3].

1. B. Varchi, « *Lezzione* », in *Trattati d'arte del Cinquecento*, *op. cit.*, p. 43-44.
2. *Ibid*, p. 54.
3. *Ibid*, p. 54-55.

Michel-Ange aura le dernier mot sur la comparaison. Ayant reçu le livret en « avant-première », de Rome le Buonarroti répond non sans ironie :

> Après avoir lu votre Opuscule où vous dites, philosophiquement parlant, que les choses qui ont la même fin sont une seule et même chose, j'ai changé d'avis et je dirai que, si un jugement, des difficultés, des entraves et un labeur plus considérables, ne confèrent pas une plus grande noblesse, la peinture et la sculpture sont une seule et même chose; mais pour qu'il en soit ainsi, tout peintre ne devrait exécuter pas moins de sculpture que de peinture; de même, un sculpteur autant de peinture que de sculpture. J'entends par sculpture celle qu'on réalise par l'effort de retrancher : car celle que l'on réalise au moyen de l'adjonction est semblable à la peinture. Qu'il suffise de dire que l'une et l'autre, je veux dire la peinture et la sculpture, provenant d'une même intelligence, on peut amener à se réconcilier tranquillement ensemble, et laisser de côté toutes ces disputes qui demandent plus de temps que pour faire des figures. Si celui qui a écrit que la peinture est plus noble que la sculpture, a compris tout aussi bien les autres choses qu'il a écrites, ma servante les aurait écrites mieux que lui. On pourrait dire bien des choses, et inédites, sur ces savoirs; mais, comme je l'ai déjà dit, il y faudrait bien trop de temps et j'en ai peu, car je suis non seulement vieux, mais pour ainsi dire au nombre des morts [1].

Avec ces mots, Michel-Ange met fin à la dispute et l'annule simultanément, invoquant sa propre expérience d'artiste, sa propre logique et le « jugement de

l'œil » comme preuves ultimes, se dissociant de l'approche de Varchi. Mais plus que ces mots, l'expérience artistique de Michel-Ange clôt la dispute entre la peinture et la sculpture, ainsi que la question de leur noblesse moindre par rapport à la poésie (personne, après son œuvre, ne pourra penser la peinture et la sculpture comme privées d'effort intellectuel).

Une lettre de Galilée, envoyée en 1612 à Lodovico Cigoli, afin de prendre part au débat sur la primauté de la peinture ou de la sculpture, marque le passage au XVIIe siècle. Galilée soutient avec force les raisons de la première mais il est intéressant de constater les motivations qu'il propose dans sa lettre. Il écrit :

> Pour le relief qui trompe la vue, la peinture y a sa part tout autant que la sculpture et même davantage; puisque la peinture, outre le clair et l'obscur qui sont pour ainsi dire le relief visible de la sculpture, dispose de la couleur, éminemment naturelle, laquelle fait défaut à la sculpture. Reste donc que la sculpture surpasse la peinture pour cette sorte de relief qui dépend du toucher [2].

1. Michel-Ange, *Lettre à B. Varchi, in Trattati d'arte del Cinquecento*, *op. cit.*, vol. 1., p. 82; trad. fr. A. C. Fiorato, *Correspondance*, tome 2, Lettre 309, Paris, Les Belles Lettres, 2010, p. 66.

2. Galilée, « Lettre à Lodovico Cigoli », dans E. Panofsky, *Galilée critique d'art*, trad. fr. N. Heinich, Paris, Les impressions nouvelles, 1992, p. 29-30.

Il faut mettre en évidence trois éléments dans cette lettre qui annoncent la naissance de l'esthétique. Le premier est que la peinture prime en vertu du degré majeur de fiction qu'elle réussit à construire, du pouvoir d'illusion qu'elle parvient à exprimer (comme chez Castiglione). Le deuxième aspect concerne l'introduction des valeurs du toucher dans le jugement esthétique, c'est-à-dire un élargissement de la sphère de la sensibilité. Enfin, la comparaison entre les deux arts est faite *du point de vue du spectateur* et pas seulement de celui du producteur [1].

Le point de vue du spectateur sera celui adopté notamment par Jean-Baptiste Du Bos. Qu'on le considère comme un précurseur ou un initiateur, ses *Réflexions critiques sur la poésie et la peinture*, son traité de 1719, donnent un sens nouveau au terme même de « critique » et s'imposeront comme un texte fondamental pour la naissance de l'esthétique. Comme l'écrit Luigi Russo :

> Le dix-huitième siècle dans son entier, le siècle de la « naissance de l'esthétique », ne serait pas le même sans Du Bos, dont l'action manifeste est capillaire et diffuse ; mais celle qui informe la sensibilité et détermine la forme d'esprit d'une époque est tout aussi envahissante et pour ainsi dire cachée. Cependant, au tournant du siècle, entre Kant et le Romantisme, précisément lorsque le « système des arts » parvient à maturité et se fixe, en grande partie (mais pas totalement : nous le verrons), Du Bos est refoulé, laissé sombrer dans le limon des ferments prénataux [2].

Les raisons historiques et théoriques du succès comme de l'oubli de Du Bos sont complexes. L'édition italienne récente des *Réflexions* [3] a donné l'occasion de rouvrir le débat sur ces questions [4]. Il est toutefois nécessaire de se consacrer maintenant à certaines d'entre elles car elles se révèlent déterminantes pour les développements de la comparaison des arts.

Alfred Baeumler présente ainsi la nouveauté proposée par les écrits de Du Bos :

> Quatre années seulement séparent les *Réflexions* de Du Bos du *Traité* de Crousaz ; mais on se croirait dans un autre siècle. Le sentiment, qui vient tout juste d'obtenir droit de

1. A ces trois éléments on devrait ajouter, bien que la question nous conduise loin, le rapport implicite entre l'art et la science chez Galilée. Panofsky souligne : « si l'on considère que l'attitude scientifique de Galilée influença son jugement esthétique, l'on est en droit de considérer tout autant que son attitude esthétique a influencé ses convictions scientifiques ; et plus précisément l'on peut dire que, tant comme homme de science que comme critique d'art, il obéit aux mêmes types de contrôles », *Ibid.*, p. 54.
2. L. Russo, « Il caso Du Bos e il paradigma dell'estetica », *in* L. Russo (éd.), *Jean-Baptiste Du Bos e l'estetica dello spettatore*, Palerme, Centro Internazionale Studi di Estetica, Aesthetica Preprint, Supplementa n° 5, décembre 2005, p. 213-222.
3. J.-B. Du Bos, *Réflexions critiques sur la poésie et sur la peinture*, éd. Dominique Désirat, Paris, École nationale supérieure des beaux-arts, 1993.
4. Nous renvoyons aux essais regroupés par L. Russo dans *Jean-Baptiste Du Bos e l'estetica dello spettatore*.

> cité en tant qu'*analogon rationis*, pousse d'un coup la raison dans ses retranchements. [...] Combien Du Bos est éloigné de cette métaphysique du beau et de ce goût ! Son livre exprime la révolte du bon sens non seulement contre la métaphysique, mais encore contre la logique. [...] Le jugement « par voie d'analyse » est bien en-dessous du jugement « par voie de sentiment ». Le but de l'art est de nous toucher ; un poème ou un tableau qui n'émeuvent pas ne sont pas bons. Mais c'est le sentiment, non l'entendement, qui me dit ce qui me touche [1].

Certes les affirmations de Baeumler doivent être comprises au sein de sa réflexion sur la naissance de l'esthétique et sur le rôle de l'*irrationalité* (au sens qu'il lui donne). Les *Réflexions* instaurent certainement une modalité du jugement sur l'œuvre d'art où De Bos cherche un équilibre inédit entre la raison et le sentiment. Si les productions artistiques et le goût peuvent changer en fonction du contexte historique, géographique et culturel, leur base *sentimentale* reste toujours la même en tout temps et en tout lieu, puisqu'elle est inscrite dans la nature humaine. Cette espèce de « règle du sentiment » est offerte par l'époque classique dans son authenticité qui permet de reconnaître un principe universel pour le jugement du public (une catégorie de fait structurée précisément par Du Bos). Le fondement établi par Du Bos anticipe donc partiellement un aspect de la faculté de juger kantienne : l'être subjectif, communicable (non pas dans le débat spécialisé des critiques de profession, mais dans l'idée du public) et universel, car propre à chaque homme en tant qu'homme (bien que cette synthèse ne rende justice ni à Du Bos ni à Kant). A partir de cet élément central il est possible d'observer les critères utilisés par Du Bos dans sa comparaison entre la peinture et la poésie. Ces raisons sont en soi plus intéressantes que le résultat hiérarchique obtenu par Du Bos, c'est-à-dire la supériorité de la peinture sur la poésie. Nous pourrions en indiquer certaines qui, d'un côté, synthétisent les thèmes du débat contemporain et, de l'autre, anticipent les arguments qui seront propres au XVIIIe siècle. La première, la plus traditionnelle, est une hiérarchie des sens, la vue prévalant sur l'ouïe. La seconde concerne en revanche la nature des signes employés : la peinture utilise des signes naturels, tandis que la poésie utilise des signes artificiels [2]. A travers les signes naturels, la peinture peut représenter directement et *simultanément* les choses, en gagnant une plus

1. A. Baeumler, *Das Irrationalitätsproblem in der Ästhetik und Logik des 18. Jahrhunderts bis zur Kritik der Urteilskraft*, Tübingen, Max Niemeyer, 1967 ; trad. fr. O. Cossé, *Le problème de l'irrationalité dans l'esthétique et la logique du XVIIIe siècle, jusqu'à la Critique de la faculté de juger*, Strasbourg, Presses Universitaires de Strasbourg, 1999, p. 59.

2. Dans l'articulation de ces deux premières raisons, l'influence de la réflexion sur la peinture de Roger de Piles est importante chez Du Bos. Nous renvoyons à B. Teyssèdre, *Roger de Piles et les débats sur le coloris au*

grande force expressive sur le spectateur et une compréhension universelle, tandis que la poésie est contrainte à une représentation indirecte (pour toucher les sentiments du spectateur les mots doivent devenir des idées avant de se traduire en images), dans la durée et dans la *succession* (question qui sera centrale par la suite pour Lessing). Nous en revenons ainsi au premier critère de différenciation : la capacité des arts à provoquer le sentiment du spectateur. La publication et le succès de *Les Beaux-Arts réduits à un même principe* de Batteux ne tempèrent pas la question de la comparaison mais, en un certain sens, la relancent. Il suffit de penser aux critiques assez féroces lancées par Diderot à Batteux, en introduisant certains des thèmes centraux du *Laocoon* de Lessing [1]. Diderot écrit dans sa *Lettre sur les sourds et muets* :

> Balancer les beautés d'un poète avec celles d'un autre poète, c'est ce qu'on a fait mille fois. Mais rassembler les beautés communes de la poésie, de la peinture et de la musique, en montrer les analogies, expliquer comment le poète, le peintre et le musicien rendent la même image, saisir les emblèmes fugitifs de leur expression, examiner s'il n'y aurait pas quelques similitude entre ces emblèmes, etc., c'est ce qui reste à faire, et ce que je vous conseille d'ajouter à vos *Beaux-Arts réduits à un même principe.* Ne manquez pas non plus de mettre à la tête de cet ouvrage un chapitre sur ce que c'est que la belle nature ; car je trouve des gens qui me soutiennent que faute de l'une de ces choses, votre traité reste sans fondement ; et que faute de l'autre, il manque d'application. Apprenez-leur, Monsieur, une bonne fois comment chaque art imite la nature dans un même objet ; et démontrez-leur qu'il est faux, ainsi qu'ils le prétendent, que toute nature soit belle, et qu'il n'y ait de laide nature que celle qui n'est pas à sa place. [...] Ils veulent que je leur dise encore pourquoi une peinture admirable dans un poème deviendrait ridicule sur la toile [...] [2].

La première partie du *Laocoon ou Des frontières respectives de la peinture et de la poésie* de Lessing est certainement un tournant dans le parcours historique de comparaison entre les arts, ainsi qu'un moment décisif pour l'histoire et le statut de l'esthétique. Sa position centrale lui est conférée, au-delà de la richesse de son analyse de la poésie et des arts figuratifs, par l'attitude particulière adoptée par Lessing dans son œuvre. Jusqu'à lui les exigences qui alimentaient les comparaisons entre les arts étaient principalement de deux types : établir une affinité pour démontrer, par exemple, une force de représentation commune

siècle de Louis XIV, Paris, Bibliothèque des Arts, 1957, et G. Pucci, « Du Bos e le arti visive degli Antichi e dei Moderni », *in* L. Russo (éd.), *Jean-Baptiste Du Bos e l'estetica dello spettatore*, *op. cit*, p. 33-44.

1. Voir l'introduction de M. Cometa dans son édition du *Laocoon* de Gotthold Ephraim Lessing, Palerme, Aesthetica, 2000, p. 9.

2. D. Diderot, « Lettre sur les sourds et muets », *Œuvres*, tome IV, Paris, Robert Laffont, 1996, p. 43-44.

ou bien, à l'intérieur d'une hiérarchie, établir la supériorité d'un art sur l'autre ou en élever une grâce à sa relation avec l'autre. Lessing, au contraire, intervient à un moment où les beaux-arts sont désormais un groupe établi et accepté de fait et de droit (le *Laocoon* fut publié en 1766, vingt ans après *Les Beaux-Arts réduits à un même principe*, et en 1755, Lessing lut et traduisit l'édition de 1733 des *Réflexions critiques sur la théorie et sur la peinture* de Du Bos). Toutefois, après la synthèse, la création d'un ensemble homogène, survient avec Lessing une phase en un certain sens analytique, visant surtout à déterminer les différences et les spécificités des savoirs artistiques singuliers. En ce sens, Lessing pose les bases du discours moderne sur les arts centré sur les moyens matériels, productifs et linguistiques des divers arts. Comme le relève Croce : « Sur ce principe des limites propres, c'est-à-dire de l'individualité de chaque art, roulèrent les travaux des philosophes postérieurs, qui sans mettre en discussion le principe en lui-même, se mirent à classer les arts et à les ordonner en séries » [1]. Lessing précise lui-même sa position, au début du *Laocoon* :

> Le premier homme qui entreprit de comparer la peinture et la poésie possédait une grande finesse de goût et les deux arts avaient sur lui un semblable effet. Tous deux, dit-il, nous rendent sensibles des choses absentes et nous présentent l'apparence comme une réalité ; tous deux nous trompent et cette tromperie est également présente.
> Un deuxième homme tenta d'analyser plus intimement la nature de ce plaisir et il découvrit que ce dernier découle dans les deux arts d'une seule et même source. La beauté, dont nous déduisons la notion en premier de l'observation d'objets physiques, possède des lois qui peuvent s'appliquer à plusieurs choses ; à des actions, à des pensées aussi bien qu'à des formes.
> Un troisième homme, qui fit porter ses réflexions sur la valeur et la répartition de ces règles générales, fit la remarque que certaines d'entre elles régissaient davantage la peinture et d'autres davantage la poésie et, par conséquent, que dans le premier cas de figure la peinture pouvait aider à comprendre la poésie et, dans le second, la poésie la peinture, au moyen de commentaires et d'exemples.
> Le premier était l'amateur d'art ; le second était le philosophe ; le troisième était le critique [2].

Lorsqu'il évoque l'amateur, Lessing pense probablement, en particulier, à Christoph Friedrich Nicolai, un ami enthousiaste et autodidacte, auteur du *Abhandlung vom Trauerspiele*, (publié en 1757 dans le premier numéro de la *Bibliothek der schonen Wissenschaften und der freyen Künste* que Nicolai avait

1. B. Croce, *Esthétique comme science de l'expression et linguistique générale*, *op. cit.*, p. 453.
2. G. E. Lessing, *Laocoon ou Des frontières respectives de la peinture et de la poésie*, trad. fr. F. Teinturier, Paris, Klincksieck, 2011, p. 5.

fondée la même année avec Mendelssohn) et il fait référence de manière plus générale au débat anglais sur le goût; le second, le philosophe, serait Moses Mendelssohn [1], ou mieux encore, comme le relève Michele Cometa, à celui « qui cherche à ramener toutes les manifestations artistiques et le plaisir qu'elles nous procurent, avec les objets de la nature, à une unique source et à des règles unitaires (la ligne Batteux-Baumgarten-Mendelssohn » [2]. Le troisième, le critique (pas au sens de « professionnel », mais comme celui qui conserve une approche philosophique et analytique), n'est autre que Lessing lui-même. En un certain sens toutefois, à travers ces trois personnages, Lessing synthétise les phases principales de la comparaison des arts, à commencer par la fonction de la représentation dans les différents arts, en passant par le rôle de la beauté et par l'identification de règles générales, pour arriver à l'analyse de ces règles et de leur usage. Le besoin de Lessing n'est plus hiérarchique. Au contraire, il tient à reconnaître à travers les différences la liberté et l'autonomie de la peinture et de la poésie. Ainsi, en critiquant une mauvaise dérive du débat sur l'*ut pictura poësis*, il écrit :

> De nombreux critiques parmi les plus modernes [ont] tiré de cette concordance d'effets entre la peinture et la poésie [*la peinture est une poésie muette et la poésie est une peinture douée de parole*] les conclusions les plus grossières et fausses qui soient. Tantôt ils tentent de faire entrer la poésie dans les limites étroites de la peinture; tantôt au contraire ils laissent pénétrer totalement la peinture dans la sphère de la poésie. [...] Cette critique totalement erronée a même eu pour effet d'égarer certains virtuoses. Elle a ainsi donné naissance en poésie à la manie de la description et en peinture à la manie de l'allégorie : on a voulu faire de celle-là un tableau parlant, sans savoir au juste ce que la poésie pouvait ou devait peindre et on a voulu faire de celle-ci un poème muet, sans s'être demandé dans quelle mesure la peinture pouvait exprimer des notions générales sans courir le risque de s'éloigner de sa vocation première et de devenir un mode d'écriture arbitraire [3].

Cette prise de position dans le débat auquel il participait fut certainement à la fois éclairée et radicale, et visait des objectifs bien précis (par exemple les théories de Spence et du comte de Caylus) [4]. L'argument du Laocoon est assez connu, et dans la première partie des *Paralipomènes au Laocoon*, Lessing lui-même synthétise au mieux les exigences, les fins et les résultats de sa réflexion :

> La ressemblance et les points de concordance qui existent entre la poésie et la peinture ont bien assez souvent été abordés et présentés; mais pas toujours avec la précision

1. Nous nous arrêterons sur les rapports entre Lessing et Mendelssohn dans le chapitre consacré au système.
2. M. Cometa, introduction à l'édition italienne du *Laocoon*, *op. cit.*, p. 8.
3. G. E. Lessing, *Laocoon ou Des frontières respectives de la peinture et de la poésie*, *op. cit.*, p. 6-7.
4. B. Croce, *Esthétique comme science de l'expression et linguistique générale*, *op. cit.*, p. 451-452.

nécessaire, qui aurait pu prévenir toutes les mauvaises influences d'une telle comparaison sur l'une ou sur l'autre. Ces mauvaises influences ont pris la forme, dans la poésie, de la *manie de la description* et dans la peinture de la *manie de l'allégorie*; cela signifie qu'on a voulu faire de la première un *tableau parlant*, sans véritablement savoir ce qu'elle pouvait et devait peindre; et cela signifie qu'on a voulu faire de la seconde un *poème muet*, sans véritablement savoir quelles pensées elle devait peindre, et si même elle devait le faire.

On aurait évité ces erreurs si on avait aussi étudié les différences entre ces deux arts, et ce qui les distingue l'un de l'autre.

Il est vrai de dire que poésie et peinture sont des arts qui reproduisent la réalité; et elles partagent toutes les règles qui peuvent être déduites de cette notion de reproduction ou d'imitation de la nature. Seulement, elles utilisent chacune des moyens tout différents pour atteindre leur objectif de reproduction de la nature et de cette différence essentielle découlent des règles particulières à chacun de ces arts.

La *peinture* met en scène des personnages et des couleurs dans l'*espace*.

L'*art poétique* articule des sons dans le *temps*.

De là proviennent les règles particulières de l'une et de l'autre.

Des signes qui reproduisent le réel et qui se trouvent entre eux dans un rapport de juxtaposition ne peuvent exprimer que des objets qui sont eux aussi juxtaposés ou dont les parties constitutives sont elles-mêmes juxtaposées. De tels objets sont des *corps* et leurs qualités sensibles sont le véritable objet de la peinture.

Des signes qui reproduisent le réel et qui se trouvent dans un rapport de succession ne peuvent exprimer que des objets eux-mêmes successifs ou dont les parties constitutives sont successives. De tels objets se nomment des *actions*. Par conséquent, les actions sont le véritable objet de la poésie [1].

Dans cette heureuse synthèse les thèmes centraux de la perspective adoptée par Lessing sont déjà présents. Certains points doivent toutefois être précisés. Avant tout, l'emploi critique que fait Lessing du principe d'imitation. Si d'un côté il admet que l'imitation est le principe d'union des arts, puisqu'il ressent le besoin d'avoir un critère de base, la spécificité des arts singuliers dans le recours à l'imitation laisse place, au fil des pages du *Laocoon*, à un « principe d'abstraction » par lequel l'invention du producteur est mise en jeu [2]. Lessing utilise dans son analyse des œuvres singulières une polarité qui a comme premier terme le producteur, et de l'autre les modalités de la réception : l'expérience esthétique de l'œuvre d'art dans sa complexité. En outre, Lessing propose une différenciation des signes correspondant aux différents arts (en arrière-fond, la présence de la théorie de Mendelssohn, que nous étudierons dans le prochain chapitre, de Du

1. G. E. Lessing, *Laocoon ou Des frontières respectives de la peinture et de la poésie*, *op. cit.*, p. 215.
2. M. Cometa, introduction à l'édition italienne du *Laocoon*, *op. cit.*, p. 12-13.

Bos et de Harris, est claire [1]). Ainsi les arts figuratifs utilisent des signes naturels et simultanés propres à la représentation des *corps*, tandis que la poésie utilise des signes arbitraires et successifs propres à la représentation des *actions*. La bipartition entre *arts de l'espace* et *arts du temps* ne doit donc pas masquer la différence entre deux temporalités, la simultanéité et la succession, qui caractérisent les arts singuliers. Si les objets de la peinture sont les corps tandis que ceux de la poésie sont les actions, il ne s'agit pas d'un choix mais d'une nécessité interne aux signes employés. Sur ce point, le *Laocoon* reste un outil d'analyse fondamental pour comprendre la complexité des phénomènes artistiques.

L'influence de l'œuvre de Lessing sur les tentatives suivantes de classification et de systématisation des savoirs a été déterminante. Il est possible de déduire du chapitre précédent quelques exemples de cette influence dans les classifications du XIXe siècle. Toutefois, ce n'est en un certain sens qu'au XXe siècle qu'apparaît à nouveau un emploi de la comparaison en tant que modèle d'organisation du discours sur les arts, en particulier dans les deux œuvres parues dans les années quarante : *La correspondance des arts* d'Etienne Souriau et *Les arts et leurs relations mutuelles* de Thomas Munro.

Chez Souriau surtout s'exprime clairement l'intention d'offrir un modèle scientifique rigoureux pour le discours sur les arts fondé sur la comparaison, permettant de construire tout un réseau de relations entre les arts. Pour Souriau, la comparaison entre les arts s'effectue à plusieurs niveaux et à différents plans d'existence de l'objet artistique. « On appellera ici esthétique comparée cette discipline dont la base est de confronter entre elles les œuvres, ainsi que les démarches des différents arts (tels que peinture, dessin, sculpture, architecture, poésie, danse, musique, etc.) » [2]. Le processus permettant d'atteindre une méthode rigoureuse requiert différentes étapes. La première consiste à éviter la métaphore, « peste de l'esthétique comparée » [3]. Il est ensuite nécessaire de définir les limites de la sphère artistique, de constater les bornes de son étendue à travers une sorte de catalogue : « pour comparer les différents arts entre eux,

1. Voir G. E. Lessing, *Laocoon ou Des frontières respectives de la peinture et de la poésie*, *op. cit.*, et J. Harris, « Discourse on Music, Painting and Poetry » (1744), *The Works of James Harris, with an account of his life and character by his son the Earl of Malmesbury*, Oxford, T. Tagg, 1841. Nous trouvons justement chez Harris la nécessité de distinguer les « signes arbitraires » et les « signes conventionnels », les « signes coexistants » et les « signes successifs ». Batteux lui-même avait traduit le texte d'Harris dans l'appendice de ses *Principes de Littérature* de 1747.

2. E. Souriau, *La correspondance des arts*, Paris, Flammarion, 1969, p. 26.

3. *Ibid.*, p. 35.

il importe d'en faire le compte, l'inventaire; et pour cela, de chercher d'abord jusqu'où s'étend l'art »[1].

Enfin, il est fondamental de reconnaître les différents plans d'existence de l'œuvre. C'est de là que Souriau commence une analyse plus étroite : « Une œuvre d'art, c'est un être unique, aussi unique que peut l'être une personne humaine, dans sa singularité. Mais si complète, si essentielle que soit l'unité d'un être humain, celui-ci ne s'en établit pas moins sur plusieurs plans ou modes d'existence »[2]. L'auteur en distingue quatre : l'existence physique, phénoménale, chosale, et transcendante. Tandis que l'existence physique concerne directement l'œuvre en tant qu'objet, l'existence causale est celle « de la chose ou des choses représentées, ou présentes seulement par la grâce de l'art. L'ensemble de ces choses forme un tout systématique, fermé sur soi, se suffisant comme donnée organisée en cosmos. Il est, pour parler comme les logiciens, l'"univers du discours"[3]. Avec l'existence phénoménale, Souriau tient au contraire à spécifier l'être phénoménal de l'œuvre, son apparition aux sens[4]. Enfin, l'existence transcendante (qui est peut-être le niveau le moins complexe, bien qu'il soit central) indique un des buts de l'œuvre, celui de nous conduire dans un autre monde à travers ses *qualia* sensibles et sa dimension physique. A cette quadruple distinction de l'existence de l'œuvre et à l'identification des *qualia* sensibles s'ajoute la différence entre les arts de premier degré et les arts de second degré :

> Dans les arts non représentatifs, que nous nommerons arts du premier degré [...] l'organisation formelle de tout l'ensemble des données qui font l'univers de l'œuvre est simple, et toute entière inhérente à l'œuvre même, son véritable et unique sujet d'attribution. Appelons cette organisation forme primaire.
> Dans les arts représentatifs, ou arts du second degré, la dualité ontologique de l'œuvre, d'une part, et d'autre part des êtres posés par son discours, entraîne une dualité formelle. Une partie de la forme y concerne l'œuvre elle-même, qui, de ce point de vue, possède (comme les arts du premier degré) une forme primaire. Mais il s'y trouve tout un autre jeu d'organisations morphologiques qui concerne les êtres suscités et posés par son discours[5].

A partir de ces prémisses, Souriau parvient à construire un système qui se présente comme une table des relations entre les arts[6] :

1. E. Souriau, *La correspondance des arts*, *op. cit.*, p. 45.
2. *Ibid.*, p. 67.
3. *Ibid.*, p. 83.
4. *Ibid.*, p. 74.
5. *Ibid.*, p. 117.
6. *Ibid.*, p. 126.

comparaison

Qualia	Arts du premier degré	Arts du second degré
Lignes	Arabesque	Dessin
Volumes	Architecture	Sculpture
Couleurs	Peinture pure	Peinture représentative
Luminosités	Eclairage / Projections lumineuses	Cinéma / Lavis / Photographie
Mouvements	Danse	Pantomime
Sons articulés	Prosodie pure	Littérature / Poésie
Sons musicaux	Musique	Musique dramatique ou descriptive

Certes, le rapprochement du cinéma, de la photographie et de l'aquarelle nous frappe, ainsi que l'absence des arts mineurs (auxquels Souriau prête une grande attention par ailleurs). L'auteur était bien conscient de certaines limites et met plusieurs fois en garde son lecteur sur ce qui pourrait causer une certaine perplexité et souligne que « autant il peut y avoir de gammes systématiques de *qualia* sensibles, autant au moins il peut y avoir d'arts »[1]. Ceci laisse évidemment le tableau ouvert à d'autres arts, dans la mesure où l'on identifierait de nouveaux *qualia* qui peuvent naître, par exemple, de nouveaux usages des technologies[2]. La distinction entre pur et représentatif, entre le premier et le second degré de manifestation artistique des *qualia* intervient sur cette première classification. Nous pourrions dire que Souriau « comble des trous », ou mieux, isole et distingue des aspects particuliers de certaines pratiques artistiques. C'est le cas de la prosodie pure grâce à laquelle il indique l'aspect musical et rythmique de la poésie, toujours présent mais jamais isolé à l'intérieur de la construction poétique ; ou encore de l'arabesque ou des projections lumineuses.

Les arts mineurs quant à eux sont intégrés à plusieurs endroits du schéma. La céramique par exemple, considérée seulement comme une technique, synthétise les formes architectoniques, le dessin et la sculpture. En outre, Souriau exprime à plusieurs reprises sa méfiance quant aux classifications fondées sur la distinction des matériaux. « La matière interfère pour ainsi dire au hasard avec tout le tableau des arts »[3]. Le matériau est toujours transversal aux arts et en tant que tel il ne contribue pas à la compréhension, mais finit au contraire par confondre des distinctions qui, sur le plan des *qualia* sensibles se révèlent relativement évidentes.

En conclusion, l'utilité du schéma consiste à faire apparaître des correspondances précises. Souriau identifie ainsi la « parenté » des couples des arts correspondant

1. *Ibid.*, p. 110.
2. *Ibid.*, p. 114-118.
3. *Ibid.*, p. 104.

à chaque *qualia*, les affinités entre tous les arts du premier degré et ceux du second degré, ainsi que des similitudes technologiques. L'auteur ajoute à ce type de correspondances une similitude fondée sur une transcendance commune, sur l'évocation d'un même *au-delà* de la part de deux œuvres[1]. Ce dernier niveau semble bien moins structuré que les autres points de la réflexion de Souriau, si on le compare par exemple à la rigueur de son analyse de la musique et de la poésie qu'il considère comme étant complémentaires. Il est vrai aussi toutefois que l'étude des arts appartient à une recherche plus vaste sur l'activité et sur l'existence humaines, dont les arts sont l'expression.

> Tout ce que l'on peut dire, donc, c'est que nos neuf ou douze beaux-arts constituent seulement des activités-types. Celles-ci n'ont guère d'autre caractéristique que d'être plus concentrées, plus pures, plus immédiatement orientées vers des productions autonomes, d'une certaine gratuité, d'une certaine pureté existentielle. Autour, il y a tout un halo d'activités moins pures, engagées dans des exigences complexes, créant des œuvres dont l'usage ne les limite pas à ce seul statut d'avoir été faites par l'art et de l'attester par privilège[2].

Le texte de Munro prouve qu'une comparaison des arts sur des bases et avec des résultats différents de ceux de Souriau est tout à fait possible. Il est important

de souligner qu'il est toutefois également vrai que les prémisses de leurs deux travaux ont bien des points de contact. Comme pour Souriau, Munro a besoin de définir les limites de la sphère artistique et de voir à quelles pratiques elle peut s'appliquer. Dans ce but, il parvient même à compiler, comme nous l'avons évoqué précédemment, un catalogue de cent arts. Il ne s'agit toutefois que d'une étape initiale de la recherche : « Le but recherché n'est pas un classement superficiel, comme une liste alphabétique ou chronologique, mais un regroupement fondé sur les ressemblances et les différences essentielles, inscrites dans la nature même des choses »[3]. Afin d'identifier ce réseau de relations, il faut se munir des outils adéquats. Pour schématiser le texte de Munro, nous pouvons dire que la première partie de prémisses historico-méthodologiques est suivie par la partie la plus riche de son analyse qui concerne les modèles de comparaison et les difficultés que comporte le choix d'un terrain de comparaison. Il conclut ensuite par l'hypothèse d'un système des arts du XXᵉ siècle (son ouvrage date de 1940) particulièrement attentif aux arts industriels et aux arts produits par les nouvelles technologies, ainsi qu'aux débouchés pratiques potentiels de ce

1. E. Souriau, *La correspondance des arts*, *op. cit.*, p. 139.
2. *Ibid.*, p. 53-54.
3. T. Munro, *Les arts et leurs relations mutuelles*, *op. cit.*, p. 12.

système. Cela s'éclaire en considéant les charges de Munro, à la fois directeur du *Museum of Art* de Cleveland, professeur à la *Western Reserve University*, directeur du *Journal of Aesthetics and Art Criticism*, et parmi les fondateurs de l'*American Society of Aesthetics*.

En général, la réflexion de Munro est caractérisée d'une part par des exigences pragmatistes et donc sur la fonction de l'esthétique dans l'organisation des musées, sur l'interaction entre esthétique et pratiques artistiques et sur une approche fonctionnelle du jugement esthétique ; d'autre part sur la nécessité d'explorer le rapport entre science et esthétique, de fonder une méthode rigoureuse et scientifique pour l'esthétique en élaborant l'hypothèse d'une morphologie esthétique [1].
Du fait de son habitude d'« agir sur le terrain », Munro était bien conscient qu'« aucun système esthétique ne saurait être rigide ou définitif. De quelque manière qu'on définisse les différents arts, leurs domaines respectifs débordent et empiètent les uns sur les autres » [2]. Il présente différentes modalités de comparaison et commence par l'analyse « du point de vue du matériau ou moyen d'expression ». Toutefois, comme Souriau, Munro ne fait guère confiance au critère matériel pour la classification des arts : « En classant les arts en fonction du matériau, on risque de perdre de vue le fait que des produits similaires peuvent être obtenus à partir de matériaux très différents » [3]. La voie ouverte par Munro a d'autres affinités avec l'auteur français, lorsqu'il distingue tout d'abord les matériaux physiques des matériaux psychiques, avant de les ramener à une même sphère conceptuelle :

> Pour donner plus de rigueur à la comparaison, on s'efforce parfois de ramener la débordante diversité des matériaux physiques à leur notion psychologique abstraite, à leur concept. On dira, par exemple, que la peinture met en œuvre la *couleur*, non pas les colorants ; la sculpture des *volumes*, plutôt que du marbre ou du bronze : ces concepts impliquent une espèce d'images sensorielles qui peuvent être provoquées par différents moyens extérieurs [4].

Pour Munro, outre la difficulté d'identifier ces qualités sensibles de manière distincte et exhaustive, le problème est que « les qualités sensorielles abstraites ne fournissent pas une base de classification claire et simple » [5]. Ce qui était un

1. *Cf.* T. Munro, *Toward Science in Aesthetics. Selected Essays*, New York, The Liberal Art Press, 1956.
2. T. Munro, *Les arts et leurs relations mutuelles*, *op. cit.*, p. 17.
3. *Ibid.*, p. 193.
4. *Ibid.*, p. 194.
5. *Ibid.*, p. 196.

terrain solide et assuré pour Souriau devient chez Munro un ensemble complexe se déployant en différents champs. Ainsi la comparaison en fonction des moyens finit par comprendre la nature physique du moyen, les stimuli de la perception sensorielle, les instruments matériels, le degré de complexité des matériaux physiques, les qualités psychologiques perçues par les sens (la couleur, le volume, la tonalité, le rythme, etc.), les « composantes perceptibles évoquées » (les émotions, les désirs, etc.), les propriétés technologiques du moyen (physico-chimiques, biologiques, psychologiques et sociales) [1].

Munro se concentre sur les deux autres niveaux de comparaison, tout aussi importants que le premier. Le premier est le procédé ou la technique, qui requiert l'intégration de plusieurs facteurs : le niveau de mentalité, d'éducation et de responsabilité, les attitudes spécifiques nécessaires, le type de moyens d'expression ou le type de matériaux, les conditions de travail, les phases du travail. Dans ce cas-là aussi, nous remarquons qu'un niveau de comparaison finit toujours par constituer une constellation dense non seulement de critères et de concepts, mais encore de disciplines humanistes impliquées moins directement dans la compréhension de l'œuvre d'art.

Le dernier niveau de comparaison entre les arts est élaboré d'après la nature des productions, qu'il faut distinguer des procédés de production. La comparaison se fait entre des objets finis, selon leur destination, leur fin et la façon dont ils se présentent. Certes, « la classification la plus immédiate des arts se fait donc sur la base des types de produit » [2]. Dans ce cas encore nous voyons qu'il est nécessaire pour Munro d'indiquer les différents niveaux à travers lesquels il faut réaliser rigoureusement ce dernier type de comparaison. Dans celui-ci les parallèles, au caractère historico-artistique plus marqué, trouveront place parmi les formes artistiques, les modes de transmission, les modes de composition, les structures, les types et les styles artistiques. Après avoir traité les trois modes de comparaison, Munro émet l'hypothèse de la construction potentielle d'une définition de l'art à partir de l'entrecroisement de ces trois niveaux. Il s'ensuit en réalité une « non définition », ou plutôt un groupe de définitions qui cherchent à synthétiser les différents niveaux d'observation adoptés [3].

1. T. Munro, *Les arts et leurs relations mutuelles*, *op. cit.*, p. 205.

2. *Ibid.*, p. 278.

3. Dans le troisième chapitre, Munro va jusqu'à proposer dix-huit définitions, en proposant une sphère de significations du dictionnaire. Dans ses conclusions, où il résume les positions analysées au cours de son travail, il se borne à quatre sens du terme « art ». Nous renvoyons aux pages 428 et 429.

L'exemple qui introduisait *Les arts et leurs relations mutuelles* était une anecdote sur la taxe d'importation d'une sculpture de Brancusi en Amérique. La taxe s'avérait très salée ; en effet, la valeur artistique de l'œuvre n'ayant pas été reconnue, l'on avait seulement pris en considération l'importation d'une grande quantité de métal. Seule l'intervention d'un juge éclairé (voyant qu'il y avait des gens prêts à dépenser de l'argent pour la sculpture) permit de reconnaître qu'il s'agissait d'une œuvre d'art. Ce n'est pas le seul cas où la loi d'un Etat est intervenue dans l'attribution d'une valeur esthétique pour démontrer que l'objet était artistique. Ce n'est pas un hasard si cela arrive dans les moments où les arts mettent en question le discours sur les arts. Cet exemple démontre aussi que sans un discours structuré rigoureusement, un discours esthétique (qui est également juridique à sa façon) qui légalise et légitime l'objet, l'œuvre d'art ne peut posséder une pleine autonomie. En ce sens la comparaison contribue de façon essentielle à la construction d'un tel discours.

système

S'interroger sur le système des arts au sens strict ne signifie pas seulement suivre une modalité supplémentaire d'organisation du discours sur les arts, mais aussi observer de près comment l'esthétique détermine un de ses objets privilégiés. L'étude des principaux moments du développement du système des arts implique donc qu'on porte une attention particulière à un élément constructif et déterminant du système de l'esthétique. Cette entreprise perdrait du sens dès lors que les systèmes singuliers des arts seraient isolés par les systèmes de l'esthétique correspondants dans leur complexité. Nous espérons que le lecteur accordera du crédit à cet avertissement, car dans les pages qui suivent il ne sera évidemment pas possible de tracer une histoire de l'esthétique qui avance de pair avec l'histoire des systèmes des arts. Comme pour le catalogue, la classification et la comparaison, l'étude du système vise elle-aussi principalement à identifier des traits méthodologiques saillants ainsi que les raisons de son échec. Ces aspects ne peuvent être saisis qu'en ayant toujours à l'esprit les relations qu'un système a *nécessairement* avec les systèmes qui le contiennent, c'est-à-dire précisément le système de l'esthétique ainsi que le système des savoirs, encore plus vaste. Le motif de fond pour lequel je considère que l'hypothèse de repenser aujourd'hui un système des arts (ou pour les arts) est fondée se trouve dans le débat général des dernières décennies sur le système de l'esthétique, sur sa réorganisation, et sur son éventuel dépassement.

Il est nécessaire d'apporter deux précisions. Dans ce chapitre nous nous concentrerons sur ces auteurs, peu nombreux mais essentiels, qui ont modifié *constitutionnellement* l'idée même de système. Les élaborations qui ont déjà été présentées dans les précédents chapitres et le passage à la systématique que nous verrons dans le suivant se situent en amont, en aval et autour de ceux-ci. Ce choix est motivé par l'idée qu'il nous semble plus utile, en ce qui concerne le système, d'identifier les développements de l'idée même que de présenter les propositions singulières d'organisation des relations entre les arts.

Il faut préciser aussi, comme le sait tout chercheur en esthétique, que la littérature critique et historique sur le concept de système n'est pas très vaste. Les tentatives, rares mais fondamentales, d'esquisser l'idée de système moderne des arts sont celles de Kristeller [1], de Munro [2] et de Tatarkiewicz [3], bien que presque toutes les histoires ou les introductions à l'esthétique proposent des chapitres consacrés à la question. Le texte de Kristeller présente cependant les classifications antérieures à l'« étape décisive » [4] de Batteux, avant de ne poursuivre que jusqu'à Kant, au-delà duquel l'auteur ne s'avance pas, tout en expliquant pourquoi. Les parcours tracés par Munro et Tatarkiewicz soulèvent en revanche plus de problèmes : consacrés tous deux aux « classifications », élaborés peu après Hegel, ils ne marquent plus la différence entre le système et la classification. Cette distinction n'est certainement pas toujours facile, et elle est parfois arbitraire, mais elle est nécessaire, croyons-nous, pour comprendre par la suite les passages historico-théoriques qui parviennent jusqu'à nous.

Le catalogue, la classification et la comparaison tendent à *présupposer* une définition de l'art, sans qu'évidemment cela signifie qu'ils excluent une réflexion sur la définition de l'art. Tout système des arts présuppose cependant moins une définition de l'art qu'il ne la constitue. Il délimite le domaine même de la sphère artistique, ou indique du moins le territoire au sein duquel un certain objet fonctionne comme un objet artistique. En cela réside un paradoxe du système : le fait qu'il soit à la fois très actuel et toujours légèrement en retard par rapport à l'état de fait des phénomènes artistiques. Et c'est également la raison pour laquelle il serait nécessaire de penser le système à nouveau précisément à partir de cet état de fait, en laissant venir des faits mêmes les concepts qui

1. P. O. Kristeller, *Le Système moderne des arts : histoire de l'esthétique*, *op. cit.*
2. T. Munro, *Les arts et leurs relations mutuelles*, *op. cit.*
3. W. Tatarkiewicz, *Dzieje sześciu poje* (*Histoire de six idées*), Varsovie, Państwowe wydawnictwo naukowe, 1975.
4. P. O. Kristeller, *Le Système moderne des arts : histoire de l'esthétique*, *op. cit.*, p. 64.

constituent le système, en abandonnant le principe unique sans pour autant renoncer à une organisation réglée du discours.
Un système contemporain agirait donc dans une direction divergente par rapport à la définition. En d'autres termes, on peut dire que le système a bien un rôle définitoire mais qu'il joue exclusivement en fonction du champ et non de l'objet. Il délimite à grands traits une sphère d'action de l'objet, mais sans se risquer à opérer une réduction substantielle de l'objet. Le système serait ainsi l'instrument par lequel l'objet délimite son territoire, ce qui nous permet d'en faire l'expérience. C'est pourquoi, comme le dirait Emilio Garroni, il est impossible d'indiquer un objet esthétique *à l'état pur* ou un système qui puisse le définir universellement [1]. En traitant du système des arts on a affaire à une idée défaillante, qui manifestait déjà à sa naissance des signes clairs d'instabilité. Ces signes sont relevés par les marges de la construction systématique, par les principes parallèles, par les facteurs identifiés du fait que les comptes ne sont pas justes. C'est peut-être en raison de sa faiblesse que le système parvient à se rapprocher des nécessités actuelles. La question ayant ainsi été formulée, il s'agira maintenant d'en faire l'étude chez différents auteurs.

Il est possible d'attribuer une paternité et une date de naissance au système des beaux-arts. En 1746, quand Charles Batteux donne à l'impression *Les beaux-arts réduits à un même principe* il accomplit une opération absolument inédite, formalisant pour la première fois un système des beaux-arts [2]. Cette opération est certes nouvelle, mais elle n'est pas pour autant inattendue. Au contraire, Batteux épouse une instance propre à son temps, et le fait en se servant d'outils conceptuels déjà affirmés.
Le XVIIIe siècle nourrit une forte exigence systématique qui se manifeste dans de différents domaines du savoir. Il suffit de penser à une contingence historique :

1. Voir E. Garroni, *Senso et Paradosso*, Bari-Rome, Laterza, 1995, p. V-X. En 1998, à l'occasion du Congrès de la Biennale de Venise, *L'échange des arts au XXe siècle*, il avait présenté trois formes de relations entre les arts : la *relation interne*, « la dette-crédit que chaque activité artistique contracte auprès des autres » ; la *relation externe*, « c'est-à-dire l'union de plusieurs arts dans la production d'une œuvre » ; la *combinaison des arts*, « la simple réunion de plusieurs arts en un ensemble ouvert et disponible à des ajouts ultérieurs, *ainsi privé d'étroites correspondances* » (*Relazione interna, relazione esterna e combinazione delle arti in L'arte e l'altro dall'arte. Saggi di estetica e di critica*, Roma-Bari, Laterza, 2003, p. 230-240 ; trad. fr. A. Henssien et P. Rougier, « Relation interne, relation externe et combinaison des arts », *Images Re-vues*, 11, 2013, http://imagesrevues.revues.org/3343).
2. La notion de beaux-arts était déjà utilisée avant Batteux (nous pouvons nous référer à l'exemple de Perrault qui a été mentionné auparavant ou encore avant à François de Hollande) mais elle n'était pas réellement formalisée et n'est diffusée à grande échelle qu'après Batteux.

en 1746 également Condillac publie l'*Essai sur l'origine des connaissances humaines*[1], suivi en 1759 du *Traité des systèmes*; entre 1735 et 1768 Linné publie son *Système de la nature* et l'année 1770 est marquée par la publication de celui du baron d'Holbach. Il ne faut pas que nous considérions comme contingent le bref écart temporel entre la publication dc Batteux et l'*Esthétique* de Baumgarten. Baumgarten soulignait déjà la nécessité d'une compréhension générale des principes et des règles des beaux-arts[2].

Avec la formule célèbre de l'« étape décisive » franchie par Batteux, Kristeller met en évidence son caractère de tournant, de définition de l'idée de système. Le problème auquel l'abbé français offre une réponse n'est donc pas seulement celui de s'assurer d'un donné culturel plutôt escompté (la subsistance de l'ensemble des beaux-arts), mais d'identifier une relation intime, un principe commun, un élément d'unification entre les arts singuliers. Kristeller écrit : « Alors que les auteurs précédents n'avaient fait que préparer le système moderne des beaux-arts, Batteux le codifia en lui donnant quasiment sa forme définitive »[3].

Il faut reconnaître qu'une fois établi, le système des « beaux-arts » de Batteux est resté une référence jusqu'au début du XXe siècle. L'intérêt du texte réside cependant dans certains aspects méthodologiques et certaines idées que Batteux exprime en marge, qui « corrompent » le système, mais qui sont des éléments pour repenser la question.

Les premières difficultés émergent déjà dans l'usage que Batteux fait du principe d'imitation. Kristeller met en évidence également que « le principe de l'imitation […] était le seul qu'un critique classique comme Batteux pouvait utiliser »[4] et en outre que « les arts "imitatifs" étaient le seul précédent antique véritable pour les "beaux-arts" »[5]. L'abbé ne pouvait faire autrement : l'imitation était l'unique principe qui jouissait d'un large consensus et qui était considéré comme connaturel à l'homme et à son plaisir d'être créateur et spectateur en matière d'art. En outre, il n'aurait pas remis en question les valeurs classiques liées à l'art et au beau. Cependant Batteux cherche aussi à restructurer le principe

1. Sur les rapprochements significatifs entre l'œuvre de Batteux et la recherche de Condillac, voir I. Torrigiani, *Lo specchio dei sistemi. Batteux e Condillac*, Palerme, Centro Internazionale Studi di Estetica, Preprint n° 4, 1984.

2. A. G. Baumgarten, *Esthétique*, trad. fr. J.-Y. Pranchère, Paris, L'Herne, 1988, § 3, p. 121. Pour une analyse attentive d'une science de l'art et de l'*ars aesthetica* de Baumgarten, voir S. Tedesco, *L'estetica di Baumgarten*, Palerme, Centro Internazionale Studi di Estetica, Supplementa n° 6, 2000, p. 32-46.

3. P. O. Kristeller, *Le Système moderne des arts : histoire de l'esthétique*, *op. cit.*, p. 65.

4. *Ibid.*, p. 66.

5. *Ibid.*

d'imitation, dont le rapport à la nature, mais aussi à l'activité de l'artiste, oscille fréquemment. D'une part, Batteux ne se risque pas à mettre pleinement au point une définition claire et surtout unique d'imitation, d'autre part il s'aperçoit qu'une finesse d'analyse est nécessaire pour structurer l'art autour d'un même principe. En un certain sens, le principe d'imitation met en jeu toute la complexité dans laquelle Batteux est plongé.

> L'axiome de l'imitation de la nature se configure, chez Batteux, comme un noyau théorico-normatif polyvalent (fondement d'une théorie et d'une systématique des arts ; principe poétique critique) dans lequel convergent et s'agrègent des motifs d'origine diverse (surtout artistotéliciens et platoniciens) filtrés par une expérience de pensée et de goût encore marquée par le rationalisme classique et néanmoins nourrie et sollicitée par de nouvelles acquisitions (empirisme, sensualisme) et des tensions (recherche d'un rapport plus équilibré entre « raison » et « sensibilité »). Batteux est conscient que, pour affronter une situation aussi complexe, il ne suffit pas de proposer de nouveau la formule traditionnelle *sic et simpliciter* ; il faut plutôt en solliciter au maximum les potentialités en misant tout sur l'approfondissement du concept de « nature » [1].

Désormais cette polyvalence du principe d'imitation, alors qu'elle se dirige vers une redéfinition du rapport avec la nature imitée, soulève des questions diverses, celles du couple génie/goût et celles qui sont liées à l'expression et à la communication, finissant par troubler fortement la position centrale de l'imitation. Nous pourrions schématiser cela ainsi : le principe d'imitation, en tant qu'il est naturel à l'âme humaine, met en cause directement le sentiment de plaisir. Cette thèse oriente la ligne d'analyse vers les problèmes de l'expérience esthétique, que ce soit du côté de la production ou de la réception, vers l'objet artistique ou vers la nature. En quelques mots, le principe d'imitation parvient à révéler une complexité propre au phénomène artistique, mais ne parvient plus à la contenir, et finit par invoquer l'action d'autres principes. Massimo Modica souligne ainsi :

> Il semble presque que le théoricien français se rend compte qu'il est insuffisant de fonder le système sur un principe unique. Face à la difficulté de rapporter au critère de la mimesis certains genres poétiques et artistiques, comme la poésie lyrique, la musique et la danse, Batteux a en fait recours à un principe ultérieur, qui devrait moins substituer qu'intégrer et perfectionner, au moins dans l'intention, le précédent, presque jusqu'à parvenir, en réalité, à constituer un système du système. L'« expression » ou la « communication » est son nouveau principe ; la « communication » est conçue comme quelque chose

1. F. Bollino, *Teoria e sistema delle belle arti. Charles Batteux e gli esthéticiens del secolo XVIII*, Bologne, Studi di Estetica, n° 3, 1979, p. 120.

> d'hétérogène, donc de décomposable en des aspects simples, comme la « parole », le « ton » et le « geste »[1].

Nous pouvons déduire à partir de ce premier problème posé par Batteux un élément méthodologique qui doit être gardé à l'esprit : *le système, qui est confronté à une complexité ou, en d'autres termes, à un ensemble de systèmes différents (les arts singuliers), ne peut être monocentrique, mais doit nécessairement être polycentrique.* Ainsi se pose encore une fois la question du fondement d'un système des beaux-arts, de sa légitimité, de sa fonction. Le système est presque indispensable au discours, en tant qu'il stabilise les relations nécessaires pour articuler les jugements. Il est également vrai que les hypothèses sur la nature du beau (et en particulier de la « belle nature », selon la critique de Diderot) font défaut au texte de Batteux, avec une sorte de mise entre parenthèses des principes classiques, en partie acceptés (la beauté donnée et présente dans la belle nature), en partie implicitement mis en question par l'organisation même du système ou par la faculté du génie ou du goût. La complexité qui se présente à Batteux révèle cependant clairement un besoin : l'existence d'un système des arts présuppose l'existence d'un système de l'esthétique qui le légitime. Par conséquent, si d'une part le système des arts définit un domaine paradigmatique pour le statut de

l'esthétique du XVIIIe siècle, il revient ensuite à la complexité du réseau théorique de la discipline de donner une validité à la construction systématique des arts. La naissance des deux en parallèle correspond donc à une émergence théorique réciproque. Ermanno Migliorini avait déjà remarqué cet aspect dans le texte de Batteux :

> Nous avions dit jusqu'à présent « système des beaux-arts ». Mais, à côté de cela, de nouveau dans l'œuvre de Batteux, se dessine ce que nous pourrions appeler sans faute le « système » de l'esthétique. [...] Le problème de justifier le système même des arts, de l'insérer dans une structure théorique qui en soit la garantie et qui en perfectionne le fondement, se présente à Batteux, comme à tant d'esthéticiens après lui. [...] A ces questions, et à d'autres questions analogues, on cherchera à répondre précisément par la constitution du système de l'esthétique[2].

Ce double niveau identifié par Migliorini, au-delà de la réponse qu'il apporte aux demandes théoriques de l'époque de Batteux, correspond à un motif discursif précis du système. S'il est isolé, s'il n'est pas inscrit dans un large réseau de relations avec l'extérieur, s'il n'est pas *influencé*, *traversé* par des sujets, un système

1. M. Modica, *Il sistema delle arti. Batteux et Diderot*, Palerme, Centro Internazionale Studi di Estetica, Preprint, n° 16, 1987, p. 33-34.
2. E. Migliorini, *La rosa di Kant*, Palerme, Aesthetica, 1992, p. 87.

est entièrement privé de valeur. Ce que nous pouvons lire historiquement (la naissance du système des arts et de l'esthétique), nous pouvons aussi le lire logiquement, comme une nécessité propre à l'organisation d'un système. Ce n'est pas un hasard si une telle observation vient d'un auteur comme Migliorini qui a beaucoup travaillé sur le XVIIIe siècle mais aussi sur des questions d'esthétique contemporaine, pour écrire finalement un bref panorama de celle-ci dans lequel l'idée de système des arts (implicite ou explicite) constitue précisément le tracé de ce parcours.

Batteux met en évidence, à ce double niveau, un problème encore prégnant aujourd'hui. L'obligation d'interroger les relations qui lient les deux systèmes s'impose lorsque l'on considère l'art comme un objet paradigmatique ou au moins exemplaire de l'esthétique. A l'échec du système des arts doit répondre une nouvelle réflexion sur le statut de l'esthétique. Cette réflexion statutaire implique une redéfinition de l'objet d'étude de la discipline, y compris la possibilité d'abandonner un objet « spécial ». Cette opération ne répond cependant pas à la question « qu'est-ce que l'art », mais cherche plutôt des règles de fonctionnement, un ensemble de principes autour desquels les différents savoirs s'articulent, et à travers lesquels leurs processus deviennent intelligibles, ou encore plus précisément deviennent l'objet d'un discours. Ceci constitue le second argument que Batteux nous invite indirectement à considérer. La manière dont *un système des arts à l'époque contemporaine doit, avant les arts même, organiser précisément l'ensemble de principes qui permettent le discours des arts et sur les arts* deviendra alors plus claire. Comme nous le verrons dans le prochain chapitre, ce sera l'exigence principale de la *Kunstwissenschaft.*

Les Beaux-arts réduits à un même principe peut en outre éclaircir ultérieurement la différence entre la classification et le système. Chez Batteux subsistent simultanément un critère classificatoire (le plaisir ou l'utilité) et un principe systématique (l'imitation). Cela a une conséquence importante : le principe d'imitation fonctionne bien comme principe d'unification, mais pas comme principe d'individuation. Une telle fonction doit plutôt être cherchée dans le lien intime entre plaisir et imitation de tradition aristotélicienne.

En ce sens, la naissance du système peut être considérée comme l'issue des classifications des arts, conçues comme des étapes de l'autonomie des arts par rapport aux autres savoirs et aux sciences [1]. Mais il serait réducteur de considérer

1. Suivant la ligne tracée par R. Flint dans son *Philosophy as Scientia Scientiarum and a History of Classifications of the Sciences*, *op. cit.*, une des premières histoires de la classification des savoirs, peut être distinguée dans la mesure où le processus d'autonomisation des beaux-arts, ainsi que celui des sciences physiques, mathématiques et de la vie, évoluent constamment en parallèle.

seulement cet aspect, alors que le motif qui incite à ce passage est bien plus essentiel, c'est-à-dire la nécessité d'adopter une approche scientifique dans l'étude des beaux-arts. Batteux écrit :

> Le programme tracé dans les Beaux-arts, c'est-à-dire la réduction des lois artistiques particulières sous un principe au caractère général (l'imitation, précisément), présuppose non seulement un rapport d'analogie entre la réflexion sur l'art et la nouvelle méthode scientifique newtonienne, ce qui revient à dire le recours à un procédé commun à deux champs différents de recherche, mais tient également pour acquise une distinction, celle des beaux-arts et des sciences, qui seulement quelques temps auparavant, par exemple en France, n'aurait pas paru du tout aussi évidente [1].

Batteux défend une position plutôt inédite. La division advenue et acceptée entre les arts et les sciences permet presque paradoxalement d'acquérir des méthodes qu'il serait difficile de saisir par ailleurs. Dans la division précisément, la confrontation est inévitable et on en déduit que le discours sur les arts, par rapport aux sciences, n'est pas organisé de manière rigoureuse. Il ne reste plus alors pour Batteux qu'à tenter d'« imiter les vrais physiciens » et de trouver pour les arts un principe et une organisation générale qui en découle, de même que Newton l'avait fait avec la loi de gravitation universelle. Ce choix méthodologique n'est pas maintenu jusqu'au bout, puisque l'objet même requiert des adaptations profondes, mais les pages de Batteux conduisent implicitement à une considération générale : la construction scientifique d'un système de l'art doit chercher des règles propres à son objet, ne pouvant appliquer les règles adoptées par d'autres champs disciplinaires pour d'autres objets. En somme, le principe d'imitation ne pourra jamais fonctionner comme la loi de la gravitation universelle [2].

De ce point de vue, il n'est pas possible d'isoler la naissance de l'esthétique d'un changement d'ensemble des rapports entre les arts et les sciences et le début de leur séparation au XVIIIe siècle. Je crois plutôt que, à côté des facteurs liés à la formation d'une subjectivité esthétique, la transformation d'ensemble du système des savoirs effectif au XVIIIe siècle, doit être considérée comme un élément déterminant de la naissance de l'esthétique, comme si dans la réalisation de la

1. M. Modica, *Il sistema delle arti. Batteux et Diderot*, *op. cit.*, p. 19-20.
2. *Ibid.*, p. 22-23 « Le fait que certaines activités humaines, précisément comme les beaux-arts, ne puissent participer, justement à cause de certains de leurs caractères particuliers (l'impossibilité d'être cumulés et réduits à des règles exhaustives, la productivité, l'inventivité et la libre subjectivité qui constituent les conditions de validité de leurs produits, dans le respect, bien entendu, de toutes les règles qui peuvent accéder au génie de la production d'œuvres vraiment exemplaires), à ce type de progrès qui caractérise au contraire les sciences, est un résultat typique de la *Querelle* ».

séparation entre sciences et arts se percevait le besoin d'une zone médiane et liminale dans laquelle construire (ou maintenir) les interrelations.

De Batteux jusqu'à la *Kunstwissenschaft*, la réflexion sur le système des arts se trouve toujours au cœur des tentatives d'élaboration d'une science de l'art ou d'une esthétique scientifique, et cette scientificité émergente contribue à entretenir activement le rapport entre l'art et la science. Si nous portons le regard sur le XXe siècle, de Pius Servien[1], qui compare constamment le langage scientifique et le langage lyrique, à Charles Lalo[2], pour parcourir ensuite presque intégralement les événements constitutifs de l'esthétique du XXe siècle, la question de la valeur cognitive de l'art et l'aspect créatif de la science n'a jamais disparu (on peut penser par exemple à *Manières de faire des mondes* de Nelson Goodman). Néanmoins s'il est possible de développer une réflexion épistémologique sur l'esthétique sans reformuler l'idée de système des arts, repenser le système des arts nécessite au contraire la reformulation des questions qui évoquent le statut de l'esthétique. Aucun système ne peut agir isolément. Ce n'est qu'à l'intérieur des relations qu'un système établit avec d'autres (celui des arts avec ceux des arts singuliers et avec le système de l'esthétique, celui de l'esthétique avec les savoirs philosophiques et scientifiques) qu'il est possible de reconnaître des critères de discursivité.

En posant des questions de cet ordre, la question méthodologique que pose Batteux concernant Newton est aussi celle que nous pouvons formuler en nous tournant vers l'épistémologie des dernières décennies, c'est-à-dire la théorie générale des systèmes, selon ses différentes élaborations, de Ludwig von Bertalanffy[3] à Morin[4]. La théorie générale des systèmes a accompli le passage, pour l'exprimer de manière très synthétique, du système de la science à une science des systèmes. D'après Bertalanffy il est possible de penser chaque chose comme un système lui aussi inscrit dans un système plus vaste et inscrit également dans un réseau de relations avec d'autres systèmes. Ceci est applicable à de nombreux domaines de l'époque contemporaine, des nouvelles technologies

1. Voir P. Servien, *Principes d'esthétique : problèmes d'art et langages des sciences*, Paris, Boivin, 1935.
2. Voir Charles Lalo, *Notion d'esthétique*, Paris, P.U.F., 1952.
3. L. von Bertalanffy, *Théorie générale des systèmes*, *op. cit.*
4. E. Morin, *La méthode. I. La Nature de la Nature*, *op. cit.* En vue d'un parcours suffisamment complet de la question du système dans les sciences contemporaines, voir J.-L. Le Moigne, « Système », *Dictionnaire d'histoire et philosophie des sciences*, D. Lecourt (éd.), Paris, P.U.F., 1999 (il est intéressant de remarquer que la partie contemporaine du parcours dessiné par Le Moigne débutait à P. Valéry). En ce qui concerne la comparaison de systèmes élaborés dans des champs disciplinaires différents, voir F. Tinland (éd.), *Systèmes naturels, systèmes artificiels*, Seyssel, Éditions Champs Vallon, 1991.

au progrès de la physique, de la sphère sociale complexe à la biologie moléculaire. Pour élaborer un discours au sujet de cette constellation complexe il est nécessaire de structurer une véritable science des systèmes, pouvant agir sur les modèles de recherche de n'importe quel milieu. Là où l'on perçoit une fragmentation des savoirs, il semble nécessaire de continuer à avoir un discours sur ceux-ci, en repensant alors, si ce n'est leur unité, au moins la possibilité de leur systématicité. Il existe un rapport directement proportionnel entre l'augmentation de la complexité et la nécessité d'une organisation systématique. Ce n'est qu'une constatation qui concerne tous les phénomènes complexes de l'époque contemporaine, dans laquelle s'inscrivent certainement les problèmes de l'art contemporain. La théorie générale des systèmes offre également au système des arts une possibilité de développement. Face à l'impossibilité de formuler un système unique capable de reconduire à un principe l'ensemble complexe des arts, il est seulement possible de reconnaître dans les pratiques singulières des systèmes constamment capables de s'ouvrir à des intersections, à des interrelations et à des nouveautés. Le but du système contemporain serait alors d'organiser des fondements théoriques suffisamment solides pour permettre un discours scientifique sur les différents systèmes que constituent les arts. Si nous acceptons ce lien possible avec la théorie générale des systèmes nous devons aussi prendre en compte une des principales critiques de cette théorie. En somme, si toute la réalité peut être étudiée comme un système de systèmes, où se situent les limites entre un système et un autre ? Comment identifier la spécificité d'un système par rapport à un autre ? Si on la transpose à notre ordre de problèmes, la difficulté concerne encore le rapport entre le système des arts et le système de l'esthétique. Nous pourrions momentanément résumer l'état de la réflexion en soutenant qu'alors que le système des arts compris traditionnellement se développait *à l'intérieur* du système de l'esthétique, l'époque contemporaine peut développer une théorie du système qui évolue *entre* le système de l'esthétique et les pratiques artistiques singulières, en faisant participer d'autres systèmes disciplinaires (de l'histoire de l'art aux sciences cognitives). Les concepts qu'il organise n'appartiennent pas exclusivement aux catégories strictement esthétiques. Comme l'indique Erwin Laszlo en présentant l'œuvre de Bertalanffy : « Il propose une théorie générale capable de fournir des principes et modèles applicables à tous les systèmes ouverts, quels que soient la nature de leurs composants et leur niveau d'organisation »[1]. Paradoxalement, si nous considérons

1. E. Laszlo, « Préface » à L. von Bertalanffy, *Théorie générale des systèmes*, *op. cit.*, p. IX.

les éléments théoriques émergents plutôt que les propositions de Batteux, nous arrivons à une idée de système profondément différente de celle de l'abbé français. En somme, cette différence réside en ce que pour Batteux et son contexte culturel, l'attention était portée sur l'unité, alors qu'elle est aujourd'hui tout aussi inévitablement tournée vers la différence. Les fonctions du système changent par conséquent.

Le succès que l'œuvre de Batteux a connu auprès des auteurs qui lui étaient contemporains a été véritablement remarquable, peut-être précisément parce qu'il formalisait un état de choses partagé. Alors que les Anglais, qui accordaient une grande attention aux facultés esthétiques, « étaient moins intéressés par l'idée de développer et de diffuser un système des beaux-arts, qu'ils considéraient quasiment comme acquis, que par la perspective de débattre des principes et des concepts généraux relatifs aux arts » [1], les débats français et allemand ont trouvé dans la recherche sur la systématisation des relations entre les arts un des thèmes principaux de la réflexion esthétique. Deux traductions allemandes anonymes de l'œuvre de Batteux ont déjà commencé à circuler en 1751, et ont été suivies en 1756 par la traduction plus rigoureuse de Ramler, nourrissant de manière décisive le débat sur le système des beaux-arts et sur le principe d'imitation (mené par Lessing). Le premier essai d'esthétique de Moses Mendelssohn, qui trouve son origine dans la proposition même de Batteux, offre une réélaboration fondamentale du système et des présupposés de Baumgarten et du débat anglais contemporain, dessinant un nouveau réseau conceptuel pour l'esthétique allemande du XVIIIe siècle.

Les exigences théoriques de Mendelssohn émergent déjà clairement des différents titres donnés aux deux versions de l'essai (la première en 1757, la seconde en 1761) [2]. Par rapport au premier titre, *Betrachtungen über die Quellen und Verbindungen der schönen Künste und Wissenschaften* (*Considérations sur les sources et connexions entre les beaux-arts et les sciences*), le deuxième *Über die Hauptgrundsätze*

1. P. O. Kristeller, *Le Système moderne des arts : histoire de l'esthétique*, *op. cit.*, p. 81. L'observation de Kristeller est évidemment une généralisation correcte sur l'ensemble du débat anglais. A titre d'exemple, nous citons une œuvre qui a suivi de peu celle de Batteux : J. Hippisley, *The Polite Arts or a Dissertation on Poetry, Painting, Musick, Architecture, and Eloquence*, London, 1749.

2. M. Mendelssohn, « Betrachtungen über die Quellen und Verbindungen der schönen Künste und Wissenschaften », in *Bibliothek der schönen Wissenschaften und der freyen Künste*, Erstes Bandes, Zweites Stück, Leipzig, Johann Gottfried Dyck, 1757, p. 231-268 ; deuxième version : « Über die Hauptgrundsätze der schönen Künste und Wissenschaft », in *Philosophische Schriften*, Zweiter Theil, Berlin, bey Christian Friedrich Voß, 1761 ; édition révisée in *Philosophische Schriften*, Zweiter Theil, Berlin, bey Christian Friedrich Voß, 1771, p. 95-152.

der schönen Künste und Wissenschaft (*Sur les principes fondamentaux des beaux-arts et de la science*), montre encore plus clairement l'intention systématique dans l'identification des relations entre les arts ou dans la nécessité de fonder des principes à partir desquels élaborer une discipline scientifique de l'art. Pour en faciliter la synthèse, nous pouvons indiquer quatre points centraux de ces pages de Mendelssohn : 1. la critique du principe de l'imitation et du rôle central qu'il joue dans le système de Batteux ; 2. la critique du dispositif de Baumgarten, tant dans les limites des analyses des phénomènes artistiques que dans la réduction de l'esthétique à une *gnoséologie inférieure* ; 3. la nécessité d'organiser rigoureusement une science de l'art capable d'analyser l'expérience esthétique dans sa complexité ; 4. l'articulation d'un système « ouvert » des beaux-arts[1].

Sans méconnaître les mérites de l'abbé français, Mendelssohn écrit :

> Batteux, un connaisseur et juge des belles-lettres tout aussi intelligent, affirme en écrivain talentueux, et après que de nombreux autres l'aient affirmé avant lui, que l'imitation de la nature est le moyen universel par lequel les beaux-arts nous plaisent, et celui-ci croit pouvoir déduire à partir de cet unique principe toutes les règles particulières des beaux-arts et des belles-lettres. Ainsi, tout devient imitation de la nature, et pour un écrivain aussi fameux que Batteux, cela ne peut représenter une difficulté que de mettre en œuvre, au moyen du principe le plus stérile qui soit, la plus belle idée et le théorème le plus instructif[2].

Les motifs principaux ayant conduit à la mise en question du principe d'imitation peuvent être inférés quelques lignes plus loin, quand Mendelssohn formule clairement la question qui est centrale pour lui : « *qu'ont les beautés de la nature et de l'art en commun ? Quelle relation entretiennent-elles avec l'âme humaine, si bien qu'elles suscitent en elle tellement de plaisir ?* »[3]. Le cœur du problème devient donc le plaisir suscité par l'expérience de la beauté, que la nature nous offre sans aucune imitation. La recherche doit donc porter sur les lois de la nature et de la nature humaine qui déterminent cette expérience, chez le producteur autant que chez le spectateur. Mendelssohn *détrône* donc le principe d'imitation, sans pour cela nier qu'il joue un rôle majeur dans les pratiques artistiques mêmes :

1. M. Cometa, présentation de Moses Mendelssohn, in *I principi fondamentali delle Belle Arti*, Palerme, Centro Internazionale Studi di Estetica, Preprint n° 26, 1989, trad. it. de *Über die Hauptgrundsätze der schönen Künste und Wissenschaft*, *op. cit.*
2. M. Mendelssohn, *Über die Hauptgrundsätze der schönen Künste und Wissenschaft*, *op. cit.*, p. 101.
3. *Ibid.*, p. 102.

On nomme la reproduction d'un objet exactement conforme à toutes les parties de cet objet, imitation ; par conséquent, l'imitation est une propriété nécessaire des beaux-arts et des belles-lettres. Toutes les parties d'une imitation véritable correspondent au but final du sens commun qui est de représenter de manière semblable un certain modèle d'origine. Par conséquent, toute imitation implique en elle-même et pour elle-même le concept de perfection, et si nos sens peuvent percevoir la ressemblance de l'imitation, c'est ainsi qu'elle est à même de susciter un sentiment agréable. Les images des objets qui se reflètent dans une eau calme, dans une chambre noire et les figures de corps immobiles moulées dans le plâtre nous plaisent seulement à cause de leur ressemblance avec le modèle. Mais comme la ressemblance avec le modèle d'origine n'est qu'une perfection simple, celle-ci ne suscite en nous qu'un degré très faible de plaisir qui parfois même se remarque à peine et ne touche, pour ainsi dire, que la partie superficielle de notre âme [1].

Par conséquent, si l'imitation demeure nécessaire dans l'œuvre d'art, celle-ci ne réussit pas à rendre compte de sa complexité. Elle semble être toujours plus un « outil » de l'artiste et non la fin du processus de création. Mais avec cette critique, Mendelssohn déclare également que, suivant la nécessité de faire une science de l'art, l'imitation n'est pas un principe suffisamment solide, alors que lui-même tend vers une théorie plus structurée qui reflète la complexité des phénomènes esthétiques. Cela renvoie directement à la manière selon laquelle ce bel objet se présente (ou encore mieux se représente) pour être parfait et susciter du plaisir. « Et comme le but final des beaux-arts est le plaisir, nous pouvons nous en remettre indubitablement à ce principe suivant : l'essence des beaux-arts et des belles-lettres consiste en une représentation sensible artificielle parfaite, ou bien, en une perfection sensible représentée au moyen de l'art » [2]. Une telle représentation de la perfection, dans les effets qu'elle a sur le sujet de l'expérience esthétique, s'offre comme un lieu privilégié pour pénétrer les aspects les plus secrets de l'âme humaine. L'esthétique « pratique » s'insère donc dans une théorie organique de la sensibilité, dans laquelle l'art représente le milieu privilégié pour la connaissance de l'homme. C'est justement la reconnaissance de la complexité, et du potentiel cognitif, de l'expérience esthétique qui est le motif central de la critique que Mendelssohn adresse à Baumgarten. En somme, Mendelssohn a joué un rôle de médiation entre différentes instances, de Baumgarten et Meier à Winckelmann et Lessing, du débat français au débat anglais. Dans deux recensions de 1758, l'une dédiée à Baumgarten, l'autre à son disciple Meier, toutes deux parues dans la *Bibliothek der schönen Wissenschaft*

1. *Ibid.*, p. 109-110.
2. *Ibid.*, p. 106-107.

und freuen Künste (*Bibliothèque des belles sciences et des arts libéraux*), Mendelssohn critique le fait d'avoir limité à ce point le domaine de l'esthétique à la poésie et à la rhétorique, position dans laquelle il n'était pas possible d'identifier un principe unique pour tous les arts. Mendelssohn a en outre bien clarifié la complexité des phénomènes qui interagissent dans l'œuvre d'art et dans l'expérience esthétique qui remet en cause toute les facultés humaines, raison pour laquelle la *gnoséologie inférieure* se révèle à elle seule insuffisante pour fonder l'esthétique. Ces critiques de Mendelssohn ne pouvaient qu'impliquer son ami Lessing, puisque s'est mis en place entre eux un échange nourri autour de la rédaction du *Laocoon*, ayant amené à la réflexion sur la nécessité d'inclure dans le système des arts *tous* les arts. Il est vrai que dans les fragments de la seconde partie de l'œuvre, jamais achevée, Lessing fait signe d'avoir entendu ces critiques. Il demeure néanmoins, comme le souligne Kristeller, que « dans la mesure où Lessing ne prête aucune attention au système plus large des beaux-arts, ni en particulier à la musique, son *Laocoon* représente donc un détour ou une impasse quant à l'évolution menant à un système complet des beaux-arts » [1]. En un certain sens, Mendelssohn veut voir les affinités plus que les limites, afin de structurer un discours homogène sur les arts et une théorie appropriée.

L'autre question fondamentale soulevée par Mendelssohn est par ailleurs celle qui est exprimée dans les premières pages de l'essai : « Qu'est-ce que les différentes productions de l'art poétique, de la peinture, de l'éloquence et de la danse, de la musique, de la sculpture et de l'architecture, qu'est-ce que toutes ces œuvres de l'invention humaine ont-elles seulement en commun, afin qu'elles puissent toutes converger vers un seul but final ? » [2] Pour formaliser et structurer cet ensemble, Mendelssohn construit un système capable de mettre en relation différentes perspectives, dont la finalité n'est pas d'enregistrer un « état de fait » des arts, mais de progresser de pair avec une théorie générale des arts. En d'autres termes, « le principe unique » fait défaut dans le cas de Mendelssohn, pour être substitué par trois principes fondamentaux de l'esthétique théorétique (la sensibilité, l'imitation et la perfection), à partir desquels il est possible d'organiser une esthétique pratique et un système des arts à travers une théorie du signe. A partir de la distinction entre les signes arbitraires et les signes naturels, il classe les belles lettres et les beaux-arts, subdivisés à leur tour en fonction des sens sollicités (l'ouïe et la vue) auxquels correspondent par ailleurs la succession

1. P. O. Kristeller, *Le Système moderne des arts : histoire de l'esthétique*, *op. cit.*, p. 91.
2. M. Mendelssohn, *Über die Hauptgrundsätze der schönen Künste und Wissenschaft*, *op. cit.*, p. 100-101.

et la simultanéité temporelle[1]. En d'autres termes, Mendelssohn réussit à synthétiser en un système homogène et ouvert les questions théoriques qui, de Du Bos à Batteux, de Harris à Baumgarten, ont caractérisé les débats qui l'ont précédé. En cela réside un trait très original de Mendelssohn : *le fait de substituer au principe unificateur une théorie générale des arts.* Après avoir organisé les cinq beaux-arts et l'éloquence, Mendelssohn présente une véritable combinatoire pour établir les modalités à travers lesquelles les arts peuvent s'unir pour donner vie à d'autres arts. Nous pouvons saisir en cela cette valeur de *prévision* qu'un système contemporain devrait inclure, en tant que système ouvert. Comme le relève justement Michele Cometa : « En tout cela, Mendelssohn affiche une sensibilité particulière pour la nouveauté et une grande lucidité spéculative, parce qu'il réussit à identifier, avant tout autre, les problèmes qui seront ensuite ceux de l'esthétique moderne, à commencer par celui des "genres mixtes" et des "faux arts" »[2].

Le projet de Mendelssohn a été poursuivi, au moins dans le cadre de la création d'un système de tous les arts, par Johann Georg Sulzer, qui partageait par ailleurs avec Mendelssohn un intérêt pour une recherche à caractère psychologique (on se rappelle au moins de son essai sur le génie en 1757, *Entwicklung des Begriffes vom Genie* [*Développement du concept de Génie*]). Dans les quatre volumes de sa *Algemeine Theorie der schönen Künste* (*Théorie générale des beaux-arts*) parue entre 1771 et 1774, Sulzer reconstruit le débat esthétique de son époque en indiquant les auteurs et les questions et traite systématiquement tous les arts.

> Quelques années plus tard, il fut inspiré par l'exemple du *Petit dictionnaire des Beaux-Arts* de Lacombe et compila en allemand un dictionnaire semblable, quoiqu'à une échelle bien plus grande. Cette *Théorie Générale des Beaux-Arts*, qui connut plusieurs éditions, a été dépréciée en raison de son caractère pédant ; elle est pourtant claire, complète et érudite, et eut de son temps une influence considérable. L'œuvre comprend tous les beaux-arts, c'est-à-dire non seulement la poésie et l'éloquence mais aussi la musique et les arts de la vue, et représente ainsi la première tentative pour mener à bien sur une grande échelle le programme formulé par Baumgarten et Mendelssohn[3].

1. Dans son « Introduction » à M. Mendelssohn, *I principi fondamentali delle Belle Arti*, M. Cometa présente un schéma détaillé et efficace du système de Mendelssohn, *op. cit.*, p. 19-20.
2. *Ibid.*, p. 20.
3. P. O. Kristeller, *Le Système moderne des arts : histoire de l'esthétique, op. cit.*, p. 95-96. Il fait référence à J. Lacombe, *Dictionnaire portatif des Beaux-Arts ou Abrégé de ce qui concerne l'Architecture, la Sculpture, la Peinture, la Gravure, la Poésie et la Musique. Avec La définition de ces Arts, l'explication des Termes et des choses qui leur appartiennent. Ensemble Les noms, la date de la naissance et de la mort, les circonstances les plus remarquables de la vie, et le genre particulier de talent de Personnes qui se sont distinguées dans ces différents Arts parmi les Anciens et les Modernes. En France et dans les Pays étrangers*, Paris, 1752. Le dictionnaire de Lacombe

L'œuvre de Sulzer connut un succès considérable, à tel point que dans le premier volume du *Supplément* à *l'Encyclopédie* de nombreux articles relevant du domaine de l'esthétique ne sont que des traductions des entrées de l'*Allgemeine Theorie.* Et parmi elles l'entrée « Esthétique », terme qui fait ainsi son apparition dans l'*Encyclopédie.* En vue de démontrer encore une fois combien le projet d'un système des arts s'insère dans le parcours de fondement de l'esthétique, Sulzer écrit (après avoir critiqué Baumgarten pour sa « connaissance trop bornée des arts [qui] ne lui [a] pas permis d'étendre sa théorie au-delà de la poésie et de l'éloquence » [1]) :

> Il faut donc ranger l'esthétique au nombre des sciences philosophiques qui sont encore très imparfaites ; il n'en est que plus important de développer ici le plan général de cette nouvelle science et d'en indiquer les parties en détail.
> Le premier pas était de fixer le but et l'essence des beaux-arts [2].

L'article *Arts. Beaux-Arts* du *Supplément*, toujours extrait de l'*Allgemeine Theorie*, exemplifie très précisément ce « premier pas », avec quelques remarques qui nous montrent bien la distance du système de Batteux et déjà l'attention pour une "esthétique de la réception". Avant tout Sulzer souligne avec force l'emploi de l'adjectif *beaux* pour expliquer que le but (et le principe) des arts n'est pas à chercher dans l'imitation mais dans le plaisir qu'ils suscitent. Ce plaisir n'est pas pour Sulzer simplement sensualiste, mais il élève l'âme et contribue au sens moral individuel (et le goût est considéré comme un sens moral) et collectif. « [l'essence des beaux-arts] consiste à mettre les objets de nos perceptions en état d'agir sur nous, à l'aide des sens et par une énergie particulière qui a sa force dans l'agrément ; leur but est de toucher vivement le cœur, leur véritable emploi doit être d'élever l'âme » [3]. En conséquence, la classification des arts de Sulzer est articulée sur les moyens à travers lesquels les arts arrivent à élever l'âme : avant tout par l'ouïe (donc la musique) ; ensuite la vue (et Sulzer reprends ici la formule des arts du dessin) ; enfin l'entendement pur auquel correspondent les arts de la parole.

rencontra un succès éditorial immédiat et, bien qu'il ne contienne pas de nouveauté théorique significative sur le système des arts, il doit être considéré comme un document précieux pour comprendre la circulation de la notion de beaux-arts au milieu du XVIIIe siècle en France.

1. J. G. Sulzer, « Esthétique », *Supplément à l'Encyclopédie*, vol. 2, Amsterdam, 1776, p. 872-873, p. 873 ; *cf.* aussi *L'esthétique de Johann Georg Sulzer* (1720-1779), Actes du colloque international du 21 novembre 2003, B. Deloche (dir.), Lyon, Université Jean Moulin Lyon 3, 2005, p. 394.

2. *Ibid.*

3. J. G. Sulzer, « Arts. Beaux-Arts », *Supplément à l'Encyclopédie*, vol. 1, Amsterdam, 1776, p. 587-596, p. 588.

> Il n'y a donc au-delà de la vue aucun autre sens pour les *arts*. Mais la providence avait ménagé au génie l'invention d'un moyen très-étendu, pour pénétrer dans tous les recoins de l'âme. On a inventé l'art de revêtir d'images sensibles des pensées et des notions qui n'ont rien de matériel ; sous cette nouvelle forme, elle s'insinuent par les sens et passent dans l'âme des autres [1].

Et ces trois moyens (et les arts relatifs) trouvent une synthèse harmonieuse dans le spectacle dramatique.

L'article de Sulzer nous montre à la fois jusqu'à quel point l'idée de beaux-arts était déjà courante mais aussi sa rapide évolution.

Le dispositif de Mendelssohn est également déterminant pour comprendre de nombreuses évolutions de la pensée du XVIIIe siècle jusqu'à Kant. On peut penser par exemple aux contributions de Herder et Moritz, importantes également pour le système des arts. Nous trouvons chez Herder une réévaluation originale du sens du toucher en tant qu'il est capable de dépasser la perception de la surface pour aborder celle des corps et de l'espace. Il découle de cela une réflexion nouvelle sur le système des beaux-arts :

> On classe ordinairement les beaux-arts sous deux sens majeurs : la vue et l'ouïe, et l'on donne au premier tout ce qu'on veut mais qu'il ne demande point : surfaces, contours, couleurs, figures, statues, bois peint, écailles, vêtements. On peut regarder les sculptures : nul n'en a jamais douté, mais est-ce qu'on détermine originellement ce qu'est une belle forme à partir de la vision ? Ce concept reconnaîtra-t-il le sens de la vision pour son origine et son juge suprême ? Non seulement on peut en douter, mais il y a tou lieu de le nier [2].

Dès ses premiers travaux critiques, le *Kritische Walder* (*Sylves critiques*) de 1769 et le premier livre en particulier, partant d'une analyse du *Laocoon* de Lessing, Herder développe l'idée selon laquelle pour comprendre l'essence d'un art, dans ce cas la poésie, on ne peut la mettre en relation seulement avec la peinture, mais on doit étendre la comparaison à tous les arts. La base, ou plutôt la *possibilité* même d'une relation entre les arts, est offerte par une tripartition des sphères sensorielles qui correspond à la marche organique de la nature (« la nature procède avec chaque individu comme elle a procédé avec toute l'espèce, du toucher à la vue, du plastique au pictural » [3]) : aux trois sens (la vue, l'ouïe et le toucher) correspondent les trois perceptions des surfaces, des sons et des

1. *Ibid.*, p. 595.
2. J. G. Herder, *La Plastique* (1778), trad. fr. P. Pénisson, Paris, Éditions du Cerf, 2010, p. 23.
3. *Ibid.*, p. 98.

corps et les catégories de l'espace, du temps et de la force[1]. Le toucher est véritablement le sens esthétique central, celui qui offre un rapport direct avec le monde et la vérité objective du réel (et ce n'est pas par hasard si Herder utilise, pour indiquer le sens du toucher, le terme *Gefühl*, le sentiment, utilisé au sens originaire). Le fait de placer le toucher au centre de l'expérience esthétique impose la participation de toute la corporéité comme premier lieu des processus de création et de réception. Quand il décrète : « Toute forme du sublime et de la beauté, dans le corps humain, n'est jamais que la forme de la santé, de la vie, de la force, du bien-être dans tous les membres de cette créature construite avec tant d'art ; de même, à l'inverse, la laideur n'est que l'infirmité, l'oppression de l'esprit, l'imperfection de la forme par rapport à sa finalité ultime »[2], il déplace, peut-être également sous l'influence de la physiologie de l'époque, la ligne de recherche esthétique sur les phénomènes psycho-physiques de l'acte artistique. C'est aussi à Mendelssohn que Moritz dédie son premier essai d'esthétique, *Über dem Begriff des in sich selbst Vollenden* (*Sur le concept d'achevé en soi*)[3], dans lequel les principales lignes de fond de sa réflexion esthétologique apparaissent déjà clairement. Le texte débute ainsi :

> On a rejeté le principe d'*imitation* de la nature comme fin primordiale des Arts et des Sciences du beau ; on l'a subordonné à la fin de l'*agrément*, dont on a fait la première loi fondamentale des Beaux-Arts. Le propre de ceux-ci, dit-on, est d'avoir en vue le simple plaisir, tout comme les arts mécaniques ont en vue l'utilité. – Or, nous trouvons du plaisir ou de l'agrément au Beau tout aussi bien qu'à l'Utile : comment donc le premier se distingue-t-il du second ?
>
> Dans le simplement utile, je trouve non seulement de l'agrément à l'objet lui-même, mais encore à la représentation de la commodité ou du confort qui s'accroît, pour moi

1. J. G. Herder, *La Plastique op. cit.*, p. 29. Cette approche de Herder aura une grande influence sur différents systèmes des arts au XIXe siècle et avant tout autre sur celui de Zimmermann (voir à ce propos le chapitre précédent sur la classification). Il sera tout aussi déterminant pour comprendre différents éléments du débat sur la systématique que nous aborderons au chapitre suivant. Pour une reconstruction détaillée du rôle de la corporéité, des valeurs tactiles et du rapport entre optique et haptique, sur la notion de style et sur le débat sur les principes de l'histoire de l'art, voir A. Pinotti, *Il corpo dello stile*, Palerme, Centro Internazionale Studi di Estetica, Supplementa n° 2, 1998.
2. *Ibid.*, p. 89.
3. En réalité la dédicace à Mendelssohn apparaît dans la première édition de l'essai apparu en 1785 dans le volume 5 de la *Berlinische Monatsschrift* sous le titre « Versuch einer Vereinigung aller schönen Künste und Wissenschaften unter dem Begriff des in sich selbst Vollendeten », puis disparaît dans l'édition de 1783 que Moritz insère dans le volume *Die Grosse Loge oder Freimauer mit Wage und Senkblei* sous le titre « Über dem Bregriff des in sich selbst Vollendeten » ; aujourd'hui paru dans M. Mendelssohn, *Schriften zur Aesthetik und Poetik*, H. J. Schrimpf, Tübingen, Max Niemeyer, 1962 ; trad. fr. P. Beck, *Le concept d'achevé en soi et autres écrits*, Paris, P.U.F., 1995, p. 81-87.

> ou pour un autre, à proportion de l'usage qui est fait de cet objet. [...] Mais lorsque je contemple le Beau je fais retomber la fin, qui sort ainsi de moi, dans l'objet lui-même : je le contemple et je le considère comme quelque chose d'*achevé en soi*, non en moi, qui constitue donc un Tout en soi et qui m'accorde, *pour lui-même*, de l'agrément ou du plaisir, ne fournissant pas tant à l'objet beau un rapport à moi, que je ne me fournis une relation à lui [1].

Moritz partage avec Mendelssohn, et avec le débat germanique qui lui est contemporain, l'idée de la nécessité d'une révision critique profonde du principe d'imitation. Mais au-delà de Mendelssohn, Moritz avance aussi une critique du rôle central du rapport entre l'imitation et le plaisir, en déplaçant l'attention du sujet spectateur à l'objet en soi. Cet apparent pas en arrière représente à l'inverse un pas en avant significatif, qui a souvent été vu comme une anticipation de la réflexion kantienne [2]. La contemplation non finalisée et l'accent mis sur le caractère objectif du beau, sur son caractère exhaustif en soi, ont leur véritable fondement dans le rapport que Moritz établit entre la nature et l'art. Comme Mendelssohn, Moritz ressent la nécessité de penser à la fois la beauté de la nature et la beauté des arts, mais il le fait en reconnaissant une organicité substantielle des processus naturels et en établissant donc une sorte d'analogie morphologique entre la nature et l'art, en raison de laquelle l'autoachèvement de la beauté de l'œuvre d'art dépend de la capacité de refléter les processus de formation de la nature. Moritz développera ces thèmes dans l'essai de 1788 *Über die bildende Nachahmung des Schönen* (*Sur l'imitation formatrice du beau*) [3]. Moritz ne parvient pas à élaborer un système des beaux-arts, peut-être du fait de la nature même de sa pensée, mais identifie un principe fondamental à partir duquel organiser le discours sur les arts, un principe à chercher dans l'objet même et non dans les effets sur le spectateur. Cette approche déterminera, un

1. K. P. Moritz, *Le concept d'achevé en soi et autres écrits*, *op. cit.*, p. 81-82.
2. Sur la problématique de considérer Moritz comme « précurseur », et plus généralement pour une introduction à sa pensée esthétique, voir P. D'Angelo, « Introduction » à l'édition italienne de K. P. Moritz, *Scritti di estetica*, Palerme, Aesthetica, p. 7-39.
3. K. P. Moritz, « Sur l'imitation formatrice du beau », in *Le concept d'achevé en soi et autres écrits*, *op. cit.*, p. 146-174, p. 156 : « Du beau achevé, qui peut rarement se développer immédiatement, la Nature a donc créé médiatement le reflet ou contre-apparence, cela à travers certains êtres en qui l'image de la Nature s'est imprimée de manière si vive que cette image s'est à nouveau jetée vers la Nature même, s'est projetée dans la création propre de celle-ci. – Alors la Nature, se reflétant en soi-même dans cette double contre-apparence, planant et voltigeant au-dessus de sa propre réalité, produisit une illusion, une œuvre aveuglante qui, pour un œil mortel, est plus ravissante encore que la Nature elle-même ».

siècle plus tard, la formation de Max Dessoir, qui consacre justement à Moritz sa thèse de philosophie [1].

Tout ce qui a été évoqué jusqu'à présent devrait donner au moins une idée de la complexité du débat dans lequel intervient la *Critique de la faculté de juger*. Le paragraphe 51, dans lequel Kant présente la question du système des arts, semble presque être un paragraphe de circonstance, presque un tribut à payer au débat de l'époque. Kant lui-même, dans une note du paragraphe, semble indiquer cette attitude : « Le lecteur ne jugera pas de cette esquisse d'une division possible des beaux-arts comme si l'on voulait en donner une théorie. Ce n'est là qu'un des nombreux essais que l'on peut et que l'on doit encore tenter » [2]. Or, comme cela arrive précisément dans l'édifice kantien, une grande partie du sens d'une page dépend du rôle qu'un problème joue dans l'architecture d'ensemble de l'édifice. Je me limite ici à parcourir cette partie de l'édifice, la partie de l'« Analytique de la faculté de juger esthétique » dédiée à la « Déduction des jugements esthétiques purs », dans laquelle intervient chez Kant la nécessité d'analyser la fonction des beaux-arts dans la détermination des conditions de légitimité du jugement esthétique, problème qui est au cœur de l'analyse de cette partie de la troisième *Critique*. Comment le jugement de goût peut-il prétendre à une validité universelle en se fondant sur une subjectivité autonome qui juge par rapport à un sentiment de plaisir ? Comment un jugement esthétique (réfléchissant) qui n'est pas un jugement cognitif peut-il fonctionner comme s'il était objectif ? [3] « Comment un jugement est-il possible, qui uniquement à partir du sentiment *personnel* du plaisir que procure un objet, indépendamment de son concept, juge *a priori* ce plaisir comme dépendant *en tout autre sujet* de la représentation de cet objet, c'est-à-dire sans devoir attendre une approbation étrangère ? » [4]. Ensuite, comment les jugements de goût « c'est-à-dire des jugements sur la beauté des choses de la nature » [5] peuvent-ils se référer aux choses de l'art ? Kant, comme l'a rappelé à plusieurs reprises Emilio Garroni, est bien loin de vouloir faire une esthétique au sens d'une science du beau et des beaux-arts [6], et une telle limitation pour la faculté de juger serait déjà

1. M. Dessoir, *K. Ph. Moritz als Aesthetiker*, Berlin, 1889.
2. E. Kant, *Critique de la faculté de juger*, trad. fr. A. Philonenko, Paris, Vrin, 2000, § 51, p. 222.
3. *Ibid.*, § 30-31, p. 166-170.
4. *Ibid.*, § 36, p. 178.
5. *Ibid.*, § 30, p. 168.
6. E. Garroni, H. Hohenegger, « Introduction », *in* E. Kant, *Critica della facoltà di giudizio*, trad. it. E. Garroni, H. Hohenegger, Turin, Einaudi, 1999, p. LV : « Une "science du beau et des beaux-arts" serait, naturellement, une esthétique (dont [...] Kant refuse le nom même) qui délimiterait un domaine d'expériences dans lequel

contradictoire avec la valeur critique et épistémologique du jugement même [1]. Alors, encore une fois, pourquoi aborder les beaux-arts ?
Les beaux-arts ne sont pas ici pour Kant un objet d'analyse en soi, mais représentent de manière exemplaire certaines des conditions propres d'exercice du jugement esthétique, et c'est précisément cette valeur exemplaire des arts qui constitue leur fonction spécifique à l'intérieur de la déduction des jugements esthétiques. Comme chacun sait, Kant réarticule la notion de sens commun pour trouver précisément dans la communicabilité universelle intersubjective la légitimation de l'objectivité sans avoir recours au concept du jugement de goût :

> Je dis que l'on pourrait donner avec plus de raison le nom de *sensus communis* au goût qu'au bon sens et que la faculté esthétique de juger, plutôt que celle qui est intellectuelle, mériterait le nom de sens commun à tous, si l'on veut bien appeler sens un effet de la simple réflexion sur l'esprit ; on entend alors en effet par sens le sentiment de plaisir. On pourrait même définir le goût par la faculté de juger ce qui rend notre sentiment, procédant d'une représentation donnée, *universellement communicable* sans la médiation d'un concept [2].

La découverte de cette faculté de juger commune à tous les hommes est due à l'expérience, à un critère empirique faible mais suffisant, c'est-à-dire le fait que des gens de temps et de lieux différents s'accordent pour définir certains objets comme beaux. Les objets qui présentent une telle concorde sont des *objets exemplaires*. Dans les paragraphes 17 et 18 de l'« Analytique du beau », Kant avait déjà cerné le lien étroit entre l'absence d'une règle objective du goût, la communicabilité intersubjective du jugement et les objets exemplaires [3]. Il y

n'auraient pas droit de cité ni les charmes, ni les émotions, ni les concepts, mais seulement la pure (et, même, stupéfaite) contemplation de la forme de l'objet dit beau, comme si l'*Analytique du beau* pouvait être prise, à l'encontre des avertissements explicites de Kant, pour une espèce de doctrine de l'expérience esthétique. C'est à l'inverse l'examen de la question du *comment* (dont s'occupe en particulier cette partie de la troisième Critique) et du *si* (dont s'occupe en particulier la *Déduction*) que sont possibles les jugements esthétiques ».

1. E. Kant, *Critique de la faculté de juger*, *op. cit.*, § 44, p. 200-201 : « Il n'existe pas une science, mais seulement une critique du beau et il n'existe pas de belles sciences, mais seulement des beaux-arts. En effet en ce qui concerne une science du beau, il faudrait qu'en celle-ci on décide scientifiquement, c'est-à-dire par des raisons démonstratives, si quelque chose doit ou non être tenu pour beau ; or le jugement sur la beauté ne serait pas un jugement de goût s'il appartenait à la science. En ce qui concerne le second point, une science qui devrait être belle comme telle est un non-sens ».

2. *Ibid.*, § 40, p. 188.

3. *Ibid.*, § 17, p. 100-101 : « Il ne peut y avoir de règle objective du goût qui détermine par un concept ce qui est beau. Car tout jugement issu de cette source est esthétique, c'est-à-dire : son principe déterminant est le sentiment du sujet, non un concept de l'objet. Chercher un principe du goût, qui indiquerait par des concepts déterminés le critérium universel du beau, est une entreprise stérile, car ce que l'on recherche est

revient de façon nette dans le paragraphe 46, pour délimiter cette fois des « produits du génie » et non des « produits du goût », compris comme des références non normatives du jugement. Kant construit, précisément à travers la notion de génie, dans son rapport avec le goût, le passage de la nature à l'art et établit le fondement pour une organisation des arts. Le génie est avant tout un talent naturel, « une disposition innée de l'esprit *(ingenium) par laquelle* la nature donne les règles à l'art »[1] et « les beaux-arts doivent nécessairement être considérés comme des arts du *génie* »[2]. Nous pouvons enfin répondre à la question sur la fonction des beaux-arts dans la déduction du jugement esthétique : les produits du génie (donc des beaux-arts qui à travers le génie produisent des objets comme s'ils étaient des produits de la nature) « doivent en même temps être des modèles, c'est-à-dire *exemplaires* et par conséquence, que sans avoir été eux-mêmes engendrés par l'imitation, ils doivent toutefois servir aux autres de mesure ou de règle du jugement »[3]. L'exemplarité devient donc la propriété spécifique de ces objets qui offrent une règle empirique sans être des objets de connaissance déterminés par des lois a priori.

D'après ces présupposés nous pouvons donc parvenir à la division des arts présentée par Kant dans le paragraphe 51 qui est pourtant précédée par quelques distinctions préliminaires.

Dans le paragraphe 43, intitulé « De l'art en général », Kant écrit : « L'art est distingué de la nature, comme le "faire" *(facere)* l'est de l'"agir" ou "causer" en général *(agere)* et le produit ou la conséquence de l'art se distingue en tant qu'œuvre *(opus)* du produit de la nature en tant qu'effet *(effectus)* »[4]. Il distingue ensuite l'art de la science : « *L'art*, comme habileté de l'homme, est aussi distinct de la *science* (comme *pouvoir* l'est de *savoir*), que la faculté pratique est distincte de la faculté théorique, la technique de la théorie »[5], et enfin l'art de l'artisanat : « *L'art* est également distinct du *métier*; l'art est dit *libéral*, le métier est dit

impossible et en lui-même contradictoire. La communicabilité universelle de la sensation (de satisfaction ou d'insatisfaction), qui se réalise sans concept; l'unanimité, aussi parfaite que possible, de tous les temps et de tous les peuples concernant le sentiment donné dans la représentation de certains objets, est le critérium empirique, faible certes et à peine suffisant pour permettre de supposer que le goût, ainsi garanti par des exemples, a pour origine le principe profondément caché et commun à tous les hommes de l'accord qui doit exister entre eux dans le jugement qu'ils portent sur les formes, sous lesquelles les objets leur sont donnés. C'est pourquoi l'on regarde quelques productions de goût comme *exemplaires* ».

1. E. Kant, *Critique de la faculté de juger*, *op. cit.*, § 46, p. 204.
2. *Ibid.*
3. *Ibid.*, p. 205.
4. *Ibid.*, § 43, p. 198.
5. *Ibid.*, p. 199.

mercenaire »[1]. Il éclaire ensuite, dans les paragraphes 44 et 45, ce que l'on doit entendre par art du beau, d'une part en revenant sur la communicabilité universelle du plaisir de la réflexion (« l'art esthétique – ou les beaux-arts – est un art qui possède pour mesure la faculté de juger réfléchissante et non la sensation »[2]), d'autre part en reformulant la nécessité d'une correspondance étroite entre l'art et la nature (« l'art ne peut être dit beau que lorsque nous sommes conscients qu'il s'agit d'art et que celui-ci nous apparaît cependant en tant que nature »[3]).

Le paragraphe 51, « De la division des beaux-arts », insiste immédiatement sur la place centrale de « l'idée esthétique » :

> On peut en général appeler la beauté (qu'il s'agisse de beauté naturelle ou de beauté artistique) l'*expression* d'Idées esthétiques : mais tandis que dans les beaux-arts cette Idée doit trouver une occasion dans le concept d'un objet, dans la belle nature, il suffit de la simple réflexion sur une intuition donnée sans concept de ce que l'objet doit être pour éveiller et communiquer l'Idée dont cet objet est considéré comme l'*expression*[4].

L'idée esthétique en tant que représentation de l'imagination, indéterminée et privée de concept, s'offre à l'intuition, « en nous donnant à penser » bien qu'elle ne soit pas entièrement intelligible[5]. Sa nature correspond complètement à la nature du jugement esthétique : elle n'est pas déjà une connaissance mais elle nous pousse, ou nous guide, vers une sorte de connaissance, nous fait penser sans nous offrir un contenu conceptuel, elle donne du sens sans concept. Dans les beaux-arts la manifestation de l'idée esthétique est « occasionnée » par l'objet qui l'exprime. Le principe de la division des beaux-arts sera, pour cette raison, écrit Kant, l'« analogie de l'art avec la forme de l'expression dont usent les hommes en parlant afin de se communiquer aussi parfaitement que possible les uns aux autres non seulement leurs concepts, mais aussi leurs sensations »[6], c'est-à-dire la parole, le geste et le ton. Les arts se divisent ainsi par analogie en trois groupes. Le premier est celui des arts verbaux (l'éloquence et la poésie) distingués par un rapport différent entre le libre jeu de l'imagination et le devoir de l'intellect[7]. Le second groupe est composé par les arts figuratifs ou « arts de

1. *Ibid.*, p. 200.
2. *Ibid.*, § 44, p. 202.
3. *Ibid.*, § 45, p. 203.
4. *Ibid.*, § 51, p. 222.
5. *Ibid.*, § 49, p. 213.
6. *Ibid.*, § 51, p. 222.
7. *Ibid.*, p. 223 : « L'*éloquence* est l'art d'effectuer une tâche qui revient à l'entendement comme s'il s'agissait d'un libre jeu de l'imagination ; la *poésie* est l'art de conduire un libre jeu de l'imagination comme une activité de l'entendement ».

l'expression des idées dans l'intuition sensible », dans lequel, reprenant la distinction trouvée chez Herder entre la vérité du toucher et l'apparence de la vue, s'insèrent la plastique et la peinture. A la plastique appartiennent la sculpture et l'architecture [1] alors qu'à la peinture se réfère également l'art des jardins (la peinture comme « belle représentation de la nature » et l'art des jardins comme « belle composition » des produits de la nature). Le troisième groupe, par analogie avec le ton expressif, contient l'art du beau jeu des sensations, dans lequel s'inscrivent la musique (comme jeu des sensations auditives) et l'art des couleurs (comme jeu des sensations de la vue). A ces arts peuvent s'ajouter, comme le fait Kant dans le paragraphe 52, les arts qui dérivent de l'interaction entre les beaux-arts.

Dans ses leçons d'esthétique, Hegel ne pouvait manquer de s'affronter dès le début au Kant de la troisième *Critique*. Le fondement du beau artistique doit être cherché pour Hegel dans l'unité de l'opposition de l'Esprit abstrait et de la nature : Kant a perçu la nécessité d'une telle unité, mais ne l'a pas résolue.

> Kant a bien saisi la contradiction conciliée, mais il n'a pas pu en développer scientifiquement l'essence vraie, ni la présenter comme la réalité vraie et unique. Kant est certes allé plus loin encore, puisqu'il a retrouvé l'unité recherchée dans ce qu'il a appelé l'*entendement intuitif*; mais ici aussi il est resté bloqué par l'opposition du subjectif et de l'objectif, à un point tel que tout en indiquant parfaitement la dissolution abstraite de l'opposition entre le concept et la réalité, l'universalité et la particularité, l'entendement et la sensibilité, et donc l'idée, il a, encore une fois considéré ensuite cette dissolution et cette conciliation comme purement *subjectives*, au lieu de les voir comme des choses vraies et réelles en soi et pour soi [2].

Il reviendra ensuite à Schiller, dans la parabole esquissée par Hegel, « le grand mérite d'avoir brisé la subjectivité et l'abstraction kantienne de la pensée, d'avoir acheminé la tentative de se porter au-delà, d'avoir conçu de façon conceptuelle l'unité et la conciliation comme étant le vrai, et de les avoir réalisées dans la production artistique » [3].

1. E. Kant, *Critique de la faculté de juger*, *op. cit.*, p. 224 : « La *plastique*, première espèce des beaux-arts figuratifs, comprend la *sculpture* et l'*architecture*. La sculpture est l'art qui présente sous forme corporelle (mais comme art, en tenant compte de la finalité esthétique) des concepts des choses, telles qu'elles *pourraient exister dans la nature*; l'architecture est l'art de présenter des concepts des choses, qui ne sont *possibles que par l'art* et dont la forme n'a pas la nature, mais une fin arbitraire comme principe déterminant et selon ce but elle doit aussi les présenter d'une manière esthétiquement finale ».
2. G. W. F. Hegel, *Esthétique*, trad. fr. Ch. Bénard, revue et complétée par B. Timmermans et P. Zaccaria, Paris, Librairie Générale Française, 1997, tome 1, p. 115.
3. *Ibid.*, p. 119-120.

Le système des arts de Hegel peut être compris seulement à partir de cette recherche d'unité de l'universel et du particulier, du subjectif et de l'objectif, de l'abstrait et du concret. Pour employer les termes d'Hegel, le système des arts singuliers doit *présupposer* l'idée d'un beau artistique ou Idéal (une « idée sous une forme particulière » [1]) et son développement sous les formes particulières auxquelles correspondent les arts singuliers. Le système est donc un moment du développement nécessaire et interne de l'Idéal : « le propre de la pensée philosophique est de ne pas considérer les choses par leur côté extérieur et superficiel, leur nécessité subjective ou un quelconque ordre de classification, etc., mais de les expliquer et de les démontrer selon leur nature intérieure » [2]. Hegel identifie trois formes particulières du développement de l'Idéal, trois configurations différentes des rapports entre la forme et le contenu, « rapports qui procèdent de l'idée même » [3]. La première est la forme d'art *symbolique*, dans laquelle « l'idée n'a pas encore trouvé en elle-même la forme, c'est pourquoi elle y aspire et lutte pour l'obtenir » [4]. La seconde est la forme d'art *classique*, dans laquelle se réalise l'accord dans l'idée de la forme et du contenu. La troisième forme d'art est celle de l'art *romantique*, dans laquelle l'unité classique de la forme et du contenu est dépassée par la nécessité pour l'Esprit de tendre vers *son vrai concept*.

> Car l'esprit est la subjectivité infinie de l'idée qui, en tant qu'intériorité absolue, ne peut pas se représenter librement pour soi dans la mesure où elle doit rester moulée dans le corporel comme dans ce qui lui convient. Selon ce principe, la forme d'art romantique détruit à nouveau l'unité indivise de la forme classique, en acquérant un contenu qui va au-delà de la forme classique et de son genre d'expression [5].

Le système des arts singuliers suivra *nécessairement* ce développement historique des formes particulières de l'Idéal.

> Mais puisque ce sont les différences propres, immanentes à l'idée de beauté, que l'art porte à l'existence extérieure, les formes d'art générales doivent également apparaître dans cette troisième partie comme la détermination fondamentale de la division et de la constatation des *arts particuliers*; en d'autres termes, les genres artistiques ont en eux les mêmes différences essentielles que celles que nous avons vues dans les formes d'art générales. Or l'objectivité *extérieure*, dans laquelle ces formes sont introduites à travers un matériau sensible, et donc *particulier*, laisse ces formes *voler en éclats* indépendants

1. *Ibid.*, p. 171.
2. *Ibid.*, p. 62.
3. *Ibid.*, p. 136.
4. *Ibid.*
5. *Ibid.*, p. 140.

> les uns des autres et se réaliser sous des modes distincts, c'est-à-dire les arts particuliers. Car chaque forme trouve aussi son caractère déterminé dans un matériel extérieur déterminé, et sa réalisation adéquate dans le genre de représentation qui lui est propre. Mais d'autre part, puisque ces formes artistiques sont *générales* en dépit de leur détermination, elles ne se limitent pas à la réalisation *particulière* au travers d'un genre d'art *déterminé*, mais acquièrent également leur existence au travers des autres arts, même si cela se fait de façon subordonnée. Donc, d'un côté, les arts particuliers appartiennent spécifiquement à l'*une* des formes d'art générales, dont ils forment la réalité artistique extérieure *appropriée* ; et d'un autre côté, ils représentent, à travers leur conformation extérieure, la totalité des formes de l'art [1].

A la forme d'art symbolique correspond l'architecture, dans laquelle le poids du matériau, de l'extériorité s'oppose à la réalisation de l'esprit. A l'inverse, la sculpture est l'art propre à la forme d'art classique, parce qu'elle représente l'unité équilibrée de la forme matérielle corporelle et de l'individualité spirituelle. Le dépassement de cet équilibre dans l'élévation de l'esprit, qui constitue l'essence de la forme d'art romantique, trouve sa configuration, qui procède également par degrés, dans la peinture, la musique et enfin dans la poésie, « la plus spirituelle » [2] des manifestations de la forme d'art romantique.

Cette synthèse ne peut certainement rendre compte de la complexité de l'esthétique hégélienne et la simple tentative d'extraire du système d'ensemble de son esthétique un seul nœud ou élément est une opération en soi vouée à l'échec, parce que ses moments ne prennent sens que dans le devenir de l'Idéal. Hegel marque l'unité maximale entre le système de l'esthétique et le système des arts qui se correspondent précisément dans le déploiement des processus internes à l'œuvre d'art. Après lui, nous l'avons vu précédemment, au cours du XIXe siècle, se sont succédées de nombreuses tentatives d'organisation de l'ensemble des arts dans lesquelles cependant on a cherché, plus que le développement d'un unique processus, un ordre de classification. Bien plus que cela, le caractère passé de l'art identifié par Hegel s'offre probablement comme l'ouverture du système aux développements des formes d'art du XXe siècle.

La nécessité de faire une distinction entre la classification et le système demeure encore centrale si l'on se réfère à l'un des rares textes du XXe siècle intitulé précisément *Système des beaux-arts* d'Alain, dans lequel deux classes sont identifiées : les arts solitaires et les arts sociaux. Ce qui est présenté ainsi comme

1. G. W. F. Hegel, *Esthétique*, *op. cit.*, p. 143-144.
2. *Ibid.*, p. 150.

une synthèse de sa contribution au système n'a cependant rien à voir avec les questions centrales de sa pensée systématique. Ces deux classes ont une validité classificatoire et n'éclairent pas le noyau principal autour duquel tourne la réflexion d'Alain. Il est plutôt explicite à ce sujet : le motif central de son système se trouve ailleurs et non dans la division entre individuel et social. La division, ou la classification, est, pourrions-nous dire, le résultat de la problématisation de l'imagination créatrice. Bien qu'il ne présente pas un modèle systématique fort, Alain manifeste une forte intention de systématicité, un point de vue systématique qui trouve son centre dans l'imagination et dans son lien avec la corporéité. Dans les toutes premières pages du *Système des Beaux-Arts*, Alain nous avertit que son livre peut également se lire dans le désordre, comme se lisent un peu tous les *Propos*, comme un recueil d'interventions sur les beaux-arts :

> Il n'y a nul inconvénient à prendre ce qui suit comme un recueil de courts articles sur les Beaux-Arts, et à y chercher occasion de réfléchir, sans s'astreindre à l'ordre systématique. Aussi le titre ne doit point tromper. Les idées ici proposées ne dépendent point de quelque idée supérieure d'abord posée, et ne conduisent même point à quelque notion commune qui puisse définir tous les arts en peu de mots. Au contraire, je me suis attaché à marquer les différences, les séparations, les oppositions, me réglant ainsi, autant que peut faire la critique, sur les œuvres elles-mêmes, dont chacune s'affirme si bien et n'affirme qu'elle [1].

Ce qu'Alain identifie dans l'imagination n'est donc pas un principe qui permet d'élaborer des définitions, mais plutôt une fonction qui permet de structurer un discours et un réseau de relations entre les arts. Il exprime presque un paradoxe : un esprit systématique qui n'a pas la nécessité de formaliser un système, en tant qu'il perçoit déjà comme suffisant le motif qui lie des faits différents. L'échafaudage théorique d'Alain n'est ni fragile ni ambigu. Méthodologiquement il sait clairement ce qu'il veut prouver et commence alors son parcours parmi les arts en rassemblant les règles, les motifs, pour vérifier, plus ou moins implicitement, quand et comment l'imagination fonctionne en cela et les modalités selon lesquelles celle-ci trouve son expression dans la corporéité. Il s'agit d'une vérification graduelle du rôle que l'imagination, cœur de l'activité artistique, revêt dans les pratiques singulières. Ce rôle de l'imagination est fondamentalement révélé par le corps d'après Alain :

1. Alain, *Système des beaux-arts in Les arts et les dieux*, « Bibliothèque de la Pléiade », Paris, Gallimard, 1958, p. 217.

> Je veux parler de l'imagination comme fonction ou puissance humaine, mais essentiellement définie par le mécanisme et les affections du corps humain. Cette importante idée n'a certainement pas été assez suivie par ceux qui ont tenté de décrire convenablement la nature humaine sans esprit de système ; et, par une conséquence naturelle, elle est ignorée de ceux qui réfléchissent volontiers sur les Beaux-Arts ; c'est pourquoi il ne m'a pas paru inutile de l'analyser avec suite. Mais il ne faut pas attendre d'après cela que quelque règle des arts soit tirée de cette idée-là ; car ce sont les œuvres qui donnent la règle ; en sorte que l'étude des différents arts serait ici comme la vérification d'une doctrine de l'imagination d'abord proposée [1].

A travers la corporéité, Alain réussit à reconstituer le besoin originaire de faire de l'art et cet usage du corps comme fondement semble ainsi marquer le caractère essentiel de la pratique artistique, son niveau primaire, son fond qui ne peut être éliminé, devenant un motif d'organicité, une possibilité de retrouver des relations complexes en direction d'un discours commun.

> Je voudrais plutôt esquisser ou tenter d'esquisser une physiologie des Beaux-Arts. Considérant la forme humaine, structure, mécanique des sens, des nerfs et des muscles, laquelle n'a point changé de façon appréciable au cours de l'histoire, j'aperçois en partant de là une naissance et renaissance des différents arts, selon un ordre naturel qui toujours commencera et recommencera, et qui toujours séparera les différents arts, et même les opposera les uns aux autres [2].

La direction suivie par Alain est claire : les stimuli qui sollicitent l'imagination, qui à son tour est à la base de toute création artistique, dérivent tous du corps. Toute l'organisation du système doit alors refléter fidèlement la structure, la « physiologie », du corps humain (« les Beaux-Arts peuvent être considérés comme des effets des mouvements du corps humain » [3]).

Le texte d'Alain se réfère, de fait, à une condition des arts plus que consolidée et faisant déjà l'objet de nombreuses discussions depuis au moins une quinzaine d'années. Pour Alain la dernière arrivée parmi les arts est la prose et non la photographie ou le cinéma. Le fait d'être toujours un peu en retard semble être une constante qui accompagne le système depuis l'époque de Batteux. Mais le fait de ne pas être suffisamment rigoureux et ouvert prive le système d'Alain de la valeur de prévision sans laquelle le système des arts, au XXe siècle, devient un outil inutilisable.

A l'inverse, il faut considérer comme symptomatique de la nécessité du XXe siècle de trouver un « ordre ouvert » pour le discours, l'usage que l'esthétique

1. Alain, *Système des beaux-arts in Les arts et les dieux*, *op. cit.*, p. 218.
2. Alain, « Vingt leçons sur les Beaux-Arts. Première leçon », in *Les Arts et les Dieux*, *op. cit.*, p. 474.
3. *Ibid.*

a fait de la notion de *ressemblances de famille* de Wittgenstein, comme pour chercher un critère d'usage pour l'ensemble des arts en renonçant à sa définition. Wittgenstein écrit, dans le célèbre paragraphe 66 des *Recherches philosophiques* :

> Considère, par exemple, les processus que nous nommons « jeux ». Je veux dire les jeux de pions, les jeux de cartes, les jeux de balle, les jeux de combat, etc. Qu'ont-ils tous de commun ? – Ne dis pas : « Il *doit* y avoir quelque chose de commun à tous, sans quoi ils ne s'appelleraient pas des « jeux » – mais *regarde* s'il y a quelque chose de commun à tous.– Car si tu le fais, tu ne verras rien de commun à *tous*, mais tu verras des ressemblances, des parentés, et tu en verras toute une série. Comme je viens de le dire : Ne pense pas, regarde plutôt ! [...] nous voyons un réseau complexe de ressemblances qui se chevauchent et s'entrecroisent. Des ressemblances à grande et petite échelle [1].

Et dans le paragraphe suivant :

> Je ne saurais mieux caractériser ces ressemblances que par l'expression d'« air de famille » ; car c'est de cette façon-là que les différentes ressemblances existant entre les membres d'une même famille (taille, traits du visage, couleur des yeux, démarche, tempérament, etc.) se chevauchent et s'entrecroisent.– Je dirai donc que les « jeux » forment une famille [2].

Il n'est certes pas difficile de substituer les « arts » aux « jeux », mais l'usage qui en est fait et qui peut encore être fait de la « ressemblance de famille » pour comprendre l'ensemble des arts n'est certainement pas une simple échappatoire pour éviter d'affronter à la racine une classification contemporaine des arts. Nous croyons cela pour trois raisons intimement liées : la dimension opératoire de la notion, ses effets épistémologiques et la place centrale du rapport entre l'observation et la présence des objets. La « ressemblance de famille » est une stratégie pour établir des faits comme points de départ, quelques évidences que nous assumons non parce que nous en avons une connaissance complète, mais parce que le raisonnement risquerait de tourner à vide s'il fallait à chaque fois douter de tout (question que Wittgenstein approfondira dans son dernier écrit, *De la certitude*). En d'autres termes, un concept vague, aux contours flous reste un concept [3] dont nous pouvons nous servir pour enquêter sur un territoire. Nous pourrions ainsi dire, à grands traits, ceci : « “Dans ce territoire se pratiquent

1. L. Wittgenstein, *Recherches philosophiques*, trad. fr. F. Dastur, M. Elie, J.-L. Gautero, D. Janicaud, E. Rigal, Paris, NRF-Gallimard, 2004, § 66, p. 64.

2. *Ibid*, § 67.

3. *Ibid.*, § 71, p. 66-67 : « On peut dire que le concept de « jeu » est un concept aux contours flous. – « Mais un concept flou est-il vraiment un *concept ?* » – Une photographie qui manque de netteté est-elle vraiment l'image de quelqu'un ? Est-ce même toujours un avantage de remplacer une image indistincte par une image nette ? L'image indistincte n'est-elle pas justement celle dont nous avons besoin ? ».

des activités que nous pouvons appeler des arts". Mais où finit le champ dont tu parles ? A grands traits ici, puis-je dire en indiquant un point où le champ semble disparaître. Et n'est-il pas possible de pratiquer ces activités ailleurs ? Je ne le sais pas, j'ai seulement dit que je vois que l'on fait ici ce genre de choses ». Bien loin donc d'être un renoncement à l'analyse, la « ressemblance de famille » est à l'inverse une invitation à faire une analyse dans laquelle le « point d'observation » devient le « point de départ ».

> Comment donc expliquer à quelqu'un ce qu'est un jeu ? Nous pourrions, je crois, décrire à son intention certains *jeux* et ajouter ceci : « Nous nommons « jeux » ces choses-là, et *d'autres qui leur ressemblent.* » Et nous-mêmes, en savons-nous davantage ? Est-ce seulement aux autres que nous ne pouvons pas dire exactement ce qu'est un jeu ? – Mais il ne s'agit pas d'ignorance. Si nous n'en connaissons pas les limites, c'est qu'aucune n'a été tracée. Nous pouvons, comme je l'ai dit, en tracer une – dans un but particulier. Est-ce seulement ainsi que nous rendons le concept utilisable ? Certainement pas ! Si ce n'est dans un but particulier [1].

La fonction du concept est alors déterminée par son usage : l'impossibilité d'identifier une propriété commune à tous les membres d'un ensemble n'empêche pas d'apercevoir un réseau de ressemblances. La conséquence sera alors que

l'appartenance des membres à l'ensemble n'est pas due à la possession de certaines propriétés caractéristiques, mais plutôt à leur *adhésion* à un réseau de ressemblances. En d'autres termes, l'ensemble, qui est à ce moment un « système » pour la théorie générale des systèmes, se constitue sur les *relations* entre ses membres plutôt que sur leurs propriétés. Il ne reste plus alors qu'à observer les modalités de présentation des objets parce que c'est dans ces modalités que nous pouvons apercevoir les ressemblances.

Nous croyons que l'on peut lire en ce sens une des tentatives les plus significatives d'organisation du discours sur l'ensemble des arts au XXe siècle que nous voudrions également considérer comme l'un des éléments de référence pour l'hypothèse offerte par ce travail. Nous faisons référence à l'opposition entre *être-ici-présent* (*astanza*) et *flagrance* (*flagranza*) du réel, structurée par Cesare Brandi dans les années soixante et synthétisée dans sa *Théorie générale de la critique*. Il écrit :

> La présence, en tant que manifestation même de la réalité au niveau phénoménal, est également le point de greffe de l'investigation transcendantale sur l'être : ici cependant, la présence se limite en premier lieu, en tant qu'elle se constitue à la conscience sur un mode immédiat et originaire, comme un moment irréversible de la temporalité dans

1. L. Wittgenstein, *Recherches philosophiques*, *op. cit.*, p. 66.

lequel la conscience prend acte d'elle-même. Mais la présence, même dans le vaste répertoire des phénomènes par lequel elle se détermine, se condense tout d'abord en deux grandes catégories : la présence comme *flagrance* de l'existant, et l'*être-ici-présent* (*astanza*). Cette distinction s'effectue par une *différence* inscrite dans la présence même. Car l'existence ou la pure apparence de ce qui se donne comme présent est assumée originairement dans l'acte par lequel la présence est intentionnée par la conscience. Cette *différence*, inscrite originairement dans l'*être-ici-présent*, ne représente rien [...] mais elle ramènera à cette même différence qui se trouve à l'origine de la langue comme système de différences [1].

L'*être-ici-présent* représente donc le moment dans lequel, à travers un acte de *présentification*, un objet se différencie, se manifeste et s'identifie en tant que tel. Les modes de la donation sensible de l'*être-ici-présent*, le signe linguistique, la donation optique et phonique, sont utilisés par Brandi pour suivre les articulations des différents arts : la littérature comme *être-ici-présent* à travers le signe linguistique, le théâtre, le mime, la danse et le cinéma comme *être-ici-présent* à travers le signe linguistique corrélé à la donation optique, l'architecture comme *être-ici-présent* selon la donation optique et la musique comme *être-ici-présent* selon la donation phonique.

Ces deux derniers extraits, de Wittgenstein et Brandi, invitent donc à formuler une hypothèse d'organisation du discours comme *système de ressemblances entre les modalités de présentification des objets*. Avant d'atteindre la formulation de l'hypothèse nous devons cependant traverser le passage historique et théorique, ultérieur et fondamental, offert par le débat sur les concepts fondamentaux de la science de l'art.

1. C. Brandi, *Teoria generale delle critica*, Turin, Einaudi, 1974, p. 81. À partir des années soixante, dans son *Segno e Immagine*, Brandi élabore la polarité entre *astanza* (néologisme créé par l'auteur) et *flagranza* pour expliquer l'idée de présence de l'œuvre d'art. Lorsque la *flagranza* est l'essence du phénomène (naturel ou artistique) perceptif pur, par le mot *astanza*, Brandi indique l'espace de présence propre à l'œuvre d'art, espace sensible constitué par un ensemble de relations et différences. L'*astanza* est, au-delà de la *flagranza* comme pur moment perceptif, la présence de l'œuvre saisie – comme dans le langage – un système de différences entre ses éléments constitutifs. Mais si le langage produit des différences pour signifier « l'*astanza* n'a pas de signification, même si elle est sous-entendue par des significations, car l'*astanza* ne peut pas être conceptualisée comme un signifiant » (*Ibid.*, p. 27). L'*astanza* produit des formes et non des significations.

du système à la systématique

Si une idée parachève sa fonction, la nécessité qui l'animait ne s'éteint pas nécessairement. Nous avons voulu esquisser jusqu'ici non pas tant une histoire de classifications et de systèmes que celle de la nécessité d'organiser les arts en tant qu'objet de discours. Celle-ci reste vive même lorsqu'au début du XXe siècle les systèmes des arts deviennent rares et dans une certaine mesure obsolètes. Il faut alors comprendre les nouvelles formes que prend la nécessité d'organisation et les raisons pour lesquelles cette mutation a lieu. Il est possible, selon nous, d'indiquer une période exemplaire de cette mutation : le débat allemand d'inspiration kantienne qui se concentre sur la notion de « problème artistique » et sur les « concepts fondamentaux » de la science de l'art [1] de 1906 (année de fondation du *Zeitschrift für Ästhetik und allgemeine Kunstwissenschaft*) à la fin des années vingt.

Nous chercherons donc maintenant à présenter les prémisses de ce débat, certains de ses moments cruciaux et les effets qu'il a eu et qu'il peut avoir encore aujourd'hui. Nous n'avons pas l'intention de restituer l'ensemble de ses problématiques, mais seulement les aspects significatifs pour le passage du système des arts à la nouvelle idée de systématique.

1. Ce chapitre, au-delà des citations explicites, a été profondément influencé par certains travaux de D. Cohn, d'A. Pinotti et de S. Tedesco, et par certaines discussions avec eux. Je profite donc de l'occasion pour les remercier.

Un des premiers regards « externes » et synthétiques sur le débat allemand autour de la naissance de la Kunstwissenschaft fut celui de Victor Basch, l'un des rares auteurs français à indiquer dès les années trente la position centrale des germes esthétiques allemands et les changements qui se réalisaient de leur fait. Dans un article consacré à l'esthétique et à la science de l'art, Basch écrit : « A mon sens, la Science de l'art doit avoir six grands chapitres : 1. l'artiste et la nature de l'art en général, 2. l'évolution des arts, 3. le système des arts, 4. les lois de l'art, 5. la technique des arts, 6. l'étude individuelle d'un artiste et d'une œuvre d'art particulière »[1]. L'ordre des parties ne doit rien au hasard. Basch décompose en particulier en trois étapes (l'évolution, le système, les lois des arts) ce que la science de l'art tout juste née tendra à unifier dans les faits. Le passage même du système à la systématique pourrait être exemplifié, en adoptant une première formule qui sera peu à peu modifiée, par cette unité problématique constituée par la systématisation des lois immanentes aux œuvres d'art. Basch lui-même cherche à poser le problème du système lorsqu'il écrit qu'il « implique que les différentes formes d'art, tout en étant profondément séparées, constituent pourtant une unité : étant toutes les manifestations d'une même âme humaine, elles devront constituer un véritable organisme et comme un cosmos. Ce sont les lois de cet organisme que le système des arts vise à déceler »[2]. Après avoir donné certains exemples de systèmes, Basch conclut que « l'important est de reconnaître que le problème existe et de considérer les différents arts, non pas comme nés sporadiquement sans lien ni ordre, mais comme des créations de l'esprit subordonnées à des principes déterminés de différenciations et de progrès »[3]. Telle était en effet la direction que la science de l'art avait suivie depuis le début : la complexité et l'hétérogénéité des phénomènes artistiques poussent à repenser le système en tant que système de lois et non plus en tant que système des arts. Certes, comme nous l'avons vu précédemment, Dessoir, dans la seconde édition de son œuvre majeure, consacre plusieurs pages à l'évolution du système des arts mais pour en affirmer en fin de compte l'impossibilité essentielle. Dans un article de 1907 Dessoir écrit assez clairement que « la variété intensive et extensive des apparitions interdit l'usage d'une

1. V. Basch, « L'esthétique et la science de l'art », *Essais d'esthétique, de philosophie et de littérature*, Paris, Alcan, 1934, p. 16.
2. *Ibid.*, p. 24.
3. *Ibid.*, p. 26.

méthode unique et complique la formation d'un système »[1]. D'un autre point de vue toutefois Dessoir, suivant sa tendance à la rigueur scientifique, n'a pas l'intention de rejeter l'idée de système mais l'aspect *total* du système (« Système et méthode signifient pour nous être libres d'un seul système et d'une seule méthode »[2]). Cette différence réside dans la dissociation entre l'esthétique et la science de l'art dont Konrad Fiedler est à l'origine, séparation qui devient propre au débat allemand de l'époque avec Dessoir. De plus, deux positions tranchées dans la réflexion de Fiedler doivent être considérées comme des tournants décisifs pour toute l'esthétique du siècle dernier : la séparation entre l'esthétique et l'artistique, et entre l'art et la beauté. Dans un de ses aphorismes les plus célèbres, Fiedler déclare : « L'erreur première de l'esthétique et de la réflexion sur l'art est d'associer art et beauté comme si le besoin d'art de l'homme visait la constitution d'un monde du beau. Cette première erreur est la source de tous les malentendus »[3]. La critique de l'identification de l'art et de la beauté n'est pas seulement pour Fiedler l'opposition à une valeur traditionnelle de l'art, mais surtout une nette distinction entre l'art et ses effets sur le spectateur. En ce sens, toutes les erreurs découlent de cette erreur initiale. L'esthétique porte alors sur un certain type de sentiments du sujet et ne concerne donc pas exclusivement les objets artistiques, tandis que la théorie (ou la science de l'art) porte son attention sur l'intellect et considère l'objet comme une forme de connaissance[4]. Comme le résume Danièle Cohn : « l'art est pour Konrad Fiedler une pensée. Propositions théoriques sensibles, les œuvres d'art donnent à comprendre quelque chose qu'elles sont seules à détenir »[5]. En parcourant la section des *Aphorismes* consacrée au rapport entre l'art et la connaissance, nous trouvons de nombreuses réflexions qui pourraient être tirées de *Manières de faire des mondes* de Goodman, par exemple l'aphorisme 57 :

> Connaître le monde et faire du monde son objet sont une seule et même chose ; car dès lors qu'une chose est devenue objet de notre conscience, elle est connue. La science nous fait connaître un aspect du monde, l'art son autre aspect, aucun n'épuise complètement

1. M. Dessoir, « Skeptizismus in der Aesthetik », *Zeitchrift für Ästhetik und allgemeine Kunstwissenschaft*, 2, 1907, p. 449-468, p. 461.
2. M. Dessoir, *Ästhetik und allegemeine Kunstwissenchaft*, *op. cit.*, p. 6.
3. K. Fiedler, *Aphorismes*, D. Cohn (éd.), Paris, Éditions rue d'Ulm, 2013, p. 5.
4. *Ibid.*, p. 5, aphorisme 3 : « Esthétique n'est pas théorie de l'art. L'esthétique s'occupe d'explorer une certaine sorte de sentiments. L'art parle en premier lieu à la connaissance, en second lieu au sentiment. Il est faux de penser que l'art a seulement à voir avec les sentiments de plaisir et de déplaisir et qu'il relève par conséquent du domaine de l'esthétique ».
5. D. Cohn, postface aux *Aphorismes* de Konrad Fiedler, *op. cit.*, p. 97.

> le contenu du monde, chacun a son champ propre. Il reste que l'art a et ne peut avoir pour tâche que de prendre part à l'immense travail d'objectivation du monde [1].

La perspective fielderienne constitue substantiellement la base du projet de Dessoir. Nous comprenons mieux alors en quel sens Dessoir peut comprendre l'idée de système. En réalité Dessoir considère *deux* systèmes qui sont désormais inutilisables : un système général de l'esthétique et un système traditionnel des beaux-arts. En quelques mots, l'héritage hégélien de l'esthétique en tant que philosophie de l'art du beau et le système des arts en tant que réalisation de l'idée du beau qui en découle. Nous avons vu au contraire comment, même dans la tentative de formuler une classification des arts et de résumer l'histoire des classifications, il cherche surtout à mettre en évidence des lois internes de développement des arts et non un modèle idéal devant être imposé « par le haut » à la complexité du phénomène artistique, alors qu'une systématique des lois et des constantes devient un instrument indispensable pour la science de l'art. Sur ce point, Dessoir est extrêmement clair :

> Ces derniers temps, on n'a encore pas réussi à faire face à l'ensemble du matériel de l'esthétique et de la science générale de l'art par un seul processus. De la même manière, aucun système, digne de ce nom au sens strict du terme, n'a été achevé. Du dernier système, qui avait été conçu par Hegel et ses disciples, ne restent aujourd'hui que des détails. Toutes les déterminations du Beau et toutes les manifestations de l'art avaient été reconduites dans son ordre cohérent, ce qui semblait être nécessaire selon les présupposés de la pensée dialectique. Aux autres entreprises manquent soit le cadre d'une philosophie qui couvre tous les êtres soit le principe structurel d'une méthode toujours utilisable. En soi, un véritable système de l'esthétique n'est pas possible : ce qui se pose comme tel flotte sur des hypothèses non prouvées ou utilise le terme « système » de manière assez libre, même si légitime. Un système tel que nous le voulons, se développera seulement à partir de la combinaison de toutes les recherches particulières et dans son questionnement général, il sera sensible à deux conditions : en premier lieu, que plusieurs faits se présentent et qu'ils ont des théories explicatives d'un certain niveau, en deuxième lieu, que ces choses sont connues par le chercheur systématique [2].

Il nous semble nécessaire d'esquisser quelques traits de ce chercheur systématique auquel pense Dessoir. En somme, il adopte une attitude critique face à la complexité des objets et cherche une unité systématique de certains principes fondamentaux comme condition de légalité pour la connaissance scientifique. Les sous-entendus aussi maladroitement résumés constituent la trame théorique de tout ce débat, en premier lieu la nouvelle réflexion profonde de la théorie

1. K. Fiedler, *Aphorismes*, *op. cit.*, aphorisme 57, p. 29.
2. M. Dessoir, « Skeptizismus in der Aesthetik », *op. cit.*, p. 463.

de la connaissance kantienne et de manière plus générale du criticisme lui-même.

Lorsqu'il donne son premier cours universitaire en tant que Privat-docent sur les fondements psychologiques de l'esthétique en 1892, Ernst Cassirer fait partie de ses auditeurs et un rapport de profonde amitié s'instaure entre les deux hommes. Comme on le sait, Cassirer fut ensuite le maître de Panofsky et tous deux furent professeurs de Wind. Nous pourrions ensuite nous étendre sur les aventures de Warburg et de son institution et aux nombreux rapports croisés entre les auteurs des débats dont nous nous occupons. Cela nous amènerait simplement à remarquer que bien plus que les influences singulières que l'un a exercées sur l'autre, une grande partie des contributions au *Zeitschrift* et au débat philosophique qui l'entourait partageait une perspective générale commune, c'est-à-dire le fait de considérer la science de l'art *à l'intérieur* d'une théorie d'ensemble de la connaissance d'origine kantienne. Ce n'est que dans cette perspective que l'on peut mesurer la portée de la systématique des concepts fondamentaux. Dans les premières pages du premier tome de *La philosophie des formes symboliques*, Cassirer exprime clairement cette prémisse :

> Le contenu constitutif de l'esprit ne se dévoile que par son extériorisation; la forme idéelle ne peut être connue que par et dans l'ensemble des signes sensibles qu'elle utilise pour s'exprimer. Si l'on pouvait parvenir à une vue systématique des différentes directions de ce mode de l'expression, et à déceler ses traits typiques et communs, ainsi que les gradations particulières et les différences internes de ceux-ci, on accomplirait alors pour l'ensemble de la création spirituelle l'idéal de la « caractéristique universelle » tel que Leibniz l'a formulé pour la connaissance. Nous serions alors en possession d'une espèce de grammaire de la fonction symbolique en tant que telle, qui embrasserait et déterminerait d'une façon générale l'ensemble des expressions et des idiomes particuliers tels que nous les rencontrons dans le langage et dans l'art, dans le mythe et dans la religion [1].

Même en ce sens la réflexion de Fiedler avait été fondatrice, comme Cassirer lui-même le reconnaîtra dans le quatrième volume inachevé de *La philosophie des formes symboliques*. La possibilité même d'organiser les concepts fondamentaux d'une science de l'art est donnée par la singularité sensible et formelle de l'objet artistique dans son moment expressif, que nous saisissons à travers la reconnaissance d'une activité formatrice propre à notre connaissance. Toutefois la détermination de la singularité de la forme et de sa compréhension est le défi du néo-kantisme et en même temps la base d'une systématique qui s'attache aux lois immanentes

1. E. Cassirer, *Philosophie der Symbolischen Formen. I. Die Sprache*; trad. fr. O. Hansen-Love, J. Lacoste, *La philosophie des formes symboliques, I. Le langage*, Paris, Minuit, 1972, p. 28.

de l'objet. A la différence de Cohen qui finit par identifier le sujet à la conscience scientifique, Cassirer, à partir de *Substance et fonction*, est à la recherche d'éléments historiques et critiques qui forment le système de la connaissance.

Entre la fin du XIXe et le début du XXe siècle la réorganisation d'une théorie de la connaissance en termes kantiens rencontre les nouvelles exigences épistémologiques élaborées par les sciences mathématiques et se confronte au développement des sciences historiques d'une part, et de la psychologie d'autre part. Pour être plus précis, l'histoire et la psychologie constituent plutôt une véritable polarité qui conditionne profondément le projet de réforme d'une théorie de la connaissance en général et d'une unité systématique des concepts fondamentaux de la science de l'art en particulier. Si nous voulons synthétiser cette ligne phare, la Kunstwissenschaft doit identifier en réponse à une nécessité méthodologique des lois constantes dans le déploiement du sens des œuvres d'art singulières sans éliminer ni les données historiques ni les données psychologiques, en excluant toutefois toute forme de psychologisme ou d'historicisme. Dans ce parcours la position de Dessoir est exemplaire. Après avoir obtenu un doctorat de philosophie en 1889 avec Dilthey grâce à une thèse consacrée à l'esthétique de Karl Philipp Moritz, il obtient un diplôme de médecine en 1892 et ses premières études révèlent son grand intérêt pour la psychologie expérimentale. Par rapport à la perspective diltheyienne originaire, Dessoir tend peu à peu à s'écarter des risques du psychologisme pour arriver à une élaboration originale de l'objectivisme en esthétique. Dino Formaggio synthétise ainsi ce passage :

> Dessoir, après des débuts encore « psychologistes », tourne bien vite le dos à la dimension préjudicielle d'une telle méthode dans la construction d'une Esthétique typologique et structurale et se place rapidement, avec la réfutation du psychologisme à la sortie vers un objectivisme phénoménologique et donc à un rapport très différent, sous l'impulsion de Husserl et de Simmel, de l'objectualité esthétique et artistique autonome (soustraite au psychologique comme à l'historicisme) dans les champs objectuels environnants de l'Anthropologie, de l'Ethnologie et de la Sociologie [1].

Dessoir hérite toutefois de l'enseignement de Dilthey l'idée d'une psychologie descriptive et, en un certain sens, de la question initiale de *L'origine de l'herméneutique* (une connaissance scientifique de l'individu et des grandes formes de l'existence humaine dans leur singularité est-elle possible ? [2]) qui se

1. D. Formaggio, « Presentazione », *in* M. Dessoir, *Estetica e scienza dell'arte*, Milano, Unicopli, 1986, p. 14.
2. W. Dilthey, « Die Enstehung der Hermeneutik » (1900), in *Gesammelte Schriften*, vol. V, Stuttgart, Teubner, 1957 ; « La naissance de l'herméneutique », *Œuvres 7, Ecrits d'Esthétique*, trad. fr. D. Cohn et E. Lafon,

résout toutefois dans la place centrale attribuée à l'objet et dans la dimension transcendantale du rapport entre le sujet et l'objet[1] :

> Nous choisissons une esthétique de l'intérieur [*von innen*] qui, dans l'esprit du criticisme et de la psychologie descriptive vise à rendre justice à la valeur spécifique de ce domaine. Son attitude globale pourrait être caractérisée à peu près de la façon suivante : les objets (et les catégories) esthétiques sont distingués par des marques particulières essentielles, et de la même façon l'attitude esthétique possède certaines caractéristiques radicales, en fonction desquelles les processus singuliers qu'elle contient en grand nombre s'avèrent apparentés, plutôt que mélangés au hasard. De la part de l'objet, l'unité autosuffisante et l'équilibre de la valeur du vécu pur sont décisifs ; le sujet et l'objet esthétique ne sont jamais dissociés l'un de l'autre tandis que dans le règne de la vérité il n'y a pas de place pour le sujet, et que dans le règne de la moralité l'objet n'est pensé que comme un obstacle à surmonter. La valeur esthétique est donc une valeur subjective et objective d'une expérience vécue[2].

Par conséquent, bien que l'esthétique et la science de l'art soient séparées, la compréhension des caractéristiques essentielles de l'objet esthétique impose un territoire (celui de l'expérience) où le sujet et l'objet ne peuvent être dissociés ; et cette unité constitue la spécificité du fait esthétique. La vaste sphère des objets esthétiques doit comprendre les objets artistiques (dont les lois sont du domaine de la science de l'art) dont la valeur esthétique peut être comprise seulement *à l'intérieur* du rapport entre le sujet et l'objet. En d'autres termes, la reconnaissance (à travers la contribution de la science de l'art) de l'autonomie de l'objet artistique permet à l'objet de *se présenter* au sujet, et au moment où cela arrive, l'objet artistique entre dans l'expérience esthétique, remplit une fonction esthétique, *se fait* objet esthétique. « Le caractère vivant de l'objet esthétique n'est pas un "emprunt" fait à la vie. L'objet esthétique vit sa propre vie, il possède une efficacité pleine et caractéristique. L'objet se positionne ainsi devant le sujet avec des droits et des revendications. Il veut être jugé comme quelque chose qui se différencie des productions seulement humaines »[3]. Dans ce passage

Paris, Les Éditions du Cerf, 1995, p. 289-307.

1. A. Pinotti, « Introduzione », *in* M. Dessoir, E. Utitz, E. Wind, E. Panofsky, *Estetica e scienza generale dell'arte. I "concetti fondamentali"*, *op. cit.*, p. 12-13 : « De la même façon que dans la tendance objectiviste défendue par la phénoménologie, on pourrait plutôt parler d'une corrélation transcendantale entre le sujet et l'objet : les formes fondamentales de l'esthétique et de l'artistique joignent toujours de façon constitutive une configuration objective à une disposition subjective. L'objet est structuré d'une certaine façon, et provoque le sujet de cette façon, en exigeant de lui une réponse ».

2. M. Dessoir, *Ästhetik und allgemeine Kunstwissenschaft*, 2e éd. revue, Stuttgart, Ferdinand Enke, 1923, p. 19.

3. M. Dessoir, « Objektivismus in der Aesthetik », *Zeitchrift für Ästhetik und allgemeine Kunstwissenschaft*, 5, 1910, p. 1-15, p. 9.

réside alors la nécessité d'une étroite *collaboration* entre l'esthétique et la science de l'art sur la base de la corrélation transcendantale du sujet et de l'objet dans l'expérience esthétique.

> De même que Dessoir souhaite une « esthétique de l'intérieur (*von innen*) », équidistante de « l'esthétique du bas (*von unten*) », empirique et expérimentale, et de « l'esthétique du haut (*von oben*) », métaphysique et déductive, nous pourrions parler de façon analogue d'une « science de l'art de l'intérieur », c'est-à-dire qui se développe en étant immanente au domaine même de l'art, et qui parie sur la possibilité de respecter les instances historiques, psychologiques et techniques qui font d'une œuvre d'art *telle* œuvre, sans renoncer pour autant à la rigueur du concept et à son universalité constitutive [1].

La singularité de l'œuvre d'art, sa réalité objective, ne peut faire abstraction de sa réalisation historique. Si une systématique de la science de l'art sert à reconnaître une légalité spécifique de l'objet artistique, les règles immanentes et universelles des arts peuvent être saisies seulement dans le déploiement historique des arts eux-mêmes. Il apparaîtra également et de manière plus évidente chez Riegl et Panofsky, que l'histoire et la théorie ne sont pas en conflit mais, au contraire, la construction d'une légalité des arts est nécessaire à la compréhension du faire historique des arts dans leur complexité. De la même

façon que Dessoir prend ses distances par rapport au psychologisme sans rejeter en même temps l'apport fondamental de la psychologie, il prend ses distances avec l'historicisme en soulignant le rôle des sciences historiques dans la systématique :

> Les partisans de la science générale de l'art se sont opposés à l'idée d'une paralysie de la connaissance de l'art à cause de l'historisme. Il est maintenant souhaitable que ces derniers restent prudents vis-à-vis des constructions venant mettre à mal l'histoire. L'histoire de la littérature, de l'art et de la musique ont valeur également de sciences historiques, au sens où elles s'inscrivent dans l'histoire totale en tant que parties. Le lien de l'archéologie de l'art avec la science de l'antiquité grecque et romaine est exemplaire de cela à travers la manière dont l'esprit d'une époque est compris à partir de la totalité de ses manifestations. Si l'histoire a absolument à voir avec le développement politique et culturel des peuples, pour autant que l'on peut démontrer que ces peuples sont liés entre eux, alors l'art en fait partie en tant qu'il représente un des pouvoirs effectifs ici en jeu. Si sa légalité propre est fausse, c'est-à-dire si sa constitution esthétique est trop simple, alors l'art perd beaucoup de sa capacité à créer du lien au plan de l'histoire totale. Il est nécessaire, à l'inverse, d'intégrer toute, dans la fondation systématique, l'abondance des faits artistiques historiquement atteignables, à savoir provenant non pas d'un seul domaine, mais de

1. A. Pinotti, « Introduzione », *op. cit.*, p. 14.

> tous les domaines de l'art en les comparant entre eux. La science générale de l'art nécessite une histoire de l'art comparée [1].

Le rapport entre systématique, histoire et psychologie [2] restera au centre de la recherche méthodologique de la Kunstwissenschaft en général et alimentera la nouvelle réflexion de Panosky et Wind sur les présupposés de Riegl et Wölfflin. La réflexion de Dessoir a le mérite de résumer l'intégralité des questions ouvertes par la science de l'art en cherchant à trouver à chaque fois un modèle scientifique rigoureux mais ouvert à toutes les instances qui composent le phénomène artistique. Avec Dessoir, la réflexion sur la distinction entre l'esthétique et la science de l'art devient fonctionnelle pour fonder à nouveau la constellation de l'esthétique dans sa configuration liminaire ; la séparation de l'esthétique de la science de l'art se pose alors comme le présupposé d'un réseau de relations disciplinaires, avec la conscience qu'au centre de la recherche se place toujours l'objet dans sa complexité et qu'aucune discipline ne peut résoudre seule cette complexité. Ce mouvement vers « l'intérieur de l'objet » ne néglige cependant pas que « les concepts fondamentaux de chaque science, outils au moyen desquels elle pose ses questions et formule ses réponses, n'apparaissent plus du tout comme les reflets passifs d'un être donné par ailleurs, mais comme des symboles intellectuels créés de manière autonome » [3]. Ainsi, les lois organisées par la systématique de la science de l'art sont aussi les lois d'une activité formatrice activées dans l'expérience artistique. « Dans le domaine de l'intuition artistique il devient alors tout à fait clair que toute saisie, dans le sensible, d'une forme esthétique n'est rendue possible que parce que nous produisons, dans l'imaginaire, les éléments fondamentaux de la forme » [4]. Nous nous permettons de comparer cette observation de Cassirer avec l'incipit de la première version de la *Grammaire historique des arts plastiques* où Riegl expose sa « thèse de fond » : « La main de

1. M. Dessoir, « Allgemeine Kunstwissenschaft », *Deutsche Literaturzeitung*, 1. Teil : Nr. 44/45, 31. Okt./7. Nov. 1914, p. 2406-2415 ; 2. Teil : Nr. 46/47, 14./21. Nov. 1914, p. 2469-2482, p. 2469. La même année Dessoir approfondit la question du rapport entre la systématique et l'histoire des arts dans un autre article intitulé « Systematik und Geschichte der Künste », *Zeitchrift für Ästhetik und allgemeine Kunstwissenschaft*, 9, 1914, p. 1-15 (trad. fr. de F. Joly, « Systématique et histoire des arts », *Trivium*, 6, 2010, http://trivium.revues.org/3636) et reviendra sur ce sujet en 1927 à l'occasion du troisième congrès d'esthétique avec une intervention intitulée *Kunstgeschichte und Kunstsystematik*. Toujours en 1914 apparaissent le premier volume de E. Utitz, *Grundlegung der allgemeinen Kunstwissenschaft* (Stuttgart, Enke, 1914) et un article d'O. Wulff, « Grundsätzliches über Ästhetik, allgemeine und systematische Kunstwissenschaft », *Zeitchrift für Ästhetik und allgemeine Kunstwissenschaft*, 9, 1914, p. 556-562.
2. Voir aussi M. Dessoir, « Systematik und Geschichte der Künste », *op. cit.*
3. E. Cassirer, *La philosophie des formes symboliques, I. Le langage*, *op. cit.*, p. 15.
4. *Ibid.*, p. 30.

l'homme façonne ses œuvres en utilisant la matière inerte conformément aux mêmes lois que celles selon lesquelles la nature forme les siennes »[1]. Cela soulève ainsi au moins trois questions intimement liées : la corrélation de l'esthétique et de l'artistique; l'artistique en tant que domaine de la connaissance; la reconnaissance, dans l'artistique, de formes de la connaissance qui lui sont propres. Les formes artistiques se structurent sur les lois de formation de la nature elles-mêmes et *correspondent* en même temps à une activité formative du sujet qui en permet la compréhension. Ce double passage révèle la nature transcendantale de l'œuvre d'art (donc sa fonction à l'intérieur d'une théorie de la connaissance), la nécessité qui en découle de construire une science qui identifie ces lois, et une spécificité de la connaissance passant par l'objet artistique (Fiedler écrivait : « Toute forme artistique est légitime si (et seulement si) elle est nécessaire à la présentation de quelque chose qui ne peut être présenté dans aucune autre forme. Toute forme artistique est illégitime si elle se prête à la présentation de quelque chose qui peut être exprimée autrement »[2]).

Dans la perspective de Riegl, la continuité du développement historique des arts (un développement dans lequel, comme on le déduit de l'*Industrie d'art de l'époque romaine tardive*, il n'existe pas de hiérarchie des styles) ne révèle son *sens* qu'à partir de la reconnaissance de lois et d'éléments universels et supra-historiques qui constituent la base de la vision artistique du monde qui se révèle à travers les objets artistiques singuliers : une vision systématique de l'histoire de l'art dépend de la capacité à séparer et reconnaître ces éléments au-delà des œuvres singulières et des genres singuliers[3].

Nous avons utilisé le terme « sens » pour indiquer l'adéquation entre les formes artistiques et la vision artistique, en anticipant ainsi la lecture que donnera Panofsky du *Kunstwollen* de Riegl : « Le *Kunstwollen* ne peut [...] être rien d'autre que ce qui, en tant que sens dernier et définitif, «se trouve» non pas pour nous mais objectivement, dans le phénomène artistique »[4]. Le but de Panofsky sera celui de détacher le *Kunstwollen* de toute interprétation psychologiste,

1. A. Riegl, *Historische Grammatik der bildenden Künste*, aus dem Nachlaß herausgegeben von Karl M. Swoboda und Otto Pächt, Graz-Köln, Hermann Bölhaus Nachf., 1966; trad. fr. E. Kaufholz, *Grammaire historique des arts plastiques*, Paris, Klincksieck, 1978, p. 3.

2. K. Fiedler, *Aphorismes*, *op. cit.*, aphorisme 207, p. 87.

3. Voir A. Riegl, *Historische Grammatik der bildenden Künste*, *op. cit.*, en particulier les remarques préliminaires à la deuxième version de 1899.

4. E. Panofsky, « Der Begriff des Kunstwollens », *Zeitchrift für Ästhetik und allgemeine Kunstwissenschaft*, XIV, 1920, p. 321-329; « Le concept du Kunstwollen », in *La perspective comme forme symbolique*, trad. fr. G. Ballangé, Paris, Minuit, 1975, p. 210.

mais il apparaît déjà dans les pages de Riegl comme la catégorie permettant d'établir une relation entre les œuvres d'art, l'expérience de l'espace (donc le *comment* du phénomène, le lien entre la réalité formelle, le processus formatif et le processus perceptif) et les instances historiques et culturelles. La possibilité de comprendre le déploiement historique du *Kunstwollen* dépend, encore une fois, de la détermination de certaines constantes. Les éléments que Riegl présente comme des constantes ne sont que les réponses aux cinq questions de base qui doivent être posées selon lui à l'œuvre d'art : les fins, la matière première, la technique, le motif et le comment qui se réalise dans le rapport entre les formes et la superficie et qui à son tour se structure dans la relation entre le toucher et la vue [1]. La nécessité d'une unité systématique répond aussi chez Riegl à un projet de refondation méthodologique générale de l'histoire de l'art. Dans la seconde version de la *Grammaire*, dans les fascicules de 1899, Riegl met en évidence comment la tentative d'une fondation rigoureusement scientifique de l'histoire de l'art avait été un échec par essence et indique la responsabilité de l'esthétique dans cet échec. Les quatre domaines de l'histoire de l'art (les « quatre pavillons » : la peinture, la sculpture, l'architecture et l'art appliqué) ont eu des développements autonomes et inégaux qui rendent impossible la vision unitaire et la comparaison. La vieille esthétique normative est désormais morte pour Riegl et doit laisser la place à une nouvelle esthétique instruite par l'histoire de l'art. Le projet d'une science de l'art dépend donc d'une esthétique dont les sources sont dans l'histoire de l'art.

Après Riegl (en particulier après les *Questions de style* et l'*Industrie d'art de l'époque romaine tardive*, étant donné que la *Grammaire* ne fera l'objet d'une publication posthume qu'en 1966) le débat sur les concepts fondamentaux jouera un rôle de premier plan. Au-delà de Dessoir et des deux articles de 1925 de Wind et Panofsky dont nous nous occuperons bientôt, sortent en 1905 (l'année de la mort de Riegl), *Concepts fondamentaux de la science de l'art* de Schmarsow [2] et en 1915 *Principes fondamentaux de l'histoire de l'art* de Wölfflin [3],

1. A. Riegl, *Grammaire historique des arts plastiques*, *op. cit.*, p. 122. Les « éléments » proposés par Riegl ouvrent évidemment un horizon problématique assez vaste aussi bien au sein de sa réflexion que dans les réceptions et les élaborations successives. Nous préférons continuer ici à suivre l'itinéraire répondant à la nécessité d'une systématique et renvoyons à l'introduction d'Andrea Pinotti à la *Grammaire* pour suivre les articulations des « éléments ».

2. A. Schmarsow, *Grundbegriffe der Kunstwissenschaft am übergang vom Altertum zum Mittelalter, kritisch erörtert und in systematischem zusammenhange dargestellt*, Leipzig-Berlin, 1905.

3. H. Wölfflin, *Kunstgeschichtliche Grundbegriffe. Das Problem der Stilentwickelung in der neueren Kunst, München*, Bruckmann, 1915; trad. fr. C. et M. Raymond, *Principes fondamentaux de l'histoire de l'art. Le*

puis, pour ne rappeler que les plus importants, *Impressionisme et Expressionisme : concepts fondamentaux de la science générale de l'art*[1] d'Alfred Wermer en 1917, un essai d'Erich Rothacker de 1919 consacré aux *Concepts* de Wölfflin[2], *Signification systématique et méthodique de la notion de style*[3] d'Hermann Noack en 1923, la synthèse proposée par Emil Utitz en 1929 dans son essai *Sur les concepts fondamentaux de la science de l'art*[4], pour arriver en 1938, l'année de publication de *Le système de la science de l'art*[5] de Paul Frankl.

Parmi eux, le texte de Wölfflin est celui qui a eu la réception la plus vaste, qui a suscité le plus de discussions et qui se présente comme une référence nécessaire pour les élaborations successives de Wind et Panofsky.

> Par "principes fondamentaux de l'histoire de l'art" nous entendons ceci : dans toute œuvre d'art nous pouvons distinguer une forme intérieure et une forme extérieure. La forme extérieure est immédiatement expressive, c'est la beauté particulière, le caractère particulier ; la forme intérieure est le médium dans lequel cette beauté, ce caractère se sont réalisés. Ce médium peut être d'ordre plastique et linéaire ou d'ordre pictural et imaginaire ; il peut s'agir d'une pensée qui s'exprime en des formes isolées ou d'une pensée synthétique qui remplace la juxtaposition, la coordination par des rapports hiérarchiques ; le médium peut obéir à un ordre géométrique ou à un rythme libre ; ces caractéristiques formelles sont nombreuses, et de leur combinaison résulte chaque fois le style de la vision (de la représentation) d'une époque. Dans la succession de ces styles nous reconnaissons une rationalité psychologique ; c'est pourquoi nous disons que leur évolution obéit à une loi. Or toute forme a un double visage : elle est objet de création et elle est objet de connaissance et d'interprétation[6].

Le but exprimé par Wölfflin quant à la formation d'un noyau de concepts fondamentaux de l'histoire de l'art doit donc être compris dans une perspective

problème de l'évolution du style dans l'art moderne, Saint Pierre de Salerne, Gérard Monfort, 1992.

1. A. Wermer, *Impressionismus und Expressionismus : Grundbegriffe der allgemeinen Kunstwissenschaft*, Leipzig-Frankfurt, Kellering, 1917.

2. E. Rothacker, « Wölfflins Kunstgeschichtliche Grundbegriffe » (1919), *Mensch und Geschichte. Studien zur Anthropologie und Wissenschaftsgeschichte*, Bonn, 1950.

3. H. Noack, *Die systematische une methodische Bedeuntung des Stilbegriffs*, Hamburg, 1923.

4. E. Utitz, *Über Grundbegriffe der Kunstwissenschaft*, "Kant-Studien", 34, 1929, p. 6-69.

5. P. Frankl, *Das System der Kunstwissenschaft*, Brünn, Leipzig, Rohrer, 1938. Le livre est resté pratiquement inconnu car l'année même de sa publication Frankl fut contraint à l'exil aux Etats-Unis et presque toutes les copies du livre furent détruites dans un incendie déclenché dans la maison d'édition (sur les aventures du livre, nous renvoyons à la note d'Heinrich Dilly dans la réimpression de Berlin, Gebr. Mann, 1998). L'incipit du remarquable volume suffit à dire combien il est plongé dans le débat : « Tout objet de la science de l'art est un cas particulier de "Sens en général". "Sens en général" ne se laisse pas définir, tant qu'une définition exige un *genus proximum* et une *differentia specifica* » (p. 3).

6. H. Wölfflin, *Gedanken zur Kunstgeschichte*, Basel, Schwabe, 1941 ; trad. fr. de R. Rochlitz, *Réflexions sur l'histoire de l'art*, Paris, Klinksieck, 1982[1], Paris, Flammarion, 1997, p. 23.

kantienne qui se confronte à la psychologie expérimentale et à l'histoire qui se *fait*. L'histoire des évolutions stylistiques est compréhensible en tant qu'histoire des formes de la *représentation visuelle*, des *modes de vision* qui sont déterminés historiquement et psychologiquement et qui ne peuvent être identifiés qu'à travers des catégories de la vision. Alors, comme le souligne Pinotti, « le but de Wölfflin n'est donc pas celui de pratiquer une histoire empirique mais une histoire transcendantale de l'art : une histoire qui est moins celle des œuvres et des artistes que celle des catégories artistiques, ou mieux des catégories ou des schémas de la vision qui rendent ces œuvres et ces artistes possibles »[1]. Il s'agit donc d'une *histoire de l'œil* qui est, pour Wölfflin, l'œil au sens physiologique mais aussi l'œil déterminé historiquement et culturellement, distinct de la disposition spirituelle et individuelle de l'artiste (distinction qui est à l'origine du « formalisme » de Wölfflin et qui sera l'objet principal de la critique de Panofsky). Cette évolution historique des *modes de vision* manifestée par l'activité artistique peut être comprise pour Wölfflin à travers les dynamiques de cinq couples conceptuels, cinq « formes de conception et de présentation »[2] qui pourraient être vus en grande partie comme des articulations du couple chez Riegl de « forme et superficie ». Le premier est le passage du linéaire au pictural, fondé sur la relation entre le tactile et l'optique. D'une part, avec la « vision plastique », il y a l'objet perçu dans sa réalité tangible, en superficie, dans son contour qui l'isole; d'autre part la « vision picturale » permet de saisir l'apparence visible de l'objet dans sa totalité. Le second couple est constitué par le passage de la vision superficielle à la vision profonde, à travers lequel il est possible de suivre l'émergence d'un sens de l'espace (optique). Le troisième est constitué par le passage de la forme fermée à la forme ouverte. Le quatrième est offert par le passage de la multiplicité à l'unité. Enfin le cinquième couple, celui de la clarté absolue et de la clarté relative de la réalité objective, où le rapport entre le toucher (qui nous offre « la représentation des choses telles qu'elles sont ») et la vue (qui nous présente les « choses telles qu'elles apparaissent, considérées dans leur ensemble ou plutôt en leurs qualités plastiques »[3]) redevient central. Les concepts fondamentaux sont publiés en 1915, préfigurés dans une conférence tenue par Wölfflin à l'Académie prussienne en 1911. Sur la base de cette conférence Panofsky, toujours en 1915 dans les pages du *Zeitschrift*, énonce des critiques contre Wölfflin. Bien que les deux publications soient contemporaines,

1. A. Pinotti, *Il corpo dello stile*, *op. cit.*, p. 65.
2. H. Wölfflin, *Principes fondamentaux de l'histoire de l'art*, *op. cit.*, p. 174.
3. *Ibid.*, p. 11-12.

on ressent déjà un profond écart générationnel entre les deux auteurs. L'attention de Panofsky, âgé de vingt-cinq ans, se concentre sur la distinction entre le contenu expressif, déterminé par la disposition de l'artiste, et la forme conçue comme un « mode de vision »[1], là où Wölfflin défend la nécessité d'une étroite dépendance entre la forme et le contenu. La raison de cette critique et de la relecture du *Kunstwollen* de Riegl est le cœur même de la pensée panofskyienne : enquêter sur le *sens* de l'œuvre en se dotant d'instruments valides pour établir des catégories et sans négliger les nombreuses instances qui font de l'œuvre artistique un fait culturel complexe.

> Si la connaissance scientifique est incapable de découvrir les causes historiques et psychologiques des formes de représentation dans l'art, elle n'en devrait être que plus historique et métapsychologique. Il lui faudrait alors poser la question de savoir quelle est, considérée du point de vue des conditions métaphysiques fondamentales de la création artistique, la signification du fait qu'une époque connaisse une représentation linéaire ou picturale, en surface ou en profondeur. Mais la critique d'art se priverait elle-même de la possibilité ne serait-ce que de poser cette question infiniment prometteuse si, au lieu de les concevoir comme les productions les plus expressives de l'esprit humain, elle voulait voir dans ces grands phénomènes de la représentation artistiques les modalités de la vision que détermineraient en quelque sorte les lois de la nature et qui, par là, échapperaient à toute possibilité d'interprétation[2].

Ce qui apparaît déjà dans cette page conclusive de l'essai de 1915 c'est d'un côté l'impossibilité de *réduire* le phénomène artistique à un seul de ses éléments déterminants, de l'autre un nouvel usage des concepts fondamentaux. Il ne s'agit plus pour Panofsky de catégories permettant de suivre le développement des styles, mais des catégories à travers lesquelles s'articulent des *problèmes artistiques* et à travers lesquelles il est possible de comprendre l'émergence des problèmes artistiques. L'enquête se déplace alors sur les raisons pour lesquelles un problème artistique donné émerge d'une certaine manière et à une époque

1. E. Panofsky, « Das Problem des Stils in der bildenden Kunst », *Zeitschrift für Ästhetik und allgemeine Kunstwissenschaft*, X, 1915, p. 460-467 ; E. Panofsky, « Le problème du style dans les arts plastiques », in *La perspective comme forme symbolique, op. cit.*, p. 184 : « Wölfflin établit donc qu'il y a deux racines du style, distinctes dans leur principe. L'une est un élément formel (visuel) qui ne joue aucun rôle sur le plan psychologique, l'autre un contenu (état d'âme) qu'on peut analyser au niveau de l'expression. Ces prémisses théoriques obligent Wölfflin à opérer la même distinction de principe au niveau des concepts dont on use habituellement pour tenter de définir l'essence d'un style, et à ranger d'un côté les concepts purement formels, qui n'ont de rapport qu'avec les modes de vision et de représentation d'une époque et de l'autre les concepts pour ainsi dire de contenu qui, eux, caractérisent ce qui, dans les limites de ces possibilités de représentation générale arrive à s'exprimer dans les productions d'une époque, d'un peuple ou d'un individu ».
2. *Ibid.*, p. 196.

donnée, et cette enquête concerne, en dernière instance, le *sens* métahistorique et métapsychologique de la manifestation artistique. « Pour la critique d'art, c'est en même temps une bénédiction et une malédiction que ses objets (de science) émettent nécessairement la prétention d'être compris autrement que sous le seul angle historique »[1]. Le problème méthodologique central pour Panofsky est précisément celui-ci : réussir à interpréter l'unité de sens de l'œuvre et donc, en même temps, son existence (historique) et les conditions (métahistoriques) de son existence[2]. L'interprétation anti-psychologiste du *Kunstwollen*[3] qui n'est pas conçu comme réalité psychologique[4] mais comme sens immanent de l'œuvre d'art se poursuit donc également dans cette direction. Et si cela devient la fin ultime de la recherche de la science de l'art, les catégories a priori doivent avoir la fonction de déterminer précisément ce sens immanent. En 1925, dans le dix-huitième volume de *Zeitschrift für Ästhetik und allgemeine Kunstwissenschaft* paraissent deux articles, le premier de Panofsky, le second de Wind, tous deux consacrés aux « concepts fondamentaux ». En réalité, le travail de Wind, intitulé *Systématique des problèmes artistiques*, précède celui de Panofsky de trois ans. Il s'agit d'une réécriture de la thèse de Wind soutenue en 1922 intitulée *Ästhetischer und kunstwissenschaftlicher Gegenstand. Ein Beitrag zur Methodologie der Kunstgeschichte*. Panofsky connait bien ce travail : Wind, plus jeune que lui de huit ans, est son élève et son ami. Panofsky ne manque pas de citer dans une note de son article, intitulé *Sur le rapport entre l'histoire et la théorie de l'art. Contribution à la discussion sur les possibilités de « concepts fondamentaux dans la science de l'art »*[5], la thèse de Wind (dans l'espoir qu'elle

1. E. Panofsky, « Der Begriff des Kunstwollens », *Zeitschrift für Ästhetik und allgemeine Kunstwissenschaft*, XIV, 1920, p. 321-329 ; « Le concept de Kunstwollen », *op. cit.*, p. 197.
2. *Ibid.*, p. 198 et 208.
3. Pour une analyse attentive de ce passage, voir Salvatore Tedesco, *Il metodo et la storia*, Palermo, Centro Internazionale Studi di Estetica, Supplementa n. 16, février 2006, p. 13-34.
4. E. Panofsky, « Le concept de Kunstwollen », *op. cit.*, p. 208 : « le *Kunstwollen* en tant qu'objet possible de connaissance scientifique n'est pas une réalité (psychologique) ». Edgar Wind saisira pleinement la « mutation » du concept de Kunstwollen effectuée par son jeune maître Panofsky, lorsqu'il soulignera quelques années plus tard comment chez Riegl les problèmes artistiques ne sont pas attribués au *Kunstwollen* mais plutôt opposés au Kunstwollen (Voir E. Wind, « Zur Systematik der künstlerischen Probleme », *Zeitschrift für Ästhetik und allgemeine Kunstwissenschaft*, 18, 1925, p. 438-486, en particulier p. 443-445).
5. E. Panofsky, « Über das Verhaltnis der Kunstgeschichte zur Kunsstheorie : ein Beitrag zu er Erorterung über die Moglichkeit "kunstwissenschaftlicher Grundbegriffe", *Zeitschrift für Ästhetik und allgemeine Kunstwissenschaft*, XVIII, 1925, p. 129-161 ; trad. fr. de P. Rusch, « Sur la relation entre l'histoire de l'art et la théorie de l'art. Contribution au débat sur la possibilité de « concepts fondamentaux de la science de l'art », *Trivium*, 6, 2010, http://trivium.revues.org/3641 ; aussi *in* D. Cohn, G. Di Liberti, *Textes clés d'esthétique*, Paris, Vrin, 2012, p. 235-278.

soit publiée), soulignant ainsi une continuité profonde entre les deux travaux. En raison de cette continuité, une lecture « en parallèle » des deux essais nous semble légitime, pour saisir l'articulation de fond de l'idée de « problème artistique » et de l'usage des « concepts fondamentaux », plutôt que les différences entre Wind et Panofsky.

Chez les deux auteurs, la corrélation entre les concepts fondamentaux et les problèmes artistiques est décisive, comme on le voit dès les premières pages de l'essai de Panofsky. Les œuvres d'art sont des « solutions » à des « problèmes artistiques », c'est-à-dire des formes de rencontre de certaines oppositions exprimées précisément par la structure antithétique des couples de concepts qui forment l'ensemble des « concepts fondamentaux ». C'est à travers ces formes sensibles de conciliation des oppositions que l'œuvre d'art singulière s'individualise et se présente en tant que réalité autonome [1]. Wind, qui partage cette perspective, cherche à structurer davantage la notion de « problème artistique » et sa nature :

> Afin de concevoir quelque chose comme « produit artistique », je dois l'appréhender comme la solution apportée à un problème antérieur non résolu, c'est-à-dire : je dois d'abord définir un conflit dont l'apparition artistique se présenterait comme la « réconciliation ». Or, étant donné que ce conflit doit être artistique de manière immanente, et que tout ce qui relève de l'artistique fait appel à la région de l'intuition concrète, l'antithèse doit elle aussi se rapporter à cette sphère intuitive. Les principes qui soustendent cette divergence ne peuvent donc pas relever de la sphère logico-conceptuelle. Inversement, le conflit ne peut cependant lui-même être compris autrement que sur un plan logique ; tout comme sa résolution résulte uniquement de motifs conceptuels. Le problème doit donc être d'abord posé en pensée, dont la solution ne peut être trouvée que dans l'intuition [2].

Le « problème artistique », dans la perspective de Wind, naît d'une aporie : d'une part c'est un problème *strictement* artistique, immanent à l'œuvre d'art et de l'autre il ne peut se poser que *dans* la pensée ; d'un côté il appartient à la sphère de l'intuition, de l'autre il ne peut être compris que de façon logique. L'aporie est levée dans la *fonction* du « problème artistique », qui est de caractère *interprétatif* et non *descriptif* ; ou, en d'autres termes, dans la distinction entre *solution* et *problème* : l'œuvre d'art singulière est une solution à un problème qui peut être saisi *a posteriori* par la pensée de la science de l'art, mais qui est posé *a priori* dans l'œuvre. Solution et problème ont la même structure, ils

1. E. Panofsky, « Sur la relation entre l'histoire de l'art et la théorie de l'art », *op. cit.*
2. E. Wind, « Zur Systematik der künstlerischen Probleme », *op. cit.*, p. 440.

s'articulent sur les mêmes antinomies, ils sont réglés par les mêmes catégories *a priori*, celles qui sont organisées systématiquement par la science de l'art dans l'ensemble des « concepts fondamentaux ».

> Un « problème artistique » persiste – en tant que problème – pour la pensée de la science de l'art : il ne s'agit pourtant pas d'un problème de pensée, mais d'un problème artistique. – La différence entre les deux s'explique à l'aide de l'exemple suivant : chaque problème mathématique est posé par la pensée mathématique pour la pensée mathématique, de telle manière que le « problème » soit la thèse de départ, à laquelle le raisonnement suivant sera rattaché. Un « problème artistique » au contraire est défini par la pensée de la science de l'art pour la création artistique, – mais pas de telle manière que le problème précède la solution, car le problème ne peut être cherché qu'à partir de l'interprétation de la solution. Nous sommes donc en présence d'un paradoxe : ce n'est qu'une fois que la solution est donnée que le problème peut être posé, – posé, afin que la solution soit appréhendée comme « solution » [1].

Trouver le problème signifie interpréter la solution. Ceci implique nécessairement un outil rigoureux, les couples d'antinomies, qui permettent de saisir l'œuvre d'art singulière dans son immanence. Ce qui unifie les différents couples conceptuels identifiés par Wind est une « forme de tension », une polarité fondamentale qui constitue la dramaturgie même de l'œuvre d'art, le conflit qui ne peut être résolu que dans l'immanence de l'œuvre, dans la sphère de l'intuitif et de l'artistique. Cette « antithèse originaire » est composée pour Wind de *forme* et de *plénitude* [2]. Mais comme l'écrit Wind « on ne peut pas "ausculter" directement une image par la manière de se positionner par rapport à la polarité "plénitude" et "forme". Pour trouver une résonance dans l'intuitif, il faut descendre dans la région de l'intuitif » [3]. C'est pour cette raison qu'il instaure entre la « forme » et la « plénitude » une « corrélation catégorielle fondamentale, sans en faire un couple antithétique pour le problème artistique. Panofsky saisit au contraire la fonction ontologique de la « forme » et de la « plénitude » en corrélant la première à la forme de l'intuition externe (l'espace) et la seconde à la forme de l'intuition interne (le temps) [4].

1. *Ibid.*
2. Voir *Ibid.*, p. 460. Voir aussi E. Wind, *Some Points of Contact between History and Natural Science*, in *Philosophy and History. Essays presented to Ernst Cassirer*, ed. by R. Klibansky and H. J. Paton, Oxford, The Clarendon Press, 1936, p. 255-264 [reprinted New York, Harper Torchbooks, 1963; Gloucester Mass., Peter Smith, 1975] (trad. allemande *Über einige Berührungspunkte zwischen Naturwissenshaft und Geschichte*, in *Wissenschaft – Zum Verständnis eines Begriff*, Köln, Müller, 1988).
3. *Ibid.*, p. 461.
4. Wind reprend cette articulation de Panofsky en soulignant la complémentarité avec sa proposition (cf. *Ibid.*, note p. 461).

> La « plénitude » et la « forme » – qui, par elles-mêmes, se font face comme deux principes dont on ne voit pas comment ils peuvent s'associer – peuvent et doivent en effet réaliser une synthèse dans la mesure où *l'opposition purement ontologique entre « plénitude » et « forme » trouve son corrélat dans* (ou plus exactement : coïncide en dernière instance avec) *l'opposition méthodologique entre « temps » et « espace »* – le principe de « plénitude » correspondant au « temps » comme forme de l'intuition, tandis que le principe de « forme » correspond à l'« espace » comme forme de l'intuition. Si l'opposition entre « plénitude » et « forme » constitue *la condition* a priori *de l'existence des problèmes artistiques*, l'action réciproque entre le « temps » et l'« espace » constitue *la condition* a priori *de la possibilité de leur résolution* [1].

Les deux schémas des « concepts fondamentaux » de Panofsky et de Wind se structurent sur ces bases et même les objectifs sont rigoureusement partagés [2]. Les « concepts fondamentaux » servent à « *amener les phénomènes à la parole*, à la manière d'un "réactif" légitimé a priori » [3] sans vouloir réduire par là la complexité des phénomènes : nous pouvons comprendre grâce aux « concepts fondamentaux » les questions à poser aux objets, ou mieux les questions que les objets nous demandent de poser mais, certes, nous ne déterminons pas les solutions qui sont toujours singulières et diverses. Dans la rencontre entre la singularité de la solution et l'universalité du problème qui se réalise dans l'expérience, nous pouvons saisir l'unité de sens du phénomène artistique dans sa complexité.

L'élaboration d'une systématique des « concepts fondamentaux » et la reconnaissance des « problèmes artistiques » représentent un tournant décisif dans l'évolution du discours philosophique sur les arts. L'exigence systématique cesse de chercher une unité *des* arts, mais cherche une unité du discours sur les arts. Cette unité se structure et se légitime *à partir des objets*, c'est-à-dire sur la reconnaissance d'un système des idées propre à l'activité artistique et immanent aux objets artistiques qui, s'il est reconnu et organisé systématiquement, sert de fondement au discours sur les arts. C'est précisément sur cette base que se fonde l'hypothèse qui suit (sans prétention catégorielle cependant).

1. E. Panofsky, « Sur la relation entre l'histoire de l'art et la théorie de l'art », *op. cit.*
2. Nous rapportons à la fin de ce chapitre les deux tables des « concepts fondamentaux » de Panofsky et de Wind. Pour une analyse des couples conceptuels singuliers nous renvoyons aux deux textes, dans lesquels les deux auteurs exposent ponctuellement leurs usages des antinomies.
3. E. Panofsky, « Sur la relation entre l'histoire de l'art et la théorie de l'art », *op. cit.*

Table des « concepts fondamentaux » proposée par Panofsky[1] :

Antithèse générale au sein de la sphère *ontologique*	Oppositions spécifiques au sein de la sphère *phénoménale*, en l'occurrence *visuelle*		
	1. Opposition des valeurs élémentaires	2. Opposition des valeurs de figuration	3. Opposition des valeurs de composition
La « plénitude » s'oppose à la « forme »	Les valeurs « *optiques* » (espace ouvert) s'opposent aux valeurs « *haptiques* » (corps)	Les « valeurs de *profondeur* » s'opposent aux « valeurs de *surface* »	Les « valeurs d'*interpénétration* » (fusion) s'opposent aux « valeurs de *juxtaposition* » (division)

Table des « concepts fondamentaux » proposée par Wind[2] :

Phénomène qualitatif	Chose qui apparaît	Vie qui se manifeste
Haptique *vs* optique	Schéma *vs* individu singulier	Immobilité *vs* animation
Superficie *vs* profondeur	Idéal *vs* réalité	Objectif *vs* subjectif
Décomposition *vs* fusion	Séparation *vs* mise en relation	Isolement *vs* fluidité

1. *Ibid.*
2. Table élaborée par A. Pinotti, « Introduzione », *op. cit.*, p. 16.

conclusion
hypothèse de système pour les arts

Introduction. Le parcours historique qui a été tracé jusqu'ici montre à quel point la nécessité d'organiser l'ensemble des arts afin de fonder le discours à leur sujet a été constante. Nous voudrions maintenant, en suivant une voie hypothétique et provisoire, tenter de présenter un passage supplémentaire à titre de conclusion de ce parcours. Les événements artistiques ont décrété au début du XXe siècle la fin des systèmes englobants, alors que le débat sur la systématique a indiqué la possibilité de structurer un système de principes qui fondent les problèmes artistiques posés par les œuvres individuelles. Nous considérons ces deux éléments comme des points de départ pour comprendre l'état actuel de la question. Dans l'identification, la réception et la discussion d'une œuvre d'art nous utilisons un « système implicite » qui, sans être formalisé, est culturellement déterminé par l'usage de certains concepts partagés aussi bien par le discours de l'objet artistique que par le discours sur l'objet artistique. Ces concepts ne sont plus des « concepts fondamentaux » absolument stables, mais plutôt des concepts dominants dans les théories de l'art dont se dote une époque déterminée, en l'occurrence la nôtre. Renoncer à la « dimension fondamentale » de tels concepts signifie surtout relativiser leur valeur prévisionnelle, sans pour autant rejeter leur rôle central pour l'histoire de l'art à laquelle on doit la reconnaissance et la formalisation des concepts utilisés. Il en est ainsi surtout parce que l'élaboration d'un système contemporain (ou la simple reconnaissance d'un système implicite) ne se réfère pas seulement aux arts contemporains, mais doit pouvoir inclure tout ce qu'une certaine époque considère comme étant de l'art, ce qui inclut évidemment les objets et les phénomènes du passé. Il s'agit du défi qui est à la fois le plus évident et le plus difficile : un système des arts aujourd'hui doit surtout nous dire pourquoi nous nous *prédisposons* ou nous disposons notre attention de façon spéciale et semblable quand nous nous trouvons devant un retable du Quatorzième siècle et une installation vidéo, plutôt que de reconnaître ce qui rapproche la peinture et l'art vidéo. Au moment où nous nous référons à un système implicite des concepts, nous décidons donc de nous intéresser à ce qui détermine notre expérience de réception, plutôt qu'au système de relations entre les savoirs artistiques singuliers.

Ces concepts sont simultanément ceux par lesquels l'objet artistique *se présente* et ceux qui sont utilisés dans le discours pour *identifier* un objet en tant qu'objet artistique. Cette hypothèse vise donc à *indiquer un ensemble de concepts entretenant des relations réciproques qui garantissent l'échange entre la présentification de l'objet et son identification de la part du spectateur.*

En se référant à l'idée de « monde de l'art » d'Arthur Danto [1], il s'agit donc de saisir les principaux éléments sur lesquels se fonde une théorie *répandue* de l'art, qui est partagée implicitement par le producteur, l'objet et le spectateur. En somme, la question à laquelle nous voudrions répondre avec cette hypothèse est la suivante : « comment un objet artistique se présente-t-il pour être identifié en tant que tel? ». Le « comment » de la question (ce qui est déjà le point de départ de la réponse) contient justement un ensemble de concepts dans sa systématicité, puisque tout concept *s'explique* par la relation qu'il a avec les autres.

Une question méthodologique dont la solution n'est pas évidente se pose ainsi et nous n'avançons pour celle-ci qu'une réponse plutôt vague : comment déterminer les concepts qui font partie du système? Il ne serait peut-être pas incorrect de dire qu'ils s'autodéterminent dans l'échange entre la présentification et l'identification, mais cela a certainement quelque chose de tautologique. On peut alors dire qu'entre le vaste ensemble de concepts que les arts singuliers utilisent dans la production des objets artistiques et le vaste ensemble de concepts que l'esthétique (mais également la critique et le public) utilise pour identifier les objets artistiques, il existe un groupe de concepts communs. Certains de

1. A. Danto, « The Artworld », *The Journal of Philosophy*, vol. 61, n° 19, 1964, p. 571-584.

ces concepts ont d'ailleurs des relations mutuelles tellement étroites qu'il est impossible de les saisir individuellement en dehors de ces relations.

Aucun système d'idées qui ne veut pas devenir un dogme ne peut être exhaustif ni ne peut être considéré en excluant son observateur. Intégrer le point de vue dans la structure du système ne signifie pas cependant le rendre arbitraire, mais comprendre tout au plus le point de vue comme une variable significative de la construction du système, en considérant simultanément sa « presque objectivité » et son rapport avec le sens commun. Néanmoins, le sens commun (celui du système implicite) n'est pas, de même que dans la réflexion du dernier Wittgenstein sur la certitude, un catalogue de connaissances et d'opinions, mais c'est un système structuré par des règles conventionnelles, déterminé culturellement et appris, dans lequel se réalise la correspondance entre le discours et la forme de vie[1]. Il s'agit donc d'un sens commun (et d'un système implicite) qui fonctionne comme fondement du discours et qui le structure, sans que ses contenus soient pour autant invariables. Reconnaître ce système implicite équivaut à admettre que malgré la complexité des phénomènes artistiques, notre expérience de réception et la possibilité d'un discours et d'une connaissance à partir des objets artistiques ne peuvent recommencer à zéro[2] à chaque fois. *Je sais* (je l'ai appris) que la *Joconde* est une œuvre d'art, que la *Recherche* est une œuvre d'art, que la *Neuvième* de Beethoven est une œuvre d'art, et le lecteur de ces pages *sait* la même chose, ou nous ne pourrions nous entendre sur l'usage, même vague, du terme « artistique ». Nous pouvons alors nous interroger sur la raison pour laquelle nous savons que certains objets sont des œuvres d'art et nous pouvons également arriver à émettre l'hypothèse que dans quelques siècles ces objets ne seront plus considérés comme des objets artistiques, mais ici et maintenant nous devons *tenir pour valable* cette reconnaissance pour nous comprendre. Dévoiler le système implicite signifie donc vérifier la correspondance historique qui se réalise entre les formes du phénomène artistique et les règles du discours, en renonçant à toute définition exhaustive de ce qu'est l'art.

Ces quelques prémisses étant établies, les six concepts de ce système hypothétique seront la mimesis, la représentation, le rythme, le corps, le détail et la technique. Ces concepts, considérés dans leur complexité historico-théorique, cherchent à condenser une bonne partie des principes qui, dans l'histoire entière des modèles d'organisation que nous avons tracée jusqu'ici, ont fonctionné comme

1. L. Wittgenstein, *De la certitude*, trad. fr. D. Moyal-Sharrock, Paris, NRF-Gallimard, 2006.

2. *Ibid.*, prop. 115, p. 46 : « Celui qui voudrait douter de tout n'arriverait jamais au doute. Le jeu de douter présuppose lui-même la certitude ».

des critères fondamentaux du discours sur les arts. Il n'y a donc rien de nouveau, ou plutôt tout est nécessairement évident, puisque c'est précisément dans la sphère de l'évidence que cette hypothèse entend se déployer.

Nous chercherons à montrer dans les pages qui suivent en quel sens ces concepts forment un système et en quel sens ce système légitime la relation entre la présentification de l'objet artistique et son identification. Nous chercherons donc seulement à tracer certaines articulations des concepts qui nous paraissent restituer une systématicité homogène. Nous ne les aborderons que brièvement puisque, outre l'impossibilité d'en faire un traitement exhaustif, cela est fonctionnel pour l'exposition des relations qui les lient.

Mimesis. Les articulations complexes de l'idée de mimesis peuvent certainement comprendre aussi celles de l'idée de représentation, et pourtant il nous paraît opportun de distinguer les deux concepts pour souligner simultanément leur spécificité et leur complémentarité. Nous préférons donc utiliser le terme « représentation » pour indiquer un processus interne à l'objet et certains dispositifs à travers lesquels ce processus se réalise et se manifeste, alors que l'impossibilité même de traduire le terme de « mimesis » pousse à considérer un ensemble de processus et d'activités (dont la finalité n'est parfois pas la production) qui peuvent être considérés comme le substrat préartistique de l'activité artistique.

La constellation de la mimesis a toujours impliqué une vaste sphère de comportements qui poussent constamment à redessiner le terrain esthétique avec les sillons de l'anthropologie, de la psychologie, de l'ontologie et de l'épistémologie [1]. En 1954, *Die Mimesis in der Antike* (*La mimésis dans l'Antiquité*) de Koller sanctionne la nécessité d'étendre le concept de mimesis antique bien au-delà des limites de l'imitation, en portant une attention particulière au statut du concept avant la réflexion platonicienne et à l'emploi du terme *mimos* pour indiquer l'acteur et le masque du drame cultuel dionysiaque et du verbe *mimeisthai* pour l'acte de représentation [2].

Quelques années plus tard, Gerald Else [3], dont les recherches étaient en bonne partie consacrées aux origines de la tragédie grecque et à la dimension dionysiaque,

1. Spariosu écrit que « les problématiques contemporaines de la mimesis peuvent être étudiées à la lumière de cinq aspects corrélés, remontant tous à l'Antiquité : 1) onto-épistémologique ; 2) bio-anthropologique ; 3) psychologique ; 4) linguistique ; 5) littéraire » (M. Spariosu, *Mimesis in contemporary theory, I, The Literary and Philosophical debate*, Philadelphia-Amsterdam, J. Benjamins, 1984, p. X).

2. *Cf.* H. Koller, *Die Mimesis in der Antike*, Berne, Francke, 1954.

3. G. F. Else, « "Imitation" in the 5th century », in *Classical Philology*, vol. 53, n° 2, 1958, p. 73-90.

proposa trois significations du terme *mimesis* au Ve siècle : a) “imiter” l’aspect ou l’action à travers le langage, la danse, le chant ; b) “imiter” l’attitude ou le comportement, dans un sens éthique ; c) “raffigurer”, c’est-à-dire produire une image matérielle d’une chose ou d’une personne. Christoph Wulf prend justement comme point de départ les recherches de Koller et Else pour montrer comment, bien au-delà de son emploi en esthétique, l’idée de *mimesis* se réfère à un ensemble complexe de processus anthropologiques :

> Le champ sémantique de la mimésis est constitutivement ambivalent. En effet, les processus mimétiques peuvent être aussi bien des processus de mimétique (*mimicry*), d’assimilation à quelque chose de donné, de figé, de non-vivant que des expériences vivantes du monde extérieur, de l’autre ou de soi-même. Les processus mimétiques ouvrent un espace au non-identique et constituent un moyen de traiter le monde de manière non instrumentale [1].

L’acte mimétique est un acte d’appropriation sensible de la part du sujet du monde qui l’entoure, un moment dans lequel le sujet reconnaît l’autre que soi, le redouble et s’en distingue. Par la suite, le passage de l’esthétique à l’artistique est encore de caractère mimétique (mais entre déjà dans l’idée de représentation). Les pratiques représentatives sont donc comprises dans le domaine vaste des activités mimétiques sans évidemment pouvoir épuiser ce dernier. Il suffirait de suivre le parcours tracé par Kendall Walton dans *Mimesis as Make-believe* [2] pour comprendre à quel point la constellation de la mimesis dans son intégralité est nécessaire pour définir la nature de la représentation artistique et de la fiction. En d’autres termes, le recours à l’activité mimétique est indispensable pour comprendre la construction du sujet de l’expérience esthétique tout autant que pour reconnaître un phénomène artistique quelconque.

Les comportements mimétiques sont par leur constitution des comportements liminaux, des modalités d’*apprentissage esthétique* du monde, quand ils ont pour finalité la production d’objets identifiables comme des objets artistiques, dans

1. C. Wulf, *Une anthropologie historique et culturelle. Rituels, mimésis sociale et performativité*, trad. fr. J.-C. Bourguignon, C. Delory-Momberger, N. Heyblom, Paris, Téraèdre, 2007, p. 22 ; voir aussi C. Wulf, « Mimesis », *in* G. Gebauer, D. Kamper, D. Lenzen, G. Mattenklott, K. Wünsche, Ch. Wulf, *Historische Anthropologie. Zum Problem der Humanwissenschaften heute oder Versuche einer* Neubegründung, Reinbek, Rowolhlt, 1989, p. 83-125. Pour une reconstruction historique de l’idée de mimesis, voir G. Gebauer, C. Wulf, *Mimesis. Kultur, Kunst, Gesellschaft*, Hambourg, Rowohlt Verlag, 1992 (trad. fr. N. Heyblom, *Mimesis : culture, art, société*, Paris, Éditions du Cerf, 2005) et S. Halliwell, *The Aesthetics of Mimesis : Ancient Texts*, Modern Problems, Princeton NJ, Princeton University Press, 2002.

2. K. L. Walton, *Mimesis as Make-believe. On the Foundations of the Representational Arts*, Cambridge Mass., Harvard University Press, 1990.

les dimensions culturelles ou dans le jeu. Victor Turner soulignait en quoi tous les genres principaux de performance – parmi lesquels bien évidemment les pratiques artistiques – au-delà de la complexité de la société qui les produit, sont des phénomènes liminaux et nécessitent toujours des temps et des espaces consacrés et distincts des temps et des espaces de la vie quotidienne [1]. Turner décrit ainsi, dans des sociétés technologiquement « simples », des phénomènes qui présupposent la séparation de l'espace-temps mondain et qui produisent un nouveau rassemblement communautaire. Dans le cas de sociétés technologiquement plus complexes, Turner utilise le concept de *liminoïde* qui comprend d'innombrables performances culturelles et qui trouve dans le théâtre son paradigme le plus complet. Grâce à cette condition de séparation, la performance culturelle peut devenir un moment dans lequel une communauté ou certains de ses membres se représentent, offrant un exemple de représentation réflexive, capable de présenter les relations, les actions, les codes qu'une société particulière exprime. Turner ne manque pas de mettre l'accent sur le moment ludique qui distingue les phénomènes liminaux. La dimension ludique, la structure-même du jeu, la *simulation* et les règles, sont déjà une activité mimétique. Réciproquement, l'étude des fonctions de la mimesis ne peut faire abstraction de l'idée de jeu [2]. Dans sa classification des jeux, Caillois divise les jeux en *Agon*, jeux fondés sur la compétition, *Alea*, jeux fondés sur le hasard, *Mimicry*, jeux fondés sur le simulacre, *Ilinx*, jeux fondés sur le vertige [3]. Les quatre catégories sont toutes déterminées par des activités mimétiques, mais il est évident que les *Mimicry*, se référant directement au mimétisme animal, mettent en lumière la nature profonde des comportements mimétiques [4] :

> Tout jeu suppose l'acceptation temporaire, sinon d'une illusion (encore que ce dernier mot ne signifie pas autre chose qu'entrée en jeu : *in-lusio*), du moins d'un univers clos, conventionnel et, à certains égards, fictif. Le jeu peut consister, non pas à déployer une activité ou à subir un destin dans un milieu imaginaire, mais à devenir soi-même un personnage illusoire et à se conduire en conséquence. On se trouve alors en face d'une

1. *Cf.* V. Turner, *Anthropology of Performance*, New York, Paj Pubblications, 1986.
2. E. Fink, *Spiel als Weltsymbol*, Stuttgart, W. Kholammer GmbH, 1960 ; trad. fr. H. Hildenbrand, A. Lindenberg, *Le jeu comme symbole du monde*, Paris, Minuit, 1966. Voir en outre le classique de J. Huizinga, *Homo ludens*, Haarlem, H. D. Tjeenk Willink, 1938 ; trad. fr. C. Seresia, *Homo ludens. Essai sur la fonction sociale du jeu*, Paris, Tel-Gallimard, 1995.
3. R. Caillois, *Les jeux et les hommes : le masque et le vertige*, Paris, Gallimard, 1967, p. 47.
4. R. Caillois, *Méduse et Cie*, Paris, NRF-Gallimard, 1960 : « travesti, camouflage et intimidation définissent très exactement les différentes activités qui sont celles de l'homme en ce domaine », p. 82. Dans cette perspective, la table proposée par Caillois, dans laquelle les trois fonctions du mimétisme animal sont comparées à certains comportements humains est intéressante, voir p. 78-79.

> série variée de manifestations qui ont pour caractère commun de reposer sur le fait que le sujet joue à croire, à se faire croire ou à faire croire aux autres qu'il est un autre que lui-même. Il oublie, déguise, dépouille passagèrement sa personnalité pour en feindre une autre. Je choisis de désigner ces manifestations par le terme de *mimicry*, qui nomme en anglais le mimétisme, notamment des insectes, afin de souligner la nature fondamentale et élémentaire, quasi organique, de l'impulsion qui les suscite [1].

La nature élémentaire et organique de la mimesis ne peut que trouver un écho dans le *Spieltrieb* de Schiller : l'instinct du jeu « s'appliquera donc à être réceptif dans la disposition où l'instinct formel eût lui-même engendré, et à engendrer dans la disposition où la sensibilité tend à recevoir » [2].
Dans cette direction on saisit à quel point l'activité mimétique est une activité de construction *esthétique* du sens et, en tant que telle, une modalité de présentification et d'identification, de médiation entre le sujet et le monde et, au même temps, une impulsion formelle pré-rationnelle. Plus d'un siècle et demi après Schiller, Adorno reconnaîtra toujours la polarité entre mimesis et construction comme essentielle pour tout processus artistique :

> La mimésis en art, c'est le pré-spirituel, le contraire de l'esprit et, en retour, ce à partir de quoi il s'illumine. Dans les œuvres d'art, l'esprit est devenu principe de construction, mais il ne suffit à sa finalité que lorsqu'il s'élève à partir de ce qui attend d'être construit, à partir des impulsions mimétiques, que lorsqu'il s'intègre à elles au lieu de s'imposer de façon autoritaire. La forme n'objectivise les différentes impulsions que lorsqu'elle les suit là où elles conduisent d'elles-mêmes. Cela seul constitue la participation de l'œuvre d'art à la réconciliation. La rationalité des œuvres d'art ne devient esprit que lorsqu'elle s'abîme dans ce qui lui est diamétralement contraire [3].

Adorno écrivait aussi que « la mimésis des œuvres d'art est ressemblance à soi » [4] et que par cette voie on peut arriver à saisir l'identité de l'objet, sa vérité interne. Plus que l'aspect reproductif émerge donc la constitution de sens qui se réalise à travers la mimesis, dont dépend la *réalité* de l'objet artistique dans son immanence. L'imitation plus ou moins « vraie » ou « belle » du modèle constitue en effet *une* forme de mimesis, mais les positions anti-imitatives correspondent également à des comportements mimétiques. Comme nous l'avons vu

1. R. Caillois, *Les jeux et les hommes : le masque et le vertige*, *op. cit.*, p. 61.
2. J. C. F. Schiller, *Lettres sur l'éducation esthétique de l'homme, Lettre XIV*, trad. fr. R. Leroux, Paris, Aubier, 1992, p. 209.
3. Th. W. Adorno, *Théorie esthétique*, trad. fr. M. Jimenez et E. Kaufholz, Paris, Klincksieck, 1995, p. 170-171. Voir aussi p. 166 : « L'aporie de la mimésis et de la construction devient pour les œuvres d'art une nécessité d'unir le radicalisme à la pondération, sans ajouter de manière apocryphe des hypothèses de secours ».
4. *Ibid.*, p. 152.

précédemment, le fait que depuis la fin du XVIIIe siècle la critique de l'imitation dans les arts et dans les théories des arts a presque été un leitmotiv, peut être vu précisément comme une nouvelle émergence de la complexité de la mimesis à l'encontre de sa réduction à l'imitation (la belle imitation de la belle nature). Cette critique du concept d'imitation s'est en quelque sorte tournée vers un usage *évaluatif* du concept. Il serait impensable aujourd'hui d'établir la valeur d'un objet artistique en fonction de sa correspondance et de son degré d'adéquation de la reproduction par rapport au modèle. Cependant, en renversant la question, serait-il possible d'identifier un objet comme un objet artistique sans y reconnaître une forme d'activité mimétique ? Benjamin écrivait :

> La nature crée des ressemblances. Il n'est que de songer au mimétisme animal. Mais c'est chez l'homme qu'on trouve la plus haute aptitude à produire des ressemblances. Le don qu'il possède de voir la ressemblance n'est qu'un rudiment de l'ancienne et puissante nécessité de s'assimiler, par l'apparence et le comportement. Il ne possède peut-être aucune fonction supérieure qui ne soit conditionnée de façon décisive par le pouvoir d'imitation [1].

En d'autres termes, la mimesis se configure comme une condition préliminaire, nécessaire quoique non exhaustive de l'activité artistique, ce qui nous permet

d'identifier certains actes et certains produits comme appartenant à un ordre symbolique de la pensée humaine. Il reste à comprendre, maintenant à travers les autres idées de système, comment une certaine activité mimétique se réalise pour s'offrir comme art à notre regard.

Représentation. Dans l'incipit de la *Préface épistémo-critique* au *Drame baroque allemand*, Benjamin avait dit que « le propre de la littérature philosophique est que dans toutes ses versions elle est à nouveau confrontée à la question de la représentation » [2]. Il suffirait ensuite de suivre les pages célèbres de *Les mots et les choses* pour constater le rapport intime entre les tournants épistémiques et les changements des formes de la représentation. Une partie de la valeur épistémologique de la représentation dépend certainement de la dualité de son statut : toute représentation a toujours une nature transitive (l'« être à la place de ») et une nature réflexive (ce qui pousse à reconnaître une représentation en tant que telle). La *Logique de Port-Royal* affirmait déjà clairement cette dualité :

1. W. Benjamin, « Sur le pouvoir d'imitation », *Œuvres*, trad. fr. de M. de Gandillac, R. Rochlitz et P. Rusch, Paris, Gallimard, 2000, p. 359.
2. W. Benjamin, *Origine du drame baroque allemand*, trad. fr. S. Muller, Paris, Flammarion, 1985, p. 29.

> Quand on considère un objet en lui-même et dans son propre être, sans porter la vue de l'esprit à ce qu'il peut représenter, l'idée qu'on en a est une idée de chose, comme l'idée de la terre, du soleil. Mais quand on ne regarde un certain objet que comme en représentant un autre, l'idée qu'on en a est une idée de signe, et ce premier objet s'appelle signe. C'est ainsi qu'on regarde d'ordinaire les cartes et les tableaux. Ainsi le signe enferme deux idées : l'une de la chose qui représente ; l'autre de la chose représentée ; et sa nature consiste à exciter la seconde par la première [1].

De même que pour la mimesis, la nature de la représentation n'implique pas la reconnaissance d'une propriété artistique spécifique, mais plutôt, beaucoup plus simplement, unc condition constitutive de tout objet artistique, un degré zéro non pas de la dimension artistique mais du phénomène esthétique. Pour qu'un objet puisse être reconnu et expérimenté comme un objet artistique, il doit se présenter comme représentant quelque chose. Le double statut de la représentation ne nous dit cependant rien sur les modalités selon lesquelles l'objet artistique se présente en tant que tel : il nous permet seulement de reconnaître une condition de l'organisation de l'objet. L'interrogation sur les modalités et les dispositifs de la représentation avec lesquels on peut saisir un objet dans sa singularité débute éventuellement à partir de cette condition. Louis Marin, qui s'est consacré en grande partie à l'analyse de la nature de la représentation, écrivait : « représenter signifie se présenter représentant quelque chose et toute représentation, tout signe ou procès représentationnel comprend une double dimension – dimension réflexive, se présenter ; dimension transitive, représenter quelque chose – et un double effet : l'effet de sujet et l'effet d'objet » [2]. En ce sens, l'identité de l'objet dépend de la représentation : l'identité à soi-même et donc l'identification de la part de l'observateur [3]. Toute représentation ne s'offre évidemment pas comme œuvre d'art, mais la prédominance de l'aspect réflexif et obscur sur l'aspect transitif et transparent indique au moins la nécessité pour l'objet de se présenter comme une réalité autonome. La valeur épistémologique d'un objet représentatif dépend alors de sa réflexivité, puisque c'est à travers elle que se manifestent les modalités de vision et de construction du monde. Dans l'acte réflexif de sa présentation, l'objet *se donne* comme s'il était un sujet. La représentation incarne la pensée de l'objet esthétique précisément comme s'il s'agissait d'un sujet pensant. L'objet que nous avons éprouvé comme un

1. A. Arnauld, P. Nicole, *La logique ou l'Art de penser*, Paris, Flammarion, 1970, p. 80.
2. L. Marin, *De la représentation*, Paris, Seuil-Gallimard, 1994, p. 255.
3. Marin souligne encore : « Il est une autre signification selon laquelle représenter signifie exhiber, montrer, insister, présenter en un mot une présence. Dès lors, c'est l'acte même de présenter qui construit l'identité de ce qui est représenté, qui l'identifie », *ibid.*

objet artistique a alors cette caractéristique : sa spécificité n'est pas de présenter une pensée (un article de journal ou une image publicitaire expriment aussi une pensée), mais de se présenter comme pensant, de refléter une activité réflexive dans laquelle nous pouvons nous reconnaître en tant que spectateurs. La représentation réflexive ne créé pas un pont entre la présence et l'absence (qualité propre à l'aspect transitif), mais établit la présence de l'objet représentatif en tant que tel. Le « re » de la *représentation* indique la conscience de l'acte de rendre présent, la condition réflexive d'un tel acte, qui affirme une simple présence de l'objet. « Référant au monde, le discours de représentation n'opère cette référence qu'en se référant à lui-même et à ses procès »[1]. En d'autres termes, l'objet représentant révèle une activité transcendantale[2], nous offre la possibilité de regarder l'écran, la projection, la toile, le corps, la voix d'un exécutant, la façon dont la représentation advient au-delà de ce « quelque chose » qui est représenté. Nous voyons seulement un accident de la route sur une photo dans un quotidien, alors que la même photo *exposée* (c'est un cas de figure où sont utilisées seulement certaines des stratégies de la représentation réflexive, celles de l'isolement par rapport au contexte, comme le cadre ou le lieu de l'exposition conçu comme cadre) nous fait observer le grain, la lumière, nous interroge sur la qualité de ce qui est énoncé. « Le tableau est le plus étrange des objets quand il remplit la fonction dont le dote la peinture moderne : c'est un objet où se montre l'engendrement des objets, l'activité transcendantale même »[3]. Le cadre nous offre la possibilité de lire un discours exclusivement fait de son propre langage, dans lequel la *théorie* est déjà le processus du cadre, son propre jeu représentatif. Il oblige le spectateur à rentrer activement dans le jeu, dans la mesure où la présentification même de l'objet a besoin d'un spectateur qui accueille cette présence. Il s'offre à notre regard comme un *objet théorique*, moins parce qu'il présente une théorie que parce qu'il montre une activité théorique.

1. L. Marin, *Détruire la peinture*, Paris, Flammarion, 1997, p. 27.

2. L. Marin, *De la représentation*, *op. cit.*, p. 371 : « L'opacité réflexive dans sa modalité propre fait apparaître dans la représentation de quelque chose, le « se-présenter » de la représentation qui ne peut manquer de produire dans la représentation même un effet de sujet par lequel est mis en représentation le « je pense-je vois » qui accompagne toute représentation, pour paraphraser la célèbre formule kantienne. Le tableau, la représentation de peinture pense. Elle se pense, et la façon qu'a le tableau, la représentation de penser et de se penser en représentant quelque chose, c'est de représenter, de mettre en figure (en représentation) cette pensée. ».

3. J. F. Lyotard, *Discours, Figure*, Paris, Klinckieck, 1971, p. 28.

Le *statut* de la représentation n'est pas la *forme* de la représentation, qui, bien qu'elle soit une condition nécessaire de l'échange entre la présentification de l'objet et l'identification de la part du spectateur, n'épuise pas le phénomène artistique. De la même façon, la dimension réflexive ne peut épuiser la forme de la représentation, parce que cette forme dépend toujours de la dynamique complexe entre le monde historique et le monde sémiotique, entre ce qui est représenté transitivement et l'opacité de la représentation. Par « forme de la représentation », de manière assez générique, nous pouvons comprendre la modalité par laquelle un objet représentatif construit un système interne de relations entre les éléments qui le composent et un système de relations externes à celui-ci, soit vers ce qui est représenté, soit vers celui qui en fait l'expérience. En paraphrasant Goodman [1], la question que la forme de la représentation nous pousse à poser est ce que *fait* l'objet et non ce qu'il est. En observant ce *faire soi-même* de l'objet, en le considérant comme s'il était un sujet agent et pensant, nous considérons nécessairement différents plans de *cohérence* : cohérence interne de l'objet à lui-même, cohérence externe avec un système d'idées, historique par la force des choses, qui permet de le reconnaître et d'en faire l'expérience. Un objet représentatif n'est pas un objet comme tous les autres parce que, outre le fait qu'il est un objet ontologiquement complexe, c'est un objet culturel et social dont la détermination dépend du lieu et du temps de sa production et de sa réception. Toute forme symbolique serait observée entre deux pôles non contradictoires, la *justesse* de sa construction et la *correspondance* avec un discours historique et culturel.

Que voulons-nous dire alors quand nous disons qu'une « œuvre fonctionne » ? Il ne s'agit pas seulement d'une formule « politiquement correcte » pour dire toute chose qui plaît sans user d'adjectifs controversés comme « beau », « laid » ou leurs variantes. Nous voulons peut-être dire qu'un certain objet réussit par sa seule présence à réaliser et à transmettre une version du monde ou, en d'autres termes, une expérience de sens qui ne peut être transmise autrement [2].

Rythme. Quand l'extension spatiale et l'intension temporelle ne dominent pas à tour de rôle, nait un rythme, une mesure qui libère le mouvement. La question n'est pas de reconnaître une analogie entre les rythmes spatiaux et les rythmes temporels, mais plutôt d'établir, à travers le rythme, la relation intrinsèque à

1. N. Goodman, « L'art en action », *Les Cahiers du Musée National d'Art Moderne*, 41, 1992, p. 7-13; puis dans J.-P. Cometti, J. Morizot et R. Pouivet (éd.), *Textes clés d'esthétique contemporaine. Art, représentation et fiction*, Paris, Vrin, 2005, p. 143-157.

2. Nous nous permettons de renvoyer à nouveau à l'aphorisme 27 de Fiedler cité au chapitre précédent.

l'objet entre sa spatialité et sa temporalité, qui finit par coïncider avec sa propre présence. « Les rythmes sont créateurs de l'espace et du temps, du moins pour le sujet ; espace et temps n'existent comme vécus que dans la mesure où ils sont matérialisés dans une enveloppe rythmique. Les rythmes sont aussi créateurs de formes » [1]. Le rythme est la modalité par laquelle l'homme vit l'espace et le temps, *se les approprie*. Il s'agit de *domestiquer* l'espace et le temps de la nature, de vivre un espace et un temps spécifiquement humains [2], de créer les conditions pour un vécu aussi bien intériorisé qu'extériorisé. De même que le rythme est pour le sujet humain une modalité pour se créer un espace et un temps autonomes par rapport à la nature (même s'il est constamment entremêlé à celle-ci), le rythme sera pour l'objet esthétique, qui se fait sujet, la modalité pour identifier un espace et un temps autonomes, ou, encore une fois, une modalité de base pour instaurer sa propre présence [3]. Progressant au-delà de la représentation et de son organisation, le rythme montre l'organicité de l'objet, son être vivant dans l'espace et dans le temps.

« Du chaos naissent les *Milieux* et les *Rythmes* » [4], écrivaient Deleuze et Guattari pour introduire une condition originaire de la formation du territoire. Au groupe de concepts liés au milieu (l'espace, la quantité, l'extensif, la mesure, la répétition) répondent ceux qui sont liés au rythme (le temps, la qualité, l'intensif, le vivant, l'inégal, la différence) et c'est par cette dynamique que l'on passe du chaos au territoire. Le territoire devient tel quand les milieux accueillent le qualitatif, l'expressif, c'est-à-dire quand les milieux et les rythmes sont

1. A. Leroi-Gourhan, *Le geste et la parole II. La mémoire et les rythmes*, Paris, Albin Michel, 1965, p. 135.
2. *Ibid.*, p. 139 : « Le fait humain par excellence est peut-être moins la création de l'outil que la domestication du temps et de l'espace, c'est-à-dire la création d'un temps et d'un espace humain » ; à propos de la construction humaine du temps voir aussi A. Gell, *The Anthropology of Time. Cultural Constructions of Temporal Maps and Images*, Oxford, Providence, Berg, 1992.
3. V. Fabbri, « Rythme et jugement de valeur dans la peinture », dans P. Sauvanet, J.-J. Wunenburger (éd.), *Rythmes et philosophie*, Paris, Kimé, 1996, p. 202-203 : « L'analyse de l'idée de rythme plastique nous conduit donc à insister sur l'importance du concept de mimésis : c'est en s'enracinant dans une analyse des éléments mimétiques de la construction plastique, que l'œuvre acquiert un caractère rythmique. Mais cette mimésis ne s'entend pas comme imitation servile, ni même dans un sens plus général, comme production d'images : l'image est de l'ordre de la représentation, elle part de la perception et de sa production. La mimésis est de l'ordre de l'espace vécu ou senti, et non simplement perçu ou représenté : elle est le mouvement par lequel un sujet cherche à dépasser la dualité du sujet et de l'objet et à produire une unité de soi et du monde. Cette mimésis est ici celle du geste, de la sensation tactile ou kinesthétique (elle peut être en poésie celle de la voix), par lesquels un sujet tente de s'approprier un espace, un corps, en le laissant subsister dans son autonomie, et par lesquels il découvre en même temps son existence comme chair apparentée à la chair des objets et du monde ».
4. G. Deleuze, F. Guattari, *Mille plateaux*, Paris, Minuit, 1980, p. 384.

territorialisés, quand un composant du milieu acquiert des qualités qui le différencient et l'identifient. L'objet d'art, dans l'hypothèse de *Mille plateaux*, devient un objet exemplaire de l'acte de territorialisation. « Peut-on nommer Art ce devenir, cette émergence ? Le territoire serait l'effet de l'art »[1]. Qu'est-ce que cela signifie pour l'expérience du sens de l'objet ? Qu'ajoute le rythme à la constitution du sens ? En en restant aux termes bergsoniens réélaborés par Deleuze, on pourrait dire que le rythme est l'émergence d'une intensité, une spatialisation du qualitatif, un devenir-expressif. Nous croyons cependant que la polarité intensif-extensif n'est qu'une façon parmi d'autres possibilités de désigner le rythme comme principe organique de l'objet et le mouvement comme la manifestation d'une telle organicité. Si la représentation nous pousse à considérer l'organisation de l'objet, le rythme synthétise la dimension organique de l'objet. John Cage écrivait :

> Je me suis aperçu, simplement en me promenant dans les forêts à la recherche de champignons, qu'on peut bien dire qu'il y a une structure chez certaines espèces de champignons. Une certaine structure… ou un certain art ! Et l'on peut à partir de là considérer la structure et l'organisation comme très importantes. Mais si l'on observe tout, toute la journée, toutes les expériences, alors on ne peut plus parler de l'organisation ![2]

L'expérience du sens liée au rythme réside alors précisément dans la découverte d'une organicité au-delà de l'organisation, d'une organicité qui ne peut s'épuiser dans l'organisation. La polarité entre l'organique et l'inorganique qui, à partir de Riegl, a été cruciale pour la compréhension des phénomènes artistiques singuliers viendrait alors à l'esprit. Cette polarité est certainement active dans le rapport entre la représentation et le rythme, mais il serait probablement erroné de vouloir superposer la représentation à l'inorganique et le rythme à l'organique. D'un point de vue systémique, il n'y a pas de conflit entre ces termes parce que la représentation et le rythme (principe d'organisation et d'organicité) concourent à une même fin, qui n'est autre, encore une fois, que la présence singulière de l'objet artistique. C'est seulement par l'analyse de notre regard et du discours sur l'objet qui en découle, à travers l'idée de représentation que nous saisissons l'émergence de la structure organisée alors qu'à travers l'idée de rythme nous saisissons l'émergence d'un organisme vivant. En ce sens, le rythme montre la forme dans laquelle il se fait, la « prise d'espace » d'une temporalité interne à l'objet. Le rythme marque le passage entre le signe et la

1. *Ibid.*, p. 388.
2. J. Cage, *Pour les oiseaux, entretiens avec Daniel Charles*, Paris, L'Herne, 2002, p. 43.

forme, devient l'élément vital, structure et organise la force même de l'objet esthétique en tant que tel. Il constitue la genèse de l'objet, genèse qui ne cesse de présenter son propre mouvement et en même temps genèse dans le processus d'abstraction du monde qui conduit à l'objet : « Abstraire, c'est extraire du monde arythmique de l'action les éléments capables de s'émouvoir et de se mouvoir rythmiquement. L'abstraction n'est pas un parti-pris moderne. C'est l'acte vital de l'Art »[1]. L'abstraction est un processus de reconnaissance et d'isolement des éléments rythmiques qui introduisent du mouvement et de la vie dans la forme. Dans l'expérience du monde, l'espace et la durée ne sont jamais isolés et la reconnaissance du rythme comprend la possibilité d'établir une différenciation. Le rythme distingue, à travers la répétition, un instant de l'autre, un objet de l'autre[2]. En tant qu'il a une fonction de différenciation, le rythme est constitutif du sens. « Le rythme est la critique du sens »[3], écrivait Meschonnic synthétisant ainsi la dimension essentielle du rythme pour la constitution du discours dans sa réflexion. Il nous semble surtout important de relever la dimension critique : le rythme *déborde* le signe sans le contredire, il impose la singularité du phénomène et met en jeu la temporalité de l'objet et de l'expérience vécue. C'est un autre moment du devenir-sujet de l'objet, du fait de se présentifier : *pensant* à travers la représentation, *agent* à travers le rythme.

Le corps. Cet objet est aussi *sensible* par le corps. Aucun des concepts examinés jusqu'à présent ne peut être pensé sans un corps agent et agi, qu'il soit le corps de l'artiste, du spectateur ou de l'œuvre. Parler du corps de l'œuvre n'est pas une métaphore : il s'agit d'un véritable corps qui vit les mêmes polarités que tout autre corps, entre la subjectivité et l'objectivité, entre l'être sentant, sensible et senti, entre l'être organisme et l'être organisé.

La conscience sensible, l'idée d'une pensée incorporée, élaborée par le corps et l'esprit comme unité, à partir de la phénoménologie, et en particulier du holisme

1. H. Maldiney, *Regard, Parole, Espace*, Lausanne, L'Âge d'homme, 1994, p. 18.

2. G. Deleuze, F. Guattari, *Mille plateaux*, *op. cit.*, p. 385-386 : « Il y a rythme dès qu'il y a passage transcodé d'un milieu à un autre, communication de milieux, coordination d'espaces-temps hétérogènes. Le tarissement, la mort, l'intrusion prennent des rythmes. On sait bien que le rythme n'est pas mesure ou cadence, même irrégulière : rien de moins rythmé qu'une marche militaire. […] La mesure est dogmatique, mais le rythme est critique, il noue des instants critiques, ou se noue au passage d'un milieu dans un autre. […] Il n'opère pas dans un espace-temps homogène, mais avec des blocs hétérogènes. C'est la différence qui est rythmique, et non pas la répétition qui, pourtant, la produit; mais, du coup, cette répétition productive n'avait rien à voir avec une mesure reproductrice ».

3. H. Meschonnic, *Critique du rythme. Anthropologie historique du langage*, Lagrasse, Verdier, 1982, p. 67.

d'Erwin Straus [1] et de la *Psychopathologie générale* de Jaspers [2], jusqu'à la réflexion actuelle sur l'*embodiment*, est certainement l'un des motifs clés de la psychologie du XXe et du passage au XXIe siècle.

La conscience du corps est la conscience de notre présence et de notre existence, de notre être objet et sujet. Au moment où je me touche, je me vois, je me sens, je m'écoute, je sens une partie de moi, un fragment de moi, à travers un autre fragment de moi que sont les organes de mes sens. Je peux sentir mon corps *de l'intérieur*. Je peux avoir des sensations privées de représentations qui me font avoir conscience de l'intérieur du corps. Je ne peux avoir une telle expérience d'aucun autre objet. Et pourtant, notre corps demeure un corps parmi les autres corps du monde. Il est visible comme tout autre corps. Cependant, grâce à la conscience de notre corps, nous pouvons chercher les objets du monde avec la conscience d'une profondeur au-delà de la superficie que nos sens peuvent explorer. Une profondeur qui n'est pas au-delà des sens, mais qui est dans la dimension énigmatique même du sensible. Merleau-Ponty écrit :

> L'énigme tient en ceci que mon corps est à la fois voyant et visible. Lui qui regarde toutes choses, il peut aussi se regarder, et reconnaître dans ce qu'il voit alors l'« autre côté » de sa puissance voyante. Il se voit voyant, il se touche touchant, il est visible et sensible pour soi-même. C'est un soi, non par transparence, comme la pensée, qui ne pense quoi que ce soit qu'en l'assimilant, en le constituant, en le transformant en pensée – mais un soi par confusion, narcissisme, inhérence de celui qui voit à ce qu'il voit, de celui qui touche à ce qu'il touche, du sentant au senti – un soi donc qui est pris entre des choses, qui a une face et un dos, un passé et un avenir.
>
> Ce premier paradoxe ne cessera pas d'en produire d'autres. Visible et mobile, mon corps est au nombre des choses, il est l'une d'elles, il est pris dans le tissu du monde et sa cohésion est celle d'une chose. Mais, puisqu'il voit et se meut, il tient les choses en cercle autour de soi, elles sont une annexe ou un prolongement de lui-même, elles sont incrustées dans sa chair, elles font partie de sa définition pleine et le monde est fait de l'étoffe même des corps [3].

L'énigme du corps devient l'énigme de la connaissance de soi et du monde.

1. *Cf.* E. Straus, *Du sens des sens. Contribution à l'étude des fondements de la psychologie* (1935), trad. fr. G. Thines et J.-P. Legrand, Grenoble, Jérôme Millon, 2000. En particulier la troisième partie *L'homme pense et non le cerveau.*

2. *Cf.* K. Jaspers, *Allgemeine Psychopathologie*, Berlin, Göttingen, Heidelberg, Springer-Verlag, 1959 [9], en particulier la première partie, chapitre I, section I, § 3 où Jaspers souligne comment le corps est la seule partie du monde qui est à la fois sentie de l'intérieur et perçue à la surface, en distinguant mon propre sentir corporel de la perception que j'ai de moi comme objet. Cette partie n'est pas présente dans la troisième édition traduite en français. (*Psychopathologie générale*, trad. fr. A. Kastler et J. Mendousse, Paris, Tchou, 2000).

3. M. Merleau-Ponty, *L'Œil et l'Esprit*, Paris, Gallimard, 2010, p. 18-19.

Sentant et sensible, le corps tend vers l'altérité. En se sentant, le corps est une unité comme inhérence et coexistence du sentant et du senti. Reconnaître une corporéité propre à l'objet artistique n'est donc pas une projection de notre corporéité sur la matérialité de l'objet, mais une condition nécessaire pour l'expérience esthétique. Il s'agit d'une règle du jeu voulue et partagée par l'objet et le spectateur afin que l'expérience du sens puisse se réaliser. En tant que mimesis, représentation et rythme, l'idée du corps ne s'offre même pas comme critère de jugement, mais seulement comme condition élémentaire entre la présentification et l'identification.

C'est la dimension transcendantale de l'objet qui permet cet échange. Le corps d'un objet artistique ne peut être qu'une prise de conscience sensible du sensible. L'expérience esthétique se distingue alors par le fait que mon propre corps organique se trouve non pas devant un simple corps physique mais devant un objet qui manifeste un corps propre organique dont je partage le milieu. La possibilité même de l'expérience intersubjective est donnée par les traces d'une activité transcendantale dans l'objet.

Le fait que la nature matérielle de l'objet artistique soit substantiellement inorganique (les cas dans lesquels les matériaux organiques sont employés peuvent être considérés comme des exemples supplémentaires d'une polarité inévitable entre l'organique et l'inorganique) attire encore l'attention sur le *comme si*, comme espace liminal du sens propre à l'expérience esthétique de l'art. C'est précisément dans le *comme si* que s'instaure la polarité entre l'organique et l'inorganique, entre le sujet et l'objet, entre le sentant et le senti. Si nous faisons l'expérience de l'objet en l'identifiant comme objet artistique, nous acceptons de participer à son *comme si*.

Que signifie l'acceptation de la règle du jeu de ce *comme si ?* « Etre en jeu » ne signifie pas seulement « considérer les règles comme valables » mais signifie reconnaître dans l'activité transcendantale de l'objet notre propre activité transcendantale, reconnaître que les modalités à travers lesquelles l'objet se présente et avec lesquelles il construit une version du monde, sont équivalentes aux modalités à travers lesquelles nous articulons notre subjectivité et nous construisons notre version du monde. Dans l'expérience, c'est bien nous qui identifions subjectivement l'objet comme un objet artistique et en même temps l'objet se présente dans une « quasi-subjectivité ». Nous utilisons alors l'adjectif « artistique » non pour indiquer une propriété de l'objet mais, de façon plus élémentaire, pour désigner les conditions particulières d'une expérience intersubjective entre un objet et un sujet.

Détail. « Quoi de plus intime, quoi de plus essentiel au corps que des événements comme grandir, rapetisser, être tranché ? » [1]. Cette intimité entre les corps, entre l'objet artistique et le spectateur, se réalise de façon emblématique dans le détail, moment où le regard s'approche et la vision devient haptique, le spectateur *opère* sur le sujet probablement là où l'objet veut être opéré. « Le bon Dieu est dans les détails », phrase célèbre dont l'origine est incertaine, qui est devenue avec Warburg une véritable devise [2]. Le problème est de comprendre quel « Bon Dieu » (ou, dans d'autres versions, le diable) est à chercher, et surtout comment ce Dieu se manifeste.

Le détail met en lumière le processus monde-objet artistique-spectateur. Il n'y a pas de détails dans la nature : il y a de petites choses, mais le détail est nécessairement artificiel, il est la trace d'une opération que le producteur et l'objet ont accomplie sur la nature. Regarder un détail d'un tableau ne signifie pas regarder autre chose que la *peinture*, et chercher dans celle-ci la réalité du tableau. La participation du spectateur commence quand il commence à pénétrer dans le processus qui rend un tel objet présent. L'œuvre a détaillé un élément quelconque du monde. Qu'a-t-elle détaillé ? Les objets représentés ? Pas exactement. *Elle s'est fondamentalement détaillée elle-même.* Elle peut même l'avoir fait en détaillant un paysage, un personnage, un corps, un son, un espace. La représentation-même de quelque chose du monde peut être conçue comme une stratégie précise pour que l'œuvre *se détaille elle-même*. C'est une stratégie qui peut parfois être expliquée en attirant l'attention du spectateur sur un détail présent à l'intérieur de l'objet. Chaque élément du corps de l'œuvre nous conduit toujours au processus que l'œuvre a suivi pour se présenter. Le détail constitue ainsi une médiation privilégiée entre l'œuvre et nous, parce que si nous entrions dans la scène de l'œuvre, l'œuvre deviendrait le monde. Si nous participons à l'œuvre, nous participons à son autonomie. « Si l'expérience du spectateur est moins spectaculaire, elle n'en est pas moins singulière et décisive » [3], au sens où le processus de présentation de l'objet esthétique ne peut être accompli sans un spectateur qui l'actualise et qui, d'une certaine façon, le redouble. Quand nous nous approchons de l'œuvre pour la détailler, nous entrons dans son intimité, nous accomplissons par notre expérience les opérations que l'œuvre

1. G. Deleuze, *Logique du sens*, Paris, Minuit, 1969, p. 14.
2. E. Gombrich, *Aby Warburg. An Intellectual Biography*, London, The Warburg Institute, 1970.
3. M. Dufrenne, *Phénoménologie de l'expérience esthétique*, tome 1 : *L'objet esthétique*, Paris, P.U.F., 1953, p. 3.

a développées pour s'identifier[1]. Le corps de l'œuvre, le corps d'un « quasi-sujet », voit et se voit, « lui qui regarde toutes choses, il peut aussi se regarder, et reconnaître dans ce qu'il voit alors "l'autre côté" de sa puissance voyante »[2]. Voir, se voir et être vu, et être vu également dans l'intimité de se voir soi-même. C'est à cette intimité que le détail nous introduit. Nous ne sommes pas seulement les spectateurs d'un spectacle, mais également les spectateurs de ou dans la mise en scène, avec la possibilité d'assister à la *préfiguration* de la mise en scène elle-même. L'intimité dans laquelle nous entrons nous impose de mettre en jeu notre intimité également. Si l'objet nous offre sa manière de détailler-se détailler nous ne pouvons que faire de même.

Comme le met en évidence Daniel Arasse, dans l'étude dédiée au détail dans la peinture, qui est sans doute la plus vaste des dernières années :

> La langue italienne différencie ce qui est un *particolare* de ce qui est un *dettaglio.* […] Le détail- *particolare* est une petite partie d'une figure, d'un objet ou d'un ensemble. […] Tout serait plus simple […] si le détail n'était aussi, inévitablement, *dettaglio*, c'est-à-dire le résultat ou la trace de l'action de celui qui « fait le détail » – qu'il s'agisse du peintre ou du spectateur. […] De ce point de vue, tout peut devenir détail. Le détail-*dettaglio* ne peut se définir et se saisir qu'en tant que « programme d'action » laissant éventuellement sa trace dans le tableau. […] Ces deux modalité de détails peuvent, chacune, se donner à voir de façons différentes. On peut y reconnaître l'image transparente d'un objet, parfaite dans son imitation continuée jusqu'au « moindre détail ». Mais on peut, ailleurs, y voir la matière picturale, manipulée, aussi opaque à la représentation qu'éclatante par elle-même, éblouissante dans son effet de présence. On appellera donc le premier détail (qui fait image) « iconique », le second « pictural »[3].

Le détail n'est donc pas seulement une partie d'un ensemble, mais il est surtout l'indice du « fait pictural » en tant que tel, une occasion nouvelle et emblématique de rencontre entre la subjectivité du spectateur qui s'approche et détaille et la « quasi-subjectivité » de l'œuvre qui entend conduire notre regard précisément sur ce que celle-ci a détaillé. Dans notre expérience de l'objet, le détail joue le rôle de vérification de ce que nous pouvons dire « de loin » de la présence de

1. G. Didi-Huberman, *Devant l'image*, Paris, Minuit, 1990, p. 274 : « Dans le sens commun philosophique, le détail paraît recouvrir trois opérations, plus ou moins évidentes. D'abord celle de *s'approcher* : on "entre dans le détail" comme on pénètre dans l'aire élective d'une intimité épistémique. Mais l'intimité comporte là quelque violence, perverse sans aucun doute : on s'approche que pour *découper*, partager, mettre en morceaux. […] Enfin, par une extension non moins perverse, le détail désigne l'opération exactement symétrique, voir contraire, celle qui consiste à recoller tous les morceaux, ou au moins à en f*aire le compte* intégral ».
2. M. Merleau-Ponty, *L'Œil et l'Esprit*, *op. cit.*, p. 18.
3. D. Arasse, *Le détail*, Paris, Flammarion, 1996, p. 11-12.

l'objet. Notre avancée présente presque les caractères d'une enquête policière : nous enlevons ce que nous avons appris de la présence de l'objet dans la vision d'ensemble, et nous *recommençons* à vérifier cette présence à travers la nôtre. Le détail est le symptôme corporel de l'organisation représentative et, en un certain sens, également ce qui échappe à l'organisation pour montrer une vitalité immanente à l'objet en suscitant notre surprise. Arasse suggère alors une autre distinction pour définir le paradoxe du détail, c'est-à-dire le détail-emblème de la représentation et le détail-comble comme limite de la représentation même [1] : à la limite entre l'organisation et l'organisme, le détail montre l'accomplissement de la machine représentative et échappe en même temps à son économie rigoureuse. Derrière ce paradoxe du détail nous retrouvons également la polarité entre la vision de près et la vision de loin (et donc entre l'haptique et l'optique), qui trouve dans *Le problème de la Forme dans l'art figuratif* d'Adolf von Hildebrand, une de ses articulations principales. Bien qu'il attribue sans doute à la vision de loin la fonction prééminente (« Nous ne parvenons donc à l'image unifiée d'un *complexe tridimensionnel* que dans le cas de l'image à distance, celle-ci constitue la seule appréhension unifiée de la forme, au sens où l'entend celui qui cherche à percevoir et à se représenter la forme » [2]), Hildebrand met en évidence un aspect fondamental de la vision de près quand il écrit :

> Si nous partons au contraire de l'activité du mouvement de l'œil, c'est-à-dire si nous palpons de très près le même objet avec les yeux, alors les actes de mouvement deviennent involontairement des représentations visuelles, des représentations de lignes et de surfaces simples, mais qui ne servent en fait qu'à illustrer ces mouvements et qui ne font pas état en revanche des autres différences qui subsistent pour ce *regard* purement réceptif, à l'intérieur des surfaces envisagées, comme par exemple les couleurs, les ombres et la lumière. Or nous percevons aussi ce faisant la troisième dimension, à savoir la position des surfaces les unes par rapport aux autres, comme une ligne qui illustre pour nous un mouvement, car nous sommes ainsi aptes à changer notre point de vue et à nous procurer ainsi des vues de profil de tous ces rapports de positions [3].

Celui qui perçoit se représente l'objet à travers les représentations visuelles tout autant qu'à travers les représentations motrices, dans lesquelles, presque comme

1. *Ibid.*, p. 219 : « Dire que le détail est un emblème du tableau, et dire qu'il peut être aussi un comble de peinture (la peinture portée à son comble) n'est pas dire la même chose. Le détail-emblème condense localement le processus de représentation, alors qu'au point même où il opère cette condensation le détail-comble touche la limite de ce qu'autorise l'économie de la "machine" du tableau, son "tout ensemble" ».

2. A. Hildebrand, *Le problème de la forme dans les arts plastiques*, trad. fr. E. Beaufils, Paris, L'Harmattan, 2002, p. 39.

3. *Ibid.*, p. 38.

« toutes les expériences que nous avons de la forme plastique des objets ne sont advenues à l'origine que par cette palpation »[1], le sujet fait l'expérience de l'œuvre avec son propre corps et son propre mouvement. Il fait l'expérience « motrice » de l'œuvre à travers une vision rapprochée dans laquelle, en perdant la perception de l'ensemble, il ne pourra regarder que les « apparences singulières », qui constitueront « le matériau qui permet de voir la forme et de se représenter la forme »[2]. Hildebrand souligne également que la vision rapprochée éloigne des éléments de la superficie qui permettraient de saisir la forme dans son intégralité. Quand nous nous rapprochons d'un objet, nous traversons deux moments : dans le premier domine l'acuité de notre regard et, en un certain sens, le plaisir du connaisseur qui montre ainsi toute son attention dans son rapport à l'objet; dans le second moment c'est à l'inverse l'objet qui nous domine, instaurant une véritable « tyrannie de la matière »[3]. Cette « tyrannie » nous pousse à retourner à la réalité objectuelle de l'œuvre et à sa dimension d'artefact comme condition élémentaire de l'objet artistique.

Technique. Une observation de Robert Klein présente efficacement deux des fonctions principales de l'observation du processus technique dans l'objet :

> On remarque souvent qu'un ouvrier ou un mécanicien adopte volontiers, lorsqu'il juge une nouvelle machine ou le travail d'un collègue, une attitude de connaisseur, qui ressemble presque parfois jusque dans les gestes et dans la mimique à celle du critique d'art; et qu'inversement l'artiste ou l'amateur averti prend devant les œuvres soumises à son jugement un certain air de technicien. D'où vient cette parenté?
> Les deux hommes se placent « devant » l'objet qu'ils examinent; ils le considèrent comme achevé tout en surface, prêt à se livrer. [...] Dans leur attitude commune, le technicien qui juge et le connaisseur d'art se donnent leurs objets sur un certain mode de Vorhandenheit.
> En second lieu, ces objets les intéressent essentiellement par la manière dont ils sont faits; ils interrogent le comment et non le quoi[4].

Regarder techniquement un objet nous pose devant sa présence immédiate et nous pousse à nous interroger sur son fonctionnement. Klein ne fait au fond

1. A. Hildebrand, *Le problème de la forme dans les arts plastiques, op. cit.*, p. 36.
2. *Ibid.*
3. G. Didi-Huberman, *Devant l'image, op. cit.*, p. 280-281 : « Telle serait en ce sens l'aporie du détail, l'aporie de toute connaissance approchée de la peinture : alors même qu'il visait une forme plus précise, le regard proche n'arrive qu'à délier la matière et la forme et, ce faisant, malgré lui, il se condamne à une véritable tyrannie de la matière. Tyrannie qui vient ainsi ruiner l'idéal descriptif lié à la notion commune du détail : le regard approché n'y produit plus que brouillage, obstacle, "espace contaminé" ».
4. R. Klein, *La forme et l'intelligible*, Paris, Gallimard, 1970, p. 382.

rien d'autre que souligner comment une attention spécialisée pour un objet se tourne précisément vers l'objet en soi, avec une mise entre parenthèses relative des finalités externes de l'objet [1]. L'idée de finalité régule justement le rapport entre la présence et le fonctionnement et permet de reconnaître dans le vaste ensemble des objets techniques, les objets artistiques. Le *comment* de l'objet artistique a comme finalité sa propre *présence* [2]. Comme le met en évidence Adorno : « La technique possède un caractère de clé pour la connaissance de l'art; elle seule conduit la réflexion à l'intérieur des œuvres » [3]. C'est comme si la technique revêtait trois valeurs de l'autofinalisation de l'objet esthétique liées entre elles : la première est d'être un moyen de la représentation; la seconde est de nature dynamique, ce par quoi la technique expose le faire soi-même de l'objet; la troisième est que, en concrétisant l'objet, la technique agit comme médiateur avec l'observateur. Un objet qui expose son propre être technique expose son propre fonctionnement et pousse l'observateur à cela. Dans l'objet esthétique la technique devient une technique artistique au moment où elle s'entrelace avec l'intentionnalité du producteur et avec la loi interne de l'objet. La technique, même celle qui est la plus stratifiée et la plus répandue, s'incarne dans le corps du producteur qui la fait sienne et dans le corps de l'œuvre. Quand ce lien est établi la technique sera *chaque fois* une nouvelle technique dont l'originalité est donnée par l'autonomie de l'objet artistique singulier. Mais le rapport entre la technique et le corps n'est pas seulement de nature instrumentale (le corps comme objet technique et les autres objets techniques comme des instruments pour un corps [4]) mais implique directement la sensibilité du corps :

1. « L'attention spécialisée » semblerait être « l'attention du spécialiste ». Elle devrait peut-être, en se rapportant à la ligne argumentative que nous avons suivie ici, être substituée à l'idée d'« une attention spéciale ou esthétique », c'est-à-dire une attention retournée à l'objet en tant que tel dans sa simple présence sensible.

2. D. Formaggio, « L'arte, il lavoro, le tecniche », *in* M. Dufrenne, D. Formaggio, *Trattato di estetica*, vol. II, Milan, Mondadori, 1981, p. 107 : « l'observation de la technique artistique en acte dans l'expérience du faire de l'art, ainsi que des résultats lisibles dans les œuvres d'art, ne semble laisser planer aucun doute sur le fait, unanimement reconnaissable, que pour passer de la technique génériquement instrumentale à la technique spécifiquement artistique, il est nécessaire que l'acte se défasse de la norme répétitive ou instrumentale et se présente comme étant doté d'une liberté autofinalisée, se fasse en somme autonome et autorégulé, qu'il n'ait d'autre fin que l'exhibition, dans ce même point, d'une métamorphose symbolique et des significations de soi et du monde qui dans l'œuvre en cours de constitution sont pour ainsi dire et comme par hasard (aussi par hasard, mais pas seulement par hasard) pris dans la toile ».

3. Th. W. Adorno, *Théorie esthétique*, *op. cit.*, p. 272.

4. M. Mauss, *Sociologie et anthropologie*, Paris, P.U.F., 1950, p. 372 : « Le corps est le premier et le plus naturel instrument de l'homme. Ou plus exactement, sans parler d'instrument, le premier et le plus naturel objet technique, et en même temps moyen technique, de l'homme, c'est son corps ».

« fondamentalement, la technique artistique est la sensibilité »[1]. A ce niveau élémentaire, la technique ne penche plus du côté de l'organisation ou du côté de l'organique, mais est la *prise de forme* du rapport entre la structure et l'expression, ou plutôt, plus exactement, l'invention d'un mode de formation. Dans la réflexion de Luigi Pareyson et dans le rôle qu'occupe dans celle-ci le *faire soi-même* conçu comme *se former*, le « faire » ct le « savoir faire » trouvent une synthèse dans l'acte de formation :

> Former, donc, signifie « faire », mais un faire tel que, pendant qu'il fait, il *invente la manière de faire*. Il s'agit de faire, non pas comme si la manière de faire était prédéterminée et imposée, et comme s'il suffisait de l'appliquer pour bien faire : il faut, au contraire, la trouver en faisant, et c'est seulement en faisant que l'on peut arriver à la découvrir, si bien qu'il s'agit, tout bonnement, de l'inventer, faute de quoi l'œuvre échoue et se disperse en tentatives éparses et avortées. Une opération est formative dans la mesure où l'on peut dire de l'œuvre qui en résulte qu'elle est bien faite, non pas en tant qu'elle « a suivi les règles », mais en tant qu'elle est une « réussite », c'est-à-dire qu'elle a découvert sa propre règle au lieu d'en appliquer une préétablie. Former, alors, signifie en même temps « faire » et « savoir faire » : faire tout en inventant la manière avec laquelle, dans tel cas particulier, ce qu'il y a à faire se laisse faire[2].

Comme en ce qui concerne les autres idées de cette hypothèse, il ne s'agit pas d'identifier des critères d'évaluation pour le jugement sur l'objet, mais une sorte de « degré zéro » qui se configure comme terrain d'échange entre l'objet et le spectateur. En ce sens, la notion de technique n'est jamais une technique singulière mais une solution singulière à un problème poïétique de nature matérielle qui émerge de l'expérience de production. La question n'est donc pas de rechercher dans la technique une définition de l'art ou une différenciation entre l'art et l'artisanat, mais simplement de reconnaître comme une condition nécessaire de chaque objet artistique le fait qu'il soit une *construction* (d'une version du monde, comme il a été souligné à plusieurs reprises). La logique de cette construction est inséparable de la version du monde que l'objet présente et le processus de construction demeure donc constamment *en acte* dans l'objet. Si l'œuvre singulière est la solution à un problème artistique, cette solution ne peut manquer de contenir la trace du processus à travers lequel elle l'atteint. L'histoire du rapport entre art et technique est évidemment très complexe et met en question le métier de l'art tout autant que les problèmes posés par

1. D. Formaggio, *Fenomenologia della tecnica artistica*, Parme, Lucques, Pratiche, 1978, p. 244.
2. L. Pareyson, *Esthétique. Théorie de la formativité*, trad. fr. G. A. Tiberghien, R. di Lorenzo, Paris, Éditions Rue d'Ulm, 2007, p. 73.

l'introduction de nouvelles technologies. Nous entendons cependant souligner ici seulement la manière dont la compréhension de la dimension technique de l'objet, dans sa *factualité*, regarde encore une fois la « quasi-subjectivité » de l'œuvre, et en particulier la « résistance du matériau » dont l'objet doit partir pour se constituer. Considérer ce processus comme s'il était une organisation de l'informe, parce que le matériau impose une émergence de l'organique à laquelle l'organisation ne peut se soustraire constituerait cependant une limite.

Système d'idée et sens commun. Cet ensemble d'idées est plus qu'un ensemble parce que pour saisir et utiliser une idée nous ne pouvons manquer, dans le débat sur l'art, de recourir aux autres. L'hypothèse qui traverse toutes ces pages et qui aboutit à ces conclusions est que le système des arts n'est pas une catégorie esthétique ni, plus généralement, une idée en soi : c'est seulement un instrument pour reconnaître des pratiques et des objets, pour articuler un discours à leur égard voire pour explorer les expériences du sens dont ils sont porteurs. C'est aussi une condition de manifestation des objets artistiques.

Opérer le passage d'un système des arts conçu comme un système des savoirs artistiques à un système des arts conçu comme un système d'idées est une nécessité dictée par le contexte du discours, celui de la production ou de la réception. Un instrument, minimal et ouvert, qui est mis en jeu quand nous visitons un musée ou une galerie, quand nous nous enfonçons dans le fauteuil d'un cinéma, d'un théâtre ou d'une salle de concert, quand nous nous promenons dans les rues de la ville en levant le nez vers un édifice. Un instrument, précisément minimal et ouvert, parce qu'il devrait être substantiellement *partagé* entre les spectateurs et les objets sur lesquels nous faisons porter notre attention artistique. En un certain sens, si nous acceptons cette hypothèse, nous ne sommes pas loin, comme nous l'avons dit dans les premières pages de ce chapitre, de l'idée de Danto d'un échange théorique entre l'artiste, l'objet et le spectateur, qui constituerait le bon fonctionnement de l'œuvre d'art et de son monde. Mais l'hypothèse de système proposée ici voudrait être encore plus minime, encore moins liée à une certaine théorie de l'art, et décidément plus proche d'une version du sens commun qui, en conclusion, vaut la peine d'être précisé.

Les nombreuses versions de la notion de sens commun pourraient être réduites à trois acceptions principales : le sens commun comme ensemble de contenus partagés par un groupe culturel, comme sentiment en relation avec les sensations et comme règle de jugement et de pensée. Il n'est pas rare de trouver des théories du sens commun qui présentent simultanément plus d'une de ces acceptions.

Le premier sens est peut-être le plus répandu, positivement ou négativement : à partir de Cicéron, en passant par l'école écossaise pour arriver à Moore, le sens commun est considéré comme l'ensemble des opinions, des certitudes, des croyances partagées. Négativement, Cicéron le considère comme les opinions vulgaires que le bon narrateur doit tenir en horreur et Kant veillera à souligner que le *sensus communis* dans lequel il voit une légitimation du jugement n'a rien à voir avec l'entendement humain commun (*der gemeine Menshenverstand*) [1] en tant qu'ensemble des opinions courantes peu utiles en philosophie. Positivement, Thomas Reid dans ses *Recherches sur l'entendement humain d'après les principes du sens commun* [2] de 1764 comme dans ses *Essais sur les facultés intellectuelles de l'homme* de 1785 [3], en ayant recours au langage ordinaire, conçoit le sens commun comme un appareil de croyances stables du genre humain à partir desquelles formuler des jugements [4]. Moore, dans sa *Défense du sens commun* [5], reprendra partiellement les termes de Reid pour développer sa critique du scepticisme et de l'idéalisme, en affirmant l'existence du monde externe tel qu'il se présente au sens commun. Moore encore, dans sa *Preuve d'un monde extérieur* [6] de 1939, présentera son exemple célèbre des mains que Wittgenstein cite au début de *De la certitude* [7] (en levant la main droite Moore

dirait « Ceci est une main », levant ensuite la gauche il ajoute « Et ceci en est une autre », pour conclure que s'il y a au moins deux objets extérieurs dans le monde, on peut affirmer que le monde extérieur existe). Moore attribue une valeur cognitive à cette affirmation, comme à tous les *truismes* (les croyances) du sens commun, comme s'ils pouvaient constituer une sorte de répertoire de certitudes ontologiques.

La critique de Wittgenstein porte précisément sur cet aspect, qui saisit à l'inverse le caractère conventionnel de ces propositions. Il s'agit simplement des choses que nous avons apprises et auxquelles nous attribuons conventionnellement

1. E. Kant, *Critique de la faculté de juger*, *op. cit.*, § 40, p. 185.

2. Th. Reid, *Recherches sur l'entendement humain d'après les principes du sens commun*, trad. fr. M. Malherbe, Paris, Vrin, 2012.

3. Th. Reid, *Essais sur les facultés intellectuelles de l'homme*, trad. fr. P. H. Mabire, Paris, 1844, réédition Paris, L'Harmattan, 2007.

4. Cf. *Ibid.*, *Essai VI. Du Jugement*, p. 290-412.

5. G. E. Moore, *A Defense of Common Sense* in *Contemporary British Philosophy*, série II, J. H. Muirhead (éd.), Londres, Allen and Unwin, 1925 ; trad. fr. F. Armengaud, « Apologie du sens commun », in *Moore et la genèse de la philosophie analytique*, Paris, Klincksieck, 1985, p. 135-160.

6. G. E. Moore, « Proof of an external world », *Proceedings of the British Academy*, n° 25, 1939, p. 273-300 ; trad. fr. F. Armengaud, « Preuve qu'il y a un monde extérieur », *op. cit.*, p. 174-195.

7. L. Wittgenstein, *De la certitude*, *op. cit.*, prop. 1, p. 15.

une valeur de certitude pour pouvoir ensuite exercer le doute, pour pouvoir le formuler. Comme l'écrit Aldo Gargani : « [Les croyances du sens commun] sont le lieu du doute, mais ne sont pas à leur tour des objets exposés au doute »[1]. Selon la seconde acception, le sens commun est conçu comme un sentiment ou une sensation commune à tous les hommes. Il s'agit peut-être de l'idée de sens commun dont l'histoire est la plus vaste et la plus complexe. Chez Aristote, le sens commun est caractérisé comme la capacité générale à sentir, avec deux fonctions principales : la conscience des sensations (« le sentir du sentir ») et la perception des sensations communes à tous les sens (le mouvement, l'immobilité, la grandeur, le nombre, etc.). Chez Kant, l'expression *sensus communis* est le principe de validité de la faculté de juger : il la légitime en en garantissant la communicabilité, en rendant « presque objectif » le subjectif.

La troisième acception est celle de *règle* de l'action, de la pensée, de la communication et c'est ainsi que nous trouvons l'idée de sens commun dans les dernières pages de Wittgenstein. A la différence des deux acceptions précédentes, le sens commun n'est ni un catalogue d'opinions sûres (ou d'objets ou de propositions empiriques) ni un sens en quelque sorte universel. C'est seulement une règle pour réaliser des jeux linguistiques, une convention qui nous permet de penser et de communiquer. « Ma *vie* consiste en ce qu'il y a beaucoup de choses que je me contente d'accepter »[2]. La vie est un ensemble d'opérations, d'expérimentations, de pensées, d'actions possibles grâce à un *système* de règles appris et conventionnel. Ce que nous avons appris compose un fond indéterminé à partir duquel se réalise la correspondance entre la forme de vie et le langage, une correspondance qui donne les règles à nos jeux, y compris au doute et à la croyance (« Au fondement de la croyance bien fondée est une croyance non fondée »[3]).

Avec Wittgenstein, nous pourrions dire que le sens commun en tant que répertoire de contenus universellement valides n'existe pas, alors que sa valeur est celle d'une règle qui limite l'exercice du doute. C'est dans cette direction que le système d'idées *fonctionne* comme sens commun. A partir de ce qui peut *être considéré comme valable* dans un contexte discursif, nous identifions des règles et des concepts qui ont une valeur *prévisionnelle*. A partir de certains objets culturels que nous avons appris à reconnaître comme des objets artistiques,

1. A. Gargani, *Scienza, filosofia e senso comune*, dans l'édition italienne de L. Wittgenstein, *Della Certezza. L'analisi filosofica del senso comune*, Turin, Einaudi, 1978, p. XXVII.

2. L. Wittgenstein, *De la certitude*, *op. cit.*, prop. 344, p. 98.

3. *Ibid.*, p. 78.

nous trouvons des idées qui nous permettent d'identifier des objets supplémentaires que *nous ne connaissions pas auparavant.* Ce sont les objets déjà connus qui nous donnent des règles pour explorer les objets inconnus. Qu'y a-t-il de commun entre l'idée de sens commun de Kant et celle de Wittgenstein ? Peut-être très peu, peut-être seulement une chose. Le sens commun intervient dans l'architecture de la pensée des deux philosophes quand, face à la complexité du réel, nous nous trouvons dépourvus d'un fondement solide, quand pour agir et comprendre nous devons renoncer à toute ambition de fondement. Et malgré cela, nous agissons, nous pensons, nous discutons. La certitude correspond alors à notre forme de vie, elle est une règle du jeu qui nous permet de continuer à faire l'expérience du monde.

Le système des arts en tant que système d'idée présenté ici pourra alors être une réglementation spécifique pour un jeu spécifique, celui de faire des arts une expérience de sens.

index nominum

table des matières

Dépôt légal : octobre 2016
IMPRIMÉ EN FRANCE

Achevé d'imprimer le 3 octobre 2016
sur les presses de l'imprimerie « La Source d'Or »
63039 Clermont-Ferrand
Imprimeur n° 19028

PEFC/10-31-2008

*Dans le cadre de sa politique de développement durable,
La Source d'Or a été référencée IMPRIM'VERT®
par son organisme consulaire de tutelle.
Cet ouvrage est imprimé - pour l'intérieur - sur papier offset 80 g
provenant de la gestion durable des forêts,
produit par des papetiers dont les usines ont obtenu
les certifications environnementales ISO 14001 et E.M.A.S.*